LE

GRAND FRÉDÉRIC

PAR

le Colonel BOURDEAU

TOME SECOND

PARIS

LIBRAIRIE MILITAIRE R. CHAPELOT ET C°

IMPRIMEURS-ÉDITEURS

30, Rue et Passage Dauphine, 30

1902

LE
GRAND FRÉDÉRIC

II

PARIS. — IMPRIMERIE R. CHAPELOT ET Cᵉ, 2, RUE CHRISTINE.

LE
GRAND FRÉDÉRIC

PAR

le Colonel **BOURDEAU**

TOME SECOND

PARIS

LIBRAIRIE MILITAIRE R. CHAPELOT ET Cᵉ

IMPRIMEURS-ÉDITEURS

30, Rue et Passage Dauphine, 30

1902

D'après l'avant-propos placé en tête du premier volume, l'étude sur le Grand Frédéric devait comprendre deux parties, la première consacrée à la Stratégie, la seconde à la Tactique. Les nécessités de la publication nous ont obligé à scinder en deux la partie relative à la tactique, qui comporte le plus de développements, et à rattacher au premier volume la tactique des trois armes. Il nous reste à présenter au lecteur, sous le nom de Tactique générale, un tableau succinct des méthodes employées par Frédéric II dans les diverses circonstances qui se présentent à la guerre, telles que : marches et convois, cantonnements et bivouacs, opérations de nuit, passage des cours d'eau, poursuites et retraites, sièges, blocus, capitulations, etc. Ce sera l'objet du présent volume.

Nous emploierons, comme précédemment, la méthode qui consiste à rechercher les idées de Frédéric II sur chacun des sujets étudiés, et à les appliquer aux opérations militaires dirigées par ce prince. On pourra donc passer en revue les méthodes de guerre usitées à l'époque de Frédéric II et résumer l'œuvre militaire accomplie par le roi.

Nous essaierons ainsi d'établir le bilan militaire du XVIIIᵉ siècle, au moment où va surgir l'astre de Napoléon, qui nous guide encore aujourd'hui, après un siècle d'efforts et de progrès incessants.

LE GRAND FRÉDÉRIC

TROISIÈME PARTIE

TACTIQUE GÉNÉRALE

CHAPITRE PREMIER.

DES RETRANCHEMENTS.

> « Ce ne sont pas les retranchements qui
> arrêtent l'ennemi, mais les troupes qui les
> défendent. »
>
> (Frédéric II.)

L'art de l'ingénieur a fait peu de progrès en Prusse. — Règles pour l'établissement de la fortification. — Type de la place forte. — Emploi des ouvrages détachés : Colberg. — Nécessité d'un bon flanquement. — Il faut renforcer le point d'attaque. — Comment on retranche une armée. — Défense des retranchements. — Exemple donné par Frédéric II. — Des lignes. — L'armée prussienne devant Olmütz. — Recommandations de Frédéric.

L'art de l'ingénieur a fait peu de progrès en Prusse. — A une époque où les bonnes routes étaient rares et les communications difficiles, la fortification jouait un rôle considérable. Frédéric II se rendait compte de son importance :

« Si la situation des frontières permet de les défendre par des forteresses, il ne faut rien négliger pour en construire et ne rien épargner pour les perfectionner.

« Ceux qui défendent les places peuvent rendre d'aussi grands services que ceux qui gagnent des batailles. »

Cependant l'art de l'ingénieur est resté à peu près stationnaire en Prusse sous Frédéric II ; c'est peut-être la seule branche de l'art militaire à laquelle le roi n'ait pas donné une réelle impulsion.

Règles pour l'établissement de la fortification. — La fortification n'a de valeur que par les troupes qui la défendent ; elle doit se plier au terrain et utiliser tous les accidents du sol.

« Les règles qu'un général doit observer dans la construction des retranchements sont de bien choisir les situations et de profiter des marais, des rivières, inondations et abatis par où l'on peut rendre difficile l'étendue des retranchements. Il vaut mieux les faire trop petits que trop grands ; car ce ne sont pas eux qui arrêtent l'ennemi, mais les troupes qui les défendent.

« Je n'aurais garde de faire des retranchements que je ne pourrais pas border d'une chaîne de bataillons et d'une réserve d'infanterie pour la porter partout où il sera besoin. Les abatis ne sont bons que tant qu'ils sont défendus par l'infanterie. »

Type de la place forte. — Le type de la place forte, d'après Frédéric II, consiste dans la place à enceinte continue, avec de bons flanquements et un commandement suffisant sur le terrain extérieur.

« Pour les places, on choisit un emplacement avantageux, qui n'est commandé d'aucun côté, un terrain qui domine et non pas un bas-fond. On appuie la forteresse à une rivière ou à un escarpement, et, faute de cela, on la munit d'ouvrages tout alentour. Ces ouvrages doivent se défendre mutuellement par des feux flanqués, être soutenus par des ouvrages qu'ils ont derrière eux, comme le chemin couvert par les contregardes, celles-là par les ravelins et ceux-ci par les bastions. Les ouvrages du chemin couvert doivent balayer de leurs feux tous les ravins et bas-fonds alentour de la place, afin que l'ennemi ne se puisse glisser par aucun d'eux pour s'approcher à l'improviste, sans être vu. »

Emploi des ouvrages détachés : Colberg. — Ces conditions sont celles qui régissent la défense rapprochée, et elles étaient suffisantes à une époque où l'artillerie de siège n'avait qu'une faible puissance. Les approches des places fortes étaient quelquefois protégées par des ouvrages détachés ; mais ceux-ci, pour être susceptibles d'une bonne défense, devaient être à bonne portée de la fortification.

Au siège de Colberg (1761), « les Russes tentèrent, la nuit du 17 au 18 de septembre, d'enlever un bataillon franc qui était posté devant la gauche des Prussiens, dans une redoute si éloignée du camp qu'on ne pouvait pas même l'atteindre à coups de canon. L'ennemi passa par un lieu qu'on avait cru un marais impraticable, faute de le sonder ; il attaqua la redoute par la gorge, et il enleva 200 hommes qui la défendaient. »

Quelque temps après, les Russes firent l'attaque en règle de la redoute Verte et l'emportèrent ; mais les Prussiens la reprirent en leur faisant éprouver une perte de 1100 hommes : « Cette redoute était placée, contre les règles, à 3,000 pas du retranchement dont elle était séparée par un ravin. »

Nécessité d'un bon flanquement. — Frédéric II insiste sur la nécessité de fournir des feux croisés sur le front des retranchements et de protéger leurs flancs contre une attaque à revers ; l'habileté du défenseur consiste à imposer à l'ennemi comme points d'attaque les parties fortes du retranchement.

« Les retranchements doivent être bien flanqués. Il faut qu'il n'y ait aucun point que l'ennemi puisse attaquer, où il ne soit exposé à cinq ou six feux croisés. Les retranchements qui défendent des passages et des gorges de montagnes demandent infiniment de soin et de précaution. C'est une chose très essentielle d'appuyer bien ses flancs. Pour y parvenir, on établit des redoutes sur les deux ailes ; quelquefois le retranchement même est formé de redoutes, afin que le corps qui le défend n'ait pas à craindre d'être tourné.

« Des généraux habiles savent mettre l'ennemi dans la nécessité d'attaquer les points dont ils ont redoublé la fortification : on peut parvenir à ce but en donnant plus de largeur et de profondeur au fossé qu'ils palissadent ; en plaçant des chevaux de frise aux barrières ; en renforçant le parapet pour qu'il puisse résister au canon ; enfin, en creusant des puits dans les endroits les plus exposés. »

Il faut renforcer le point d'attaque. — Le roi revient sur cette idée qu'il faut forcer l'ennemi à attaquer un point que l'on renforcera de son mieux.

« Votre plus grand avantage est dans le choix et dans certaines règles de fortification qu'il faut observer, pour obliger l'ennemi à vous attaquer sur un petit front, et pour le mettre dans la nécessité de ne vous attaquer que dans les principaux points de votre retranchement.

« Vous pouvez encore employer une autre espèce de retranchement, composée de *redoutes saillantes et rentrantes, qui se croisent l'une l'autre et se joignent par des retranchements.* Par cette manière de fortifier, les saillants forment les points d'attaque, et n'y en ayant que très peu, on pourra les perfectionner plus vite que si le front était partout également fortifié. Il faut que le feu de la mousqueterie se croise dans les redoutes saillantes ; par cette raison, elles ne seront qu'à 600 pas l'une de l'autre. »

Comment on retranche une armée. — Partisan résolu de l'offensive tactique, Frédéric II ne conseille pas de retrancher l'armée. En cas de nécessité, on renforcera les points d'attaque naturels, notamment les saillants, à l'aide des ressources de la fortification passagère.

« Je répéterai ici que je ne ferais jamais retrancher mon armée si ce n'est dans le temps que j'aurais intention d'entreprendre un siège. Et je ne sais si l'on ne ferait pas mieux d'aller au-devant de l'armée qui vient secourir la place.

« Mais supposons, pour un moment, qu'on veuille se retrancher. Dans ce cas je proposerai la manière la plus avantageuse pour le faire.

« On se ménagera deux ou trois grosses réserves pour les envoyer, pendant l'attaque, aux endroits où l'ennemi fait les plus grands efforts.

« On bordera le parapet de bataillons et on placera une réserve derrière eux, qui puisse être à portée de donner du secours où l'on en aura besoin.

« La cavalerie sera rangée sur une ligne derrière ces réserves.

« Le retranchement doit être bien appuyé. S'il vient joindre une rivière, il faut que le fossé avance assez loin dans la rivière pour ne pas être tourné.

« Si ce retranchement s'appuie à un bois, il faut qu'il soit fermé à cette extrémité par une redoute et que l'on fasse dans le bois un très grand abatis d'arbres.

« On aura attention que les redans soient bien flanqués.

« Le fossé sera large et profond et on perfectionnera tous les jours de plus en plus les retranchements, soit en reforçant le parapet, soit en plaçant des palissades à l'entrée des barrières, soit en creusant des puits, soit encore en garnissant tout le camp de chevaux de frise. »

Ces prescriptions n'ont rien d'original ; elles nous paraissent aujourd'hui tout à fait surannées et l'on n'y trouve rien qui ressemble à l'organisation défensive des champs de bataille telle qu'on la conçoit de nos jours. L'efficacité relativement peu considérable des feux d'artillerie et de mousqueterie à l'époque de Frédéric II suffit à expliquer la différence des méthodes.

Défense des retranchements. — La défense des retranchements réside surtout dans le feu ; on remarquera le rôle assigné à la cavalerie comme dernière réserve.

« Notre infanterie défend un retranchement par des décharges de bataillons entiers. Chaque soldat doit être pourvu de cent cartouches ; mais cela n'empêchera pas de placer entre les bataillons et dans les saillants des redoutes autant de canons que l'on pourra. Tant que l'ennemi sera éloigné, on tirera à boulets ; mais lorsqu'il se sera avancé à la distance de 400 pas, on commencera à tirer à cartouches. Si l'ennemi, malgré la force de votre retranchement et nonobstant un feu opiniâtre, pénètre en quelque endroit, la réserve d'infanterie marchera à lui pour le repousser ; et, en cas que cette réserve fût obligée de plier, c'est à votre cavalerie à faire alors les derniers efforts pour le chasser. »

Frédéric II n'a jamais attendu l'ennemi derrière des retranchements organisés comme il l'indique plus haut, sauf au camp de Bunzelwitz, en 1761, à ce moment critique où il paraissait sur le point de succomber sous les efforts combinés de ses adversaires.

Nous verrons, en étudiant la question des camps, que ceux-ci constituaient souvent de véritables positions retranchées, destinées à mettre l'armée à l'abri d'une attaque inopinée.

Supériorité de l'attaque sur la défense. — Le caractère hardi et entreprenant du roi s'accommodait mal des lenteurs d'une guerre défensive et d'une lutte derrière des retranchements ; il préférait, en cas de nécessité, rechercher dans le choix du terrain une compensation à son infériorité numérique.

« La plupart des retranchements sont emportés parce qu'ils n'ont pas été construits dans les règles, ou que ceux qui les défendent sont tournés, ou que la peur prend aux troupes qui les défendent ; cela vient de ce que celui qui attaque peut faire ses mouvements avec plus de facilité et plus de hardiesse.

« Les exemples font voir qu'un retranchement étant forcé, toute l'armée est découragée et prend la fuite.

« La plupart des retranchements sont pris parce qu'ils ne sont pas bien appuyés. »

De l'attaque des retranchements. — Les prescriptions du roi, en ce qui concerne l'attaque des retranchements, font ressortir la nécessité de reconnaître le terrain et d'agir avec rapidité : on tournera les flancs ou, si le front est étendu, on fera une fausse attaque sur un point en même temps qu'une ou plusieurs attaques véritables.

« Quand vous serez obligés d'attaquer un ennemi retranché, il faut le faire de suite, sans lui donner le temps d'achever ses ouvrages. Ce qui est bon le premier jour ne le sera plus le lendemain. Mais avant de vous mettre en devoir de l'attaquer, vous reconnaîtrez par vous-même la position de l'ennemi. Les premières dispositions de votre attaque vous feront voir la facilité ou la difficulté de votre projet.

« Si le retranchement est appuyé à une rivière qui soit guéable, il faudra le faire attaquer de ce côté.

« Si les retranchements de l'ennemi sont d'une grande étendue, et que les troupes pour les garnir soient obligées d'embrasser trop de terrain, on fera plusieurs attaques et on s'en rendra sûrement maître, pourvu qu'on ait soin de cacher ses dispositions à l'ennemi, afin qu'il ne puisse s'en apercevoir et vous opposer des forces suffisantes. »

Exemple donné par Frédéric II. — Voici comment le roi comprend l'attaque d'un retranchement. On remarquera le rôle attribué à la cavalerie. Si singulier qu'il nous paraisse aujourd'hui, on en pourrait trouver plus d'un exemple dans les guerres de cette époque.

« Je vais donner ici les dispositions de l'attaque d'un retranchement. Je formerai une ligne de trente bataillons dont j'appuierai l'aile gauche à la rivière. Douze bataillons formeront l'attaque de gauche où je veux percer et huit autres celle de la droite. Les troupes destinées pour l'attaque seront placées en échiquier avec des intervalles. Le reste de l'infanterie se mettra en troisième ligne et derrière elle sera la cavalerie à la distance de 400 pas. Par cette disposition, mon infanterie tiendra l'ennemi en échec, et elle sera à portée de profiter du moindre faux mouvement qu'il pourrait faire.

« Il faut avoir attention de faire suivre chacune de ces attaques par un nombre de travailleurs avec des pelles, des pioches et des fascines, pour combler le fossé et faire des passages pour la cavalerie lorsqu'on aura forcé le retranchement.

« L'infanterie qui formera l'attaque ne commencera à tirer que quand elle aura emporté le retranchement et qu'elle se sera mise en bataille sur le parapet.

« La cavalerie y entrera par les ouvertures faites par les travailleurs, et se rangera en bataille pour attaquer l'ennemi quand elle sera en forces. Si elle est repoussée, elle ira se rallier à la faveur du feu de l'infanterie, jusqu'à ce que toute l'armée ait pénétré et que l'ennemi soit entièrement mis en déroute. »

Des lignes. — Les lignes n'étaient pas habituellement employées du temps de Frédéric II ; le roi en fait peu de cas.

« Puisqu'il y a tant d'inconvénients aux retranchements, il s'en suit naturellement que les lignes sont encore moins utiles.

« Je soutiens qu'elles ne valent rien, puisqu'elles embrassent plus de terrain qu'on n'a de troupes pour les garder ; qu'on peut former plusieurs attaques et qu'on est persuadé de les forcer. Par cette raison, elles ne couvrent pas le pays et ne servent qu'à faire perdre la réputation des troupes qui les gardent. »

Le roi donne quelques conseils relatifs aux lignes qui couvrent une armée de siège, mais il préfère des corps d'observation.

« Il faut avoir principalement attention que les lignes de contrevallation soient bien appuyées. Ordinairement elles vont joindre une rivière.... Il faut être abondamment pourvu de vivres si vous assiégez une place et que vous vous mettiez derrière des lignes.

« Mais je préférerai toujours une armée d'observation à un camp retranché pour couvrir le siège ; la raison en est, que l'expérience nous a montré que la vieille méthode des retranchements est sujette à caution ».

L'armée prussienne devant Olmütz. — Frédéric II a fait l'application de ces principes devant la place forte d'Olmütz en 1758. Son armée était partagée en quatre groupes : l'un d'eux, sous les ordres du maréchal Keith, était principalement chargé du siège ; les trois autres pouvaient être employés comme corps d'observation autour de la place. Le maréchal Keith investissait Olmütz par le sud ; sa droite s'appuyait à la Morawa, au nord de Nimlau, et communiquait, par des ponts jetés sur la rivière, avec un détachement placé à Starnau.

Les corps d'observation étaient sous les ordres du roi, du prince Maurice et du margrave Charles ; le roi avec le plus gros des troupes était à Prosnitz, le prince Maurice occupait le camp d'Achemeritz, près de Littau, et le margrave Charles celui de Neustadt ; divers détachements reliaient ces trois corps. Malgré cette précaution, on ne saurait approuver l'idée de fractionner l'armée de siège en plusieurs tronçons aussi éloignés les uns des autres, surtout en présence d'une armée ennemie supérieure en nombre. Bien que l'intention du roi fût, en cas d'attaque, de concentrer ses forces sur un point central, tel que Gross-Senitz, il courait le risque d'être battu en détail avant d'avoir pu opérer cette concentration. Heureusement pour lui, l'indécision du maréchal Daun lui épargna cette mauvaise fortune.

Recommandations de Frédéric. — Une recommandation très sage, c'est de ne pas employer à la défense des places des troupes nombreuses qui feraient défaut en rase campagne.

« Dans une guerre défensive, il ne faut négliger aucun des camps qui peuvent vous permettre de tenir sur la frontière et, lorsqu'on est obligé d'abandonner cette dernière, il ne faut pas achever de s'affaiblir en détachant de nombreux corps pour former la garnison des places. »

On peut dire, en effet, que le plus grand défaut des places c'est d'immobiliser derrière leurs retranchements des troupes qui, en renforçant l'armée d'opérations, assureraient peut-être à celle-ci la victoire.

Terminons par une maxime que tout commandant d'un poste fortifié devrait toujours avoir présente à l'esprit :

« En général, ni les fortifications ni le nombre des soldats ne défendent une ville ; tout dépend de la tête plus ou moins forte et du courage déterminé de celui qui y commande ».

CHAPITRE II.

DES CAMPS.

> « Un camp est comme un vêtement et ne
> doit être ni trop large ni trop étroit. »
>
> (FRÉDÉRIC II.)

Les camps constituaient de véritables positions défensives ; exemples. — Il
faut faire reconnaître avec soin les environs du camp. — Des camps de
repos ; les troupes doivent y manœuvrer. Camp de Mollwitz. — Des
camps d'opérations ; conditions qu'ils doivent remplir : camp de Liegnitz.
— Des camps offensifs. — Des camps défensifs. — Camps défensifs-offensifs ; exemple : camp de Striegau. — Des camps retranchés : camp de
Pirna. — Le prince Henri, en Saxe. — Camp de Bunzelwitz. — Valeur
réelle d'un camp.

*Les camps constituaient de véritables positions défensives ;
exemples.* — Frédéric II a laissé de longues prescriptions relatives aux camps, au choix de leur emplacement, aux conditions
qu'ils doivent remplir, etc. Cette question avait, à son époque,
une très grande importance. L'armée qui prenait un camp devait
se mettre en mesure de résister au besoin à une attaque de l'ennemi ; elle y séjournait d'habitude plusieurs jours, soit pour
attendre ses ravitaillements, soit pour faire reposer les troupes
ou pour combiner la suite de ses opérations. Un camp était donc
une véritable position militaire et devait en présenter tous les
caractères, en remplir toutes les conditions ; il pouvait d'un
moment à l'autre se trouver transformé en champ de bataille.

Les exemples de cette nature abondent dans l'histoire des
guerres de Frédéric II : à Hochkirch, le roi est attaqué sur les
positions où il campe ; à Liegnitz, ses tentes sont à peine dressées
qu'il est assailli par le corps autrichien de Laudon qui vient
donner à l'improviste contre lui ; à Soor, Frédéric abat ses tentes
pour se mettre en marche lorsqu'apparaît l'armée autrichienne ;
à Zorndorf, les Russes campent en carré en attendant l'attaque
de l'armée prussienne, etc.

Les tentes qui servaient à abriter les troupes prussiennes
étaient ordinairement portées par des voitures qui suivaient
l'armée et qui constituaient une partie notable des impedimenta.

Ceux-ci s'augmentaient encore des chevaux de bât que chaque officier pouvait mener avec lui pour porter ses bagages et du cheval de selle qu'il montait pendant les marches et qu'il quittait pour combattre.

Frédéric II choisit toujours lui-même ses camps avec le plus grand soin :

« Un général d'armée doit choisir lui-même son camp puisque le succès de ses entreprises en dépend, et qu'il devient souvent son champ de bataille. »

Il faut faire reconnaître avec soin les environs du camp. — Quelle que soit la nature du camp que l'on occupe, il faut tout d'abord en faire reconnaître avec soin les abords, et principalement les chemins, afin d'être prêt à toute éventualité.

« La première règle est, qu'après avoir assuré le camp, on fasse reconnaître tous les chemins qui en sortent et tous les environs, pour être en état de faire les dispositions nécessaires selon les divers événements qui peuvent arriver.

« Dans ce dessein, on enverra, sous plusieurs prétextes, de gros détachements accompagnés de quelques ingénieurs et quartiers-maîtres, qui se porteront dans tous les endroits praticables pour les troupes. Ils lèveront la situation du pays et reconnaîtront les chemins par où l'on peut marcher. Ils se feront suivre par des chasseurs, qui noteront les chemins pour mener les colonnes en cas que le général y marche. A leur retour, lesdits officiers feront leur rapport de la situation du camp, des chemins qui y mènent, de la qualité du terrain, des bois, des montagnes ou des rivières qui s'y trouvent. »

Des camps de repos ; les troupes doivent y manœuvrer. Camp de Mollwitz. — Outre les camps dans lesquels l'armée se concentre avant de commencer les opérations, on distingue les camps de repos et les camps d'opérations. Les premiers sont ceux que l'on prend à une certaine distance de l'ennemi ; les seconds se prennent à proximité de l'adversaire et constituent de véritables positions militaires.

« Les camps de repos sont ceux où l'on attend les herbes ; quelquefois c'est pour y guetter l'ennemi, qui n'a pas encore fait de mouvements, et pour se régler sur ses manœuvres... On les asseoit de manière que la tête en soit couverte par une rivière ou un marais ; bref, que le front du camp soit toujours inabordable.

« Si les rivières et les ruisseaux qui se trouvent au front du camp n'ont pas assez d'eau, on fait des bâtardeaux pour les grossir. »

On profitera de ces camps de repos pour exercer les troupes et leur donner de la cohésion ; le général y veillera lui-même :

« Le général doit profiter de ce repos pour que la discipline reprenne vigueur. Il examinera si le service se fait rigoureusement et selon les ordonnances. L'infanterie y fera les exercices trois fois par semaine et les recrues tous les jours ; quelquefois des corps entiers feront leurs manœuvres.

« Il faut que la cavalerie fasse aussi ses exercices si elle ne va pas au fourrage. Le général aura attention que les jeunes chevaux et les jeunes cavaliers soient bien dressés. Il faut qu'il sache l'état complet de chaque corps. Il faut aussi qu'il visite les chevaux.

« Si ces sortes de camps de repos sont employés de la manière que j'ai dit, ils seront d'une très grande utilité. L'ordre et l'égalité dans le service étant rétablis par là, se conserveront pendant toute la campagne. »

Frédéric II appliquait lui-même ces prescriptions et inspectait avec soin ses troupes pendant les périodes de repos. On sait que Napoléon agissait de même et contrôlait les états d'effectif qui lui étaient remis. Quand un régiment de cavalerie passait devant lui, par exemple, il comptait les files d'un escadron ou les faisait compter par l'un de ses aides de camp.

En 1741, au début de la guerre, Frédéric ayant battu les Autrichiens à Mollwitz et pris la petite place de Brieg, « l'armée resta trois semaines au camp de Mollwitz pour donner le temps de combler les tranchées et de ravitailler la place de Brieg, dont toutes les munitions avaient été consumées. Le roi profita de cette inaction pour exercer sa cavalerie, pour lui apprendre à manœuvrer et à changer sa pesanteur en célérité ; elle fut souvent envoyée en parti, pour que les officiers apprissent à profiter du terrain et qu'ils prissent plus de confiance en eux-mêmes ».

Des camps d'opérations ; conditions qu'ils doivent remplir. —

Outre les conditions générales relatives à l'hygiène, au bois, à l'eau, etc., les camps d'opérations doivent remplir toutes celles que l'on exige d'une position militaire.

« Un camp est un champ de bataille que vous prenez, parce qu'il le devient sitôt que l'ennemi vous attaque. Il faut donc appliquer tous vos soins pour vous y bien poster, pour vous y bien accommoder, pour ne pas vous exposer à être battu par votre faute. Les vrais principes pour se camper doivent se puiser dans l'art de la défense des places.

« Un camp doit être sain, fort par la nature même du terrain, auquel l'art ajoute ensuite, favorable aux armes principales ; ses communications seront nombreuses, ses approvisionnements faciles ; il permettra aux corps qui l'occupent d'avoir des forces supérieures par les inquiétudes qui en résulteront pour ce qui les intéresse le plus. »

Voici les prescriptions relatives aux abords, aux derrières, aux flancs :

« La règle est que, après avoir pourvu à la sûreté du camp, il faut toujours observer comme règle générale de se bien garder d'avoir proche de soi, à dos, des marais, des rivières ou un défilé quelconque, parce que si l'on est battu la défaite en devient générale.

« Une armée, sur les flancs et les derrières de laquelle on arrive par un ou plusieurs défilés, risque beaucoup, même en présence d'un faible corps, si elle n'est pas vigilante.

« On trouve rarement un terrain à souhait ; il faut y suppléer par l'artillerie et réduire l'ennemi à des points d'attaque. Les meilleurs camps sont ceux où vous embrassez un large terrain et où l'on ne peut vous assaillir qu'en passant sur des ponts, des rivières non guéables, ou en traversant une chaussée, ou bien en passant une langue de terre qui ne permet que le front de peu de bataillons. Cela vous donne une supériorité étonnante et, si l'ennemi est assez téméraire de venir à vous, il est à coup sûr abîmé et détruit avec tout ce qui passe le défilé. »

A Liegnitz (15 août 1760), le camp du roi était couvert sur son front par la Katzbach, et sur son flanc droit par un petit affluent, la Schwarz-Wasser. Laudon fut obligé, pour attaquer l'aile gauche prussienne, de se déployer sur un terrain étroit, au nord de Panten, entre ce village et celui de Schonborn ; sa situation était donc mauvaise, mais il se croyait en présence d'une colonne prussienne et non de toute l'armée royale. Quant au flanc droit de cette armée, il s'est trouvé suffisamment protégé par la Schwarz-Wasser contre les entreprises, du reste très timides, du maréchal Daun.

Des camps offensifs. — Les camps peuvent être choisis dans un but nettement offensif; dans ce cas, leur front, au lieu d'être couvert par un obstacle naturel ou artificiel, doit être complètement dégagé.

« Les camps offensifs sont ouverts par le devant et couverts sur les ailes, par cette raison qu'on ne peut rien attendre des troupes si l'on n'a pas pensé à garder leur flanc qui est la partie faible de toutes les armées.

« Nous faisons toujours occuper les villages qui sont sur nos ailes ou à la tête de notre camp par des troupes que nous en retirons dans un jour d'affaire ; les maisons des villages, chez nous et nos voisins, étant de bois et mal bâties, les troupes seraient perdues si l'ennemi y mettait le feu. Une exception de cette règle est quand il y a dans ces villages des maisons de pierre ou des cimetières qui ne touchent pas à des maisons de bois.

« Mais notre principe étant d'attaquer toujours et non de nous tenir sur la défensive, il ne faut jamais occuper ces sortes de postes que lorsqu'ils sont à la tête ou en avant des ailes de votre armée ; alors ils protégeront l'attaque de vos troupes et incommoderont beaucoup l'ennemi pendant l'affaire.

« C'est encore une chose très essentielle de faire sonder les petites rivières et les marais qui se trouveront à la tête ou sur les flancs de votre camp, afin qu'il ne vous arrive pas de prendre un faux point d'appui, en cas que les rivières soient guéables et les marais praticables.

« Il faut voir tout par ses yeux et ne pas imaginer que de pareilles attentions soient de peu de conséquence. »

Des camps défensifs. — « Les camps défensifs ne sont forts que par la situation du terrain et n'ont d'autre but que d'empêcher que l'ennemi ne puisse l'attaquer.

« Pour que ces situations puissent répondre à l'usage qu'on

en veut faire, il faut que le front et les deux flancs soient d'une force égale et que tout soit libre sur les derrières. Telles sont les hauteurs qui ont un front d'une grande étendue et dont les flancs sont couverts par des marais.

« On se met encore sous la protection d'une place forte... Il est vrai qu'un général qui occupe des camps pareils est inattaquable tant qu'il peut s'y maintenir ; mais il sera obligé de les quitter lorsque l'ennemi se met en mouvement pour les tourner. Il faut donc qu'il fasse ses dispositions d'avance, de sorte que, si l'ennemi peut le tourner, il n'ait d'autre chose à faire que de prendre un autre camp fort sur ses derrières.

« Dans les camps destinés à couvrir un pays, on ne fait pas attention à la force du lieu même, mais aux endroits qu'on peut attaquer et par où l'ennemi pourrait percer. Ce sont ceux qui doivent être embrassés par un camp. Il ne faut pas occuper tous les débouchés par où l'ennemi peut venir à vous, mais seulement celui qui le mène à son but... En un mot, il faut occuper le poste qui oblige l'ennemi à faire de grands détours et qui vous met en état de rompre tous ses projets par de petits mouvements.

« J'ajouterai une autre règle qui est, quand vous aurez une rivière devant vous, de ne point laisser tendre de tentes dans le terrain que vous avez choisi pour votre champ de bataille, qu'à la demi-portée de fusil du front du camp. »

Camps défensifs-offensifs ; exemple : camp de Striegau. — Certains camps défensifs peuvent se transformer, à un moment donné, en positions offensives et permettre ainsi de surprendre l'ennemi ; ce sont ceux qui sont situés dans les terrains couverts.

« Il y a une façon de se poster dans les terrains fourrés et boisés, où vous tendez une vraie embuscade à votre adversaire ; les règles de ces sortes de camps consistent à réduire votre terrain à peu de points d'attaque, un ou deux au plus. Vous avez des troupes embusquées et, quand l'ennemi vient vous attaquer dans l'endroit prévu, vous changez votre défensive en offensive ; tout ce qui est inattendu produit un bon effet ; cette surprise, si elle a été bien exécutée, doit vous valoir une victoire complète. On pourrait citer des exemples, mais comme le terrain varie à l'infini, c'est à chacun de voir comment et en quelle occasion il convient de s'en servir ; l'idée est bonne et mérite d'être retenue. »

Frédéric II en a fait l'application avant la bataille de Hohenfriedberg. A la fin du mois de mai 1745, le prince de Lorraine pénètre en Silésie par les défilés de la Bohême qui ne sont pas défendus. Le roi dissimule son armée dans la région boisée qui borde la rivière de Striegau et il attend l'approche de l'armée autrichienne pour l'attaquer à l'improviste. Le 1er juin, l'avant-garde prussienne arrive à hauteur de Striegau, sur la rive droite de la rivière ; le corps du duc de Nassau garnit le Nonnenwald, au sud-est de Striegau ; le reste de l'armée est massé entre Jauernick et Schweidnitz. Ainsi répartie, l'armée prussienne se dérobe derrière les couverts du terrain et s'apprête à fondre sur l'ennemi lorsqu'il débouchera, sans défiance, dans la plaine de Striegau.

Des camps retranchés ; camp de Pirna. — Les camps pouvant être attaqués à l'improviste, il y a lieu, même en temps ordinaire, de les renforcer à l'aide des ressources qu'offre la fortification de campagne.

« Nous autres, nous retranchons nos camps, comme autrefois ont fait les Romains, pour éviter non seulement les entreprises que les troupes légères ennemies, qui sont fort nombreuses, pourraient tenter la nuit, mais aussi pour empêcher la désertion. Car j'ai observé toujours que quand nos redans étaient joints par des lignes tout autour du camp, la désertion était moindre que quand cette précaution avait été négligée. C'est une chose qui, toute ridicule qu'elle paraisse, n'en est pas moins vraie.

« Le camp que nous avons occupé à Chlum était fort par l'art, c'est-à-dire par des abatis que j'avais fait faire sur notre aile droite et par les redoutes construites sur le front du camp de l'infanterie. » On sait, en effet, qu'en 1745, l'armée prussienne est demeurée immobile dans son camp sur les bords de l'Elbe, pendant deux mois, en face de l'armée autrichienne[1] ; il était donc naturel que le roi fît renforcer ce camp par quelques travaux de campagne.

Dans d'autres circonstances, il peut devenir nécessaire de

---

[1] Voir Ier volume, 1re partie, chapitre IV, p. 47.

transformer la position occupée par l'armée en un véritable camp retranché :

« On fait retrancher son camp lorsqu'on veut assiéger une place, défendre un passage difficile et suppléer aux défauts du terrain par des fortifications, pour le mettre à couvert de toute insulte de la part de l'ennemi. »

En 1756, le corps Saxon se retire devant l'armée prussienne qui envahit la Saxe, et il se renferme dans le camp de Pirna. Frédéric II n'ose l'y attaquer et se résout à un blocus auquel il emploie la moitié environ de ses forces. Pour justifier sa conduite, il a fait une description détaillée du camp de Pirna qu'il représente comme tout à fait inexpugnable ; suivant lui, le terrain situé entre Pirna et le fort de Kœnigstein était « une espèce de forteresse à laquelle l'art n'avait que peu ou rien à ajouter ». L'Elbe d'un côté, une série de ravins, de rochers inabordables, de l'autre, faisaient de cette position « un terrain vis-à-vis duquel le nombre des troupes et la valeur devenait inutiles ». Cependant le faible corps Saxon ne pouvait garnir tout le périmètre du camp de Pirna ; Frédéric en convient lui-même : « Les Saxons, trop faibles pour remplir le contour de ce camp, qui présentait de tous côtés des rochers inabordables, se bornèrent à bien garnir les passages difficiles et cependant les seuls par lesquels on pût venir à eux ; ils y pratiquèrent des abatis, des redoutes et des palissades, à quoi il leur était facile de réussir, vu les immenses forêts de pins dont les cimes de ces monts sont chargées ».

Napoléon ne partage pas cet avis et blâme Frédéric II de n'avoir pas dirigé une attaque en règle contre le camp de Pirna : « Si le roi eut fait faire neuf attaques, trois sur chaque côté, dont une seule véritable dans une des positions où le ravin est saillant, en y plaçant deux batteries de 50 bouches à feu chacune, il eût réussi à se rendre maître du ravin. Il lui fallait un quart d'heure pour y pratiquer une rampe par laquelle il eût fait déboucher les deux tiers de son armée, infanterie, cavalerie et artillerie. Les Saxons, rejetés sous les murs de Kœnigstein, eussent capitulé. Sans doute qu'une armée de 40,000 hommes contre une armée de 60 à 80 mille hommes peut se défendre avec avantage dans le camp de Pirna, mais 14,000 hommes ne le pouvaient pas contre une armée de 60,000, munie d'autant d'artillerie qu'elle le voulait ».

Le prince Henri de Saxe. — En 1762, le prince Henri est opposé en Saxe à l'armée des Cercles qui occupe Chemnitz.

« L'armée du prince Henri occupait un grand front ; pour obvier aux inconvénients qui résultaient des fréquents détachements qu'il était obligé de faire, il fit travailler à fortifier tous les lieux qu'il occupait ; on pratiqua des inondations à ceux qui en étaient susceptibles ; on fit des abatis dans les forêts et l'on retrancha les terrains où il n'y avait ni marais, ni ruisseau, ni bois dont on put tirer parti. »

Au mois d'octobre de la même année, le prince Henri occupe le camp de Freyberg qui est aussi trop étendu.

« Le prince résolut de retrancher son camp ; mais il ne put rassembler assez de travailleurs, ni ramasser des instruments en aussi grand nombre qu'un travail aussi étendu semblait le demander, de sorte que les ouvrages qu'on avait projetés ne furent qu'à peine ébauchés. »

Camp de Bunzelwitz. — Le principal exemple de camp retranché est celui de Bunzelwitz qui servit de refuge à l'armée prussienne en 1761.

Frédéric II, pressé par les armées autrichienne et russe qui ont fait leur jonction en Silésie, s'établit dans le camp de Bunzelwitz qu'il fortifie ; l'armée y travaille pendant dix jours et dix nuits, et utilise avec beaucoup d'intelligence tous les accidents du terrain. Le camp est entouré de défenses accessoires, abatis, trous de loup, fougasses ; la forme générale est celle d'un trapèze dont la grande base s'étend de Tschechen vers Würben sur les derrières du camp ; la petite base, formant le front, s'étend de Zedlitz à Jauernick. Sur tout le périmètre les hauteurs sont retranchées ; six saillants forment de véritables bastions. Les hauteurs de Würben qui dominent le camp constituent une sorte de citadelle. Le camp est défendu par 66 bataillons, 143 escadrons et 460 pièces de canon. Un poste fortifié à Tunkendorf assure les communications avec Schweidnitz d'où l'armée tire ses approvisionnements ; les hauteurs de Sabischdorf, près de la place, sont également fortifiées ; la place forte et la rivière de Schweidnitz, d'une part, la rivière de Striegau, de l'autre, protègent les deux flancs de la position. On peut donc dire que le camp de Bunzelwitz présente pour l'époque un bel exemple de fortification de campagne.

Est-ce à dire que cette position fût à l'abri d'une attaque de vive force ou même d'une surprise de nuit ? Il est dificile de l'affirmer. Les retranchements présentaient un développement total d'environ 20 kilomètres, que défendait une armée de 50,000 hommes ; en déduisant de ce nombre les cavaliers, dont le rôle au début d'une attaque eut été à peu près nul, on arrive à une moyenne de deux hommes par mètre courant de crète. Les deux armées alliées avaient un effectif d'environ 130,000 hommes ; il semble qu'avec une semblable supériorité numérique ils pouvaient diriger avec succès une action vigoureuse, par exemple, sur le saillant de Jauernick, comme le proposait Laudon, en détournant l'attention de l'ennemi par plusieurs fausses attaques. Les difficultés de l'entreprise consistaient principalement à franchir des abatis, des ruisseaux marécageux et à enlever des retranchements de campagne garnis d'artillerie ; elles étaient loin d'égaler celles que présente l'attaque d'une place forte, et l'on pouvait accumuler contre le point d'attaque choisi une masse considérable d'artillerie. Enfin la position n'était pas, comme celle de Pirna, rendue matériellement inabordable sur une portion de son périmètre par de profonds ravins ou des escarpements infranchissables.

Le plan d'attaque de Laudon offrait donc des chances sérieuses de réussite et promettait aux alliés, en cas de succès, la ruine de l'armée prussienne, peut-être la prise du roi et la fin de cette interminable guerre ; la mauvaise volonté du maréchal de Butturlin fit échouer le plan du général autrichien et sauva probablement Frédéric II.

Valeur réelle d'un camp. — Le terrain n'a de valeur que par les troupes qui le défendent.

« Un camp est comme un vêtement et ne doit être ni trop large ni trop étroit... Cependant, s'il faut choisir, il vaut mieux avoir du monde de reste, qu'on ne peut placer, que d'en avoir trop peu. »

« Un terrain n'est rien de lui-même, ce sont les hommes qui le défendent ; les meilleurs camps sont ceux qui exigent, pour les remplir, moins de troupes que vous n'en possédez ; alors vous avez deux lignes avec de bonnes réserves, et vous pouvez vous défendre en désespérés. »

« Vous devez avec 30,000 hommes couvrir un terrain de plusieurs lieues de profondeur et de une à deux lieues de largeur. »

« Quelquefois le terrain favorable fournit des camps réduits à
un ou deux points d'attaque, comme si l'art les avait construits
exprès... ; il y a des terrains qui se laissent plier à la forme
qu'on veut leur donner, il y en a d'autres qui s'y refusent totalement. »

« Ce qui restera éternellement stable dans l'art militaire, c'est
la castramétrie, ou l'art de tirer le plus grand parti d'un terrain
pour son avantage... Mais ces connaissances théoriques ne servent de rien, si l'on n'y ajoute pas une certaine pratique. »

Ajoutons que la valeur d'un camp ou d'une position est essentiellement relative. Tel camp, bon pour une armée nombreuse,
n'offrira qu'un abri insuffisant pour une faible armée. La direction même de l'ennemi fait varier la valeur de cette position ;
c'est ce que Frédéric II explique clairement :

« Les camps sont bons ou mauvais relativement aux circonstances : par exemple, celui de Torgau est admirable quand
vous avez 70,000 hommes pour le remplir ; il est défectueux si
vous n'en avez que 30,000... Il est d'autres camps qui couvrent
une partie du terrain, mais qui deviennent vicieux si l'ennemi,
par ses mouvements, change de direction... »

Cette dernière remarque résume les reproches que l'ont peut
adresser aux camps tels qu'on les concevait à l'époque de Frédéric II, et aux points fortifiés en général : l'ennemi en les tournant leur enlève presque toute leur valeur.

En résumé, on voit par les nombreuses citations qui précèdent
quelle importance le roi attachait au choix de ses camps, importance qui s'explique par le rôle que jouait à cette époque l'art
de faire camper les troupes. L'histoire militaire du XVIIIe siècle
nous montre à chaque instant une armée qui renonce à attaquer
l'ennemi, ou qui, au contraire, se résout brusquement à engager
la bataille, suivant que ce dernier a pris un camp plus ou moins
fort. A Hochkirch, le maréchal Daun, peu partisan cependant de
l'offensive tactique, marche contre l'armée prussienne campée
dans une mauvaise position sous le canon autrichien, et il la
met en déroute, et nous venons de voir que le camp de Bunzelwitz, fortement organisé, a fait hésiter, en 1761, l'armée
austro-russe et a tiré Frédéric II d'une situation désespérée.

CHAPITRE III.

DES POSITIONS MILITAIRES.

> « L'art de distribuer les troupes sur leur
> terrain est de savoir les placer de façon
> qu'elles puissent *agir librement et être utiles*
> partout. »
>
> (Frédéric II.)

Le mode d'occupation varie suivant le terrain. — Principes généraux pour
l'occupation des positions. — Occupation des hauteurs ; importance du
commandement. — Avantages des pentes douces. — Hauteurs isolées ou en
demi-cercle. — Pays de montagnes ; précautions à prendre. — Nécessité
de s'orienter, d'éviter les culs-de-sac, les positions trop étendues. — Importance des obstacles aux abords des positions ; exemples.

Le mode d'occupation varie suivant le terrain. — Les terrains
offrent une telle variété qu'une étude constante est nécessaire
pour saisir rapidement les propriétés d'une position et pour
remédier par des moyens artificiels aux défauts qu'elle présente.

« Chaque terrain a ses règles et asservit celui qui veut l'occuper à ce caprice de la nature, varié de quart de lieue en quart
de lieue ; ainsi on ne saurait assez étudier le terrain pour en
savoir juger promptement et faire aussitôt de bonnes dispositions ; il arrive souvent que l'ennemi ne vous laisse pas le temps
de réfléchir. »

« La nature seule fournit rarement des terrains comme vous
le désirez ; pour vous donner des postes parfaits, il faut que l'art
y supplée, qu'il corrige et tâche d'aider à ce qu'il y a de défectueux dans le terrain. On se sert, par exemple, d'un ruisseau
pour former une inondation ; on fait des redoutes et des retranchements aux endroits faibles, des abatis dans les forêts ; on se
poste à 3,000 pas en arrière ou en avant ; on retire une aile, on
avance l'autre ou l'on fait sortir le centre ; enfin, on se retourne
de cent façons pour obtenir d'un terrain tous les avantages qu'il
peut procurer. Mais il faut de l'activité pour tout voir et du génie
pour profiter de tout ; cela demande qu'un officier soit intelligent
et laborieux. »

« Si une armée prussienne est inférieure à celle de l'ennemi, il ne faut pas pour cela désespérer de la vaincre ; la disposition du général suppléera au nombre.

« Une armée faible choisira toujours un pays coupé et montagneux où le terrain soit resserré, de sorte que le nombre supérieur de l'ennemi, lorsqu'il ne pourra pas dépasser vos ailes, lui deviendra inutile et quelquefois même à charge.

« Ajoutons ici que dans un pays fourré et de montagnes, on pourra mieux appuyer ses ailes que dans une plaine. Nous n'aurions jamais gagné la bataille de Soor si le terrain ne nous eût été favorable, car malgré que le nombre de nos troupes ne passait pas la moitié de celui des Autrichiens, ils ne pouvaient pas déborder nos ailes, de sorte que le terrain mit une espèce d'égalité entre les deux armées. »

Principes généraux pour l'occupation des positions. — En ce qui concerne l'occupation du terrain et la disposition des troupes, Frédéric II donne les conseils suivants qui seraient encore de mise aujourd'hui pour la défense rapprochée, en tenant compte de la portée des armes à feu actuelles :

« L'art de distribuer les troupes sur leur terrain est de savoir les placer de façon qu'elles puissent agir librement et être utiles partout.

« Il faut raisonner le terrain sur lequel on arrive ; par exemple, choisir face à l'ennemi l'ensemble de positions qui conviennent à vos forces, à vos projets ; négliger tout poste moins étendu qui en serait éloigné à plus de 3,000 pas et pour la défense duquel il faudrait abandonner ses avantages ; s'en servir tout au plus pour la grand'garde de cavalerie ; dans la position choisie occuper fortement la partie saillante qui domine et flanque toutes les autres, ainsi que les postes avancés à 400 pas sur vos avenues, ou les obstacles naturels qui les couvrent. Dans chaque partie rentrante et dominée, il faut un réduit facile à soutenir de la position capitale. La première ligne d'infanterie de cette position borde les crêtes, la seconde les contre-pentes. Les ailes de la cavalerie sont masquées en arrière des hauteurs et à proximité de la plaine ; le gros de l'artillerie bat les approches et flanque les parties rentrantes.

« Les approches principales du front et des flancs, réduites à

une ou deux, afin de pouvoir prendre de leur côté toutes dispositions, sont occupées par de l'infanterie légère sous le canon de
la position principale.

« Quelquefois un excellent poste, pour une aile, détermine le
choix de la position générale ; mais alors, et quelque inconvénient qu'il y ait à s'étendre, il faut couvrir l'autre aile en occupant un poste semblable et prendre toute disposition pour communiquer avec lui et le soutenir, prévoir même, si l'ennemi parvient à l'envelopper, les postes accessoires de flanc d'où on le
soutiendrait et le dégagerait, ainsi que les forces que l'on pourrait y envoyer. Des passages nombreux seront préparés sur tout
obstacle séparant votre ligne. »

Occupation des hauteurs ; importance du commandement. —
L'attention du roi a été appelée particulièrement sur les avantages que présente l'occupation des hauteurs ; ses campagnes
ont eu, en effet, fréquemment pour théâtre les régions monta-
gneuses de la Lusace, de la Bohême et de la Silésie.

« Les avantages que nous apprenons par les règles de la fortification sont d'occuper soigneusement les hauteurs et de les
choisir de la sorte qu'elles ne soient pas dominées par d'autres ;
d'appuyer les ailes pour garder son flanc ; d'occuper les lieux
susceptibles de défense et de n'en point prendre de ceux qu'un
honnête homme ne saurait soutenir sans risquer sa réputation.
On juge, par la même règle, des endroits faibles de l'ennemi ;
qu'ils le soient par un vice de la position locale, ou par la distribution défectueuse des troupes, ou par la faiblesse de la défense. »

« Les hauteurs, quand elles commandent à l'entour d'elles, ont
de plus grands avantages ; elles privent l'ennemi de son canon,
qui de bas en haut tire sans effet ; de ses petites armes dont il ne
peut pas se servir s'il vous attaque ; de sa cavalerie dont il ne
peut faire aucun usage ; enfin elles obligent l'ennemi de se
rompre en gravissant la hauteur ; en ce moment votre feu doit
l'abîmer, combler sa confusion et sa déroute. »

Avantages des pentes douces. — Si l'on en excepte l'observation relative au tir de bas en haut, qui n'a plus sa raison d'être
aujourd'hui, les considérations précédentes ont conservé toute

leur valeur. Il est à remarquer qu'en préconisant l'occupation des hauteurs, Frédéric II entend parler surtout des terrains dominants dont les pentes présentent une inclinaison moyenne. Ces terrains donnent à celui qui en occupe le faîte la supériorité matérielle et morale sur l'adversaire placé au bas de la pente ; ils laissent au feu toute son efficacité et n'ont pas le défaut des hauteurs à pentes raides qui rendent le tir fichant et créent de dangereux angles morts, témoin le Muhlberg à la bataille de Kunersdorf.

« Les terrains avantageux pour l'infanterie et l'artillerie sont les hauteurs, et surtout ces pentes douces qui forment un glacis naturel ; leur feu est le plus meurtrier. Souvent ces pentes se trouvent dans les plaines, il ne faut pas les négliger. »

« Toute attaque tentée de manière à chasser devant soi l'ennemi au bas d'une pente douce, doit procurer une victoire complète.

« Si l'on n'a pas l'avantage du terrain, il faut le gagner le plus tôt possible et le conserver tout le reste de la bataille, de manière qu'on aille toujours en descendant sur l'ennemi. »

Hauteurs isolées ou en demi-cercle. — « Comme rien ne commande une hauteur qui passe dans une plaine, vous mettrez votre première ligne sur le glacis de cette position et la seconde sur ses monticules les plus élevés. Cette façon de se poster est la plus avantageuse aux troupes ; mais on ne peut pas toujours l'employer ; il faut se régler sur son terrain. »

Si les hauteurs forment un demi-cercle en présentant leurs ailes du côté de l'ennemi, on pourra fournir des feux croisés, mais de semblables positions sont rares.

« De tous les points d'une chaîne de hauteurs rentrante en demi-cercle, on bat à bonne portée le débouché au travers d'un marais ; lors même que ce débouché aurait mille pas de largeur, cela n'empêcherait pas que votre feu concentré n'exterminât tout ce qui vous approcherait ; il faut avoir l'idée d'une semblable position dans l'esprit ; si l'on ne trouve pas toujours des terrains tout à fait pareils, il y en a pourtant de ressemblants, et on ne les néglige pas ; on les aide même. »

Pays de montagnes ; précautions à prendre. — En pays de

montagne on pourra défendre une grande étendue de terrain avec peu de troupes ; on occupe les crêtes et l'on surveille les ravins.

« De grands terrains peuvent cependant se défendre, principalement dans des montagnes ; vous n'occupez que leurs crêtes et quelques arêtes avec peu de bataillons et vous vous étendez au loin, surtout si l'accès de ces montagnes est âpre ».

« Dès que vous êtes obligé de camper dans une chaîne de montagnes, vis-à-vis de l'ennemi établi sur des hauteurs égales au delà d'un ruisseau à 1500 ou 2,000 pas, il faut placer vos troupes sur la crête des montagnes, pour ne point les assujettir au canon de l'adversaire qui les foudroierait infailliblement ; il faut bien observer les ravins qui donnent accès sur votre position ; placer quelques troupes qui les enfilent pour que l'ennemi ne vienne pas se glisser entre vos postes. Les bataillons francs doivent tenir de petits postes le long de la rivière et de plus gros au pied de la hauteur que vous occupez[1]. »

Nécessité de s'orienter, d'éviter les culs-de-sac, les positions trop étendues. — Il est difficile de s'orienter rapidement en pays inconnu.

« Une des choses les plus difficiles à la guerre c'est, lorsqu'on la porte dans quelque contrée peu connue, de savoir s'y orienter d'abord. On est souvent contraint de prendre des positions au hasard, faute de connaître les bonnes, qui se trouvent quelquefois dans le voisinage ; on ne fait que tâtonner et, si l'on se campe mal, on s'expose aux plus grands risques. »

Surtout que l'on évite les culs-de-sac où l'on risquerait d'être pris ou détruit :

« Je le répète encore, qu'un général doit bien se garder de faire des fautes irréparables par le mauvais choix de ses postes, ou de se mettre dans un cul-de-sac ou dans un terrain d'où il ne puisse sortir que par un défilé. Car si son ennemi est habile, il l'y enfermera, et comme il n'y sera pas en état de combattre, faute de terrain, il recevra le plus grand affront qui puisse

---

[1] Comparez avec ces prescriptions celles de Clausewitz (tome II, chapitres XV et suivants dans l'édition de Vatry).

arriver à un soldat, qui est de mettre bas les armes sans pouvoir se défendre. »

Il faut se garder également d'occuper des positions trop étendues, comme le fit Fouquet à Landshut le 23 juin 1760 : « Il plaça son armée sur les montagnes; sa droite occupait celle de Blasdorf, sa gauche le Doctorberg ; ce terrain demandait, pour être bien garni, le triple des troupes qu'il avait ». On sait que Fouquet, attaqué par des forces triples, fut blessé de trois coups de sabre et fait prisonnier avec la plus grande partie de ses troupes.

Importance des obstacles aux abords des positions ; exemples. —Tous les obstacles du terrain, villages, maisons isolées, enclos, bois, haies, ruisseaux, etc., constituent d'excellents points d'appui et augmentent beaucoup la force d'une position. Parmi ces obstacles, les villages tiennent le premier rang, surtout lorsqu'ils sont bâtis en maçonnerie; nous avons vu que le roi faisait mettre le feu aux maisons construites en bois pour en interdire l'accès à l'ennemi, à moins que le vent ne chassât la fumée dans les lignes prussiennes.

« Les postes les plus avantageux pour une armée sont les hauteurs, les cimetières, les chemins creux et les fossés. Si l'on sait tirer avantage pour la disposition de ses troupes, on ne doit jamais craindre d'être attaqué. »

« Les bois, fortifiés de bons abatis, sont très utiles. En général, l'avantage du poste consiste à ce qu'il oblige l'ennemi à se rompre pour venir à vous ; soit que vous soyez derrière un ruisseau ou derrière un abatis, c'est la même chose. »

Nous avons indiqué [1] le rôle que les villages ont joué dans les batailles livrées par Frédéric II ; il a su tirer parti également des autres couverts du terrain, et ses propres efforts ont quelquefois échoué contre la résistance que ces obstacles, bien défendus, lui ont opposée.

Avant la bataille de Hohenfriedberg, Frédéric II utilise la forêt de Nonnenwald et les nombreux couverts que présentent les environs de Striegau, pour dissimuler son armée et prendre une

---

[1] Tome I, page 309.

position d'attente d'où il attaquera à l'improviste l'armée autrichienne en marche. Pendant la bataille même, la rivière de Striegau couvre son aile gauche, et au centre son infanterie tire parti des nombreux bouquets de bois dont le terrain est parsemé, notamment de ceux de Rohnstock.

A Soor, la région boisée et mamelonnée qui sépare l'armée autrichienne du camp prussien tourne à l'avantage de la première qui surprend l'armée prussienne au moment où elle lève le camp. Nous avons vu le rôle joué par les obstacles du terrain à Lowositz. A Prague, l'infanterie prussienne a failli rester embourbée dans les marais de Sterboholy ; son attaque a échoué à Kolin contre le bois de Radowenitz. A Rosbach, le roi utilise les couverts du terrain pour dérober à ses adversaires la contre-marche qui doit l'amener sur leur flanc ; à Leuthen, il opère de même et dissimule son mouvement de flanc derrière une série de petites collines et de bouquets de bois ; à Hochkirch, c'est le maréchal Daun qui prépare son attaque la nuit à l'abri des collines et de la forêt de Hochkirch ; après cette bataille, Frédéric II met la Sprée entre l'ennemi et lui, et il effectue sur Gœrlitz une marche hardie qu'il dissimule derrière les nombreux couverts de cette région. A Liegnitz, la Katzbach forme sur son front un fossé profond ; à Kunersdorf et à Torgau, les bois facilitent la marche d'approche de l'armée prussienne et la dérobent aux vues d'un adversaire qui reste immobile sur ses positions.

En résumé, le terrain avait déjà au XVIIIe siècle une importance considérable, et les obstacles situés aux abords d'une position donnaient à celle-ci un supplément de valeur très appréciable. Aussi Frédéric II utilisait-il ces obstacles avec le plus grand soin : il en tirait parti soit pour dissimuler ses mouvements, soit pour augmenter la force de sa ligne de bataille ou pour faciliter son offensive sur le champ de bataille.

CHAPITRE IV.

CANTONNEMENTS ET BIVOUACS.

> « Faire occuper l'entrée et la sortie des
> villages et se couvrir, en outre, du côté de
> l'ennemi par des grand'gardes. »
>
> (Frédéric II.)

Du cantonnement; précautions à prendre. — Exemples : en 1760, en 1762.
— Corps détachés d'une armée. — Cantonnements pendant les quartiers
d'hiver. — Leur influence sur la suite des opérations ; exemple : début
de la campagne de 1757. — Attaque des cantonnements ; exemples : à
Mollwitz.— L'armée prussienne sur l'Elbe en 1744 ; le général de Werner
en 1761.— Du bivouac ; exemple : à Lowositz.— A Hochkirch, à Liegnitz
et au camp de Bunzelwitz. — Bivouac après la bataille : Zorndorf et
Kunersdorf. — Singulier exemple de bivouac après la bataille de Torgau.

Du cantonnement ; précautions à prendre. — L'armée cantonne
sur la frontière pendant les quartiers d'hiver et se tient prête à
recommencer la campagne au printemps. Souvent aussi le cantonnement est employé au cours même d'une campagne lorsque
l'armée est éloignée de l'ennemi ou lorsqu'elle en est séparée par
un obstacle sérieux, telle qu'une rivière, une chaîne de montagne ;
quelquefois, malgré la proximité de l'ennemi et l'absence de
tout obstacle, le roi fait cantonner son armée pour la reposer
de ses fatigues et la refaire.

Dans tous les cas, l'armée doit surveiller avec soin les abords
de ses cantonnements et se garder militairement. Les cantonnements doivent toujours être couverts sur leur front, leurs flancs
et leurs derrières.

« Les généraux qui cantonnent n'occuperont d'autres villages
que ceux qui sont entre les deux lignes ; alors ils n'ont rien à
craindre. »

« On occupera les villages qui sont aux ailes ou qui défendent
d'autres passages à une demi-lieue de là. »

Si la cavalerie cantonne seule, elle redoublera de précautions :

« La cavalerie qui occupe des cantonnements doit avoir la
précaution de faire occuper l'entrée et la sortie des villages par

des hommes démontés et se couvrir, en outre, du côté de l'ennemi par des grand'gardes. »

Exemples : en 1760 *et* 1762. — Les cantonnements à proximité de l'ennemi sont dangereux et ne doivent être employés que dans des circonstances exceptionnelles. Au mois d'avril 1760, l'armée prussienne est fatiguée et considérablement réduite. Frédéric II l'établit dans les camps de Schlettau et de Kaltzenhäuser et se résout à mettre en cantonnement la plus grande partie des troupes.

« La quantité de villages qui se trouvent dans cette contrée permit de mettre la plus grande partie de l'armée en cantonnement. Ce furent les premiers moments de repos dont les troupes jouirent. »

Au début de la campagne de 1752 en Silésie, le roi conserve ses troupes en cantonnements resserrés sur les deux rives de la Lohe, avec son quartier général à Bottlern ; l'armée autrichienne campe en face de lui. De forts détachements de cavalerie forment comme un cordon autour des cantonnements à Neumark, à Kanth, près de Bohrau, sur l'Ohlau et à Breslau.

« Cette position de l'armée du roi peut paraître hasardeuse à quiconque ne l'examine que superficiellement, mais elle ne l'était pas ; car ces gros détachements de cavalerie avancés vers l'ennemi formaient comme une espèce de circonvallation autour de l'armée impériale, dont les postes des Prussiens étaient si proches qu'aucun de leurs mouvements ne pouvait échapper à la connaissance du roi. »

Cette confiance de Frédéric II pouvait jusqu'à un certain point se trouver justifiée en face d'un adversaire tel que Daun, peu disposé à prendre brusquement l'offensive ; un autre que le maréchal eût peut-être tenté une vigoureuse attaque contre les cantonnements prussiens en se couvrant de la forêt de Zobten. Il était facile de percer la mince ligne de surveillance formée par le cordon de cavalerie qui éclairait, plutôt qu'il ne protégeait l'armée royale, et d'arriver jusqu'aux cantonnements de cette armée avant qu'elle eût pu se concentrer.

Corps détachés d'une armée. — Frédéric conseille aussi d'employer le cantonnement pour les corps détachés d'une armée au secours d'une autre, parce qu'ils fatiguent moins et qu'ils se trouvent suffisamment couverts.

« Les corps qui portent secours d'une armée à l'autre peuvent marcher en cantonnement : l'armée que vous quittez vous couvre, vous irez beaucoup plus vite en cantonnant qu'en marchant en colonne, vous ménagerez vos subsistances. Des troupes qui marchent en colonne ne feront tout au plus que huit lieues par jour; celles qui vont par cantonnement en pourront faire dix et être moins fatiguées que les autres. Les deux dernières journées, marchez en colonne et campez. »

Cantonnements pendant les quartiers d'hiver. — Généralement l'armée prussienne cantonnait sur la frontière pendant la mauvaise saison ; le roi profitait de cette période de repos pour refaire ses troupes, remettre en état le matériel et renouveler les approvisionnements de toute sorte.

Pendant l'hiver de 1740 à 1741, l'armée prussienne, qui a envahi la Silésie, occupe dans cette province des cantonnements trop larges et se garde mal ; l'armée autrichienne a été surprise par la brusque agression de Frédéric II et a cédé le terrain, mais elle se prépare à attaquer le roi. « Les hussards autrichiens préludaient déjà sur la guerre; ils se glissaient entre les postes des Prussiens, tâchaient d'enlever de petits détachements et d'intercepter les convois ». En conséquence, Frédéric donne des ordres pour resserrer ses quartiers. « Il aurait dû sur-le-champ les rassembler tous ; mais il manquait d'expérience et c'était proprement sa première campagne ».

Une partie des troupes prussiennes, sous les ordres du maréchal de Schwerin, cantonnent sur la rive droite de la Neisse dans une position aventurée, car la place forte de Neisse est encore au pouvoir des Autrichiens. Le roi veut faire replier ses troupes sur la Neisse, le maréchal n'est pas de cet avis et demande des renforts, promettant de tenir jusqu'au printemps. Mais à la nouvelle qu'un corps ennemi occupe Freudenthal, à un mille et demi du cantonnement prussien de Jœgerndorf, le roi se décide à concentrer son armée pour être prêt à tout événement. Heureusement pour Frédéric II, son armée put exécuter cette opération délicate sans être inquiétée par les Autrichiens qui se contentèrent de pousser des reconnaissances chargées de rapporter des nouvelles de l'ennemi. « Les ennemis voulaient savoir si les Prussiens étaient encore dans leurs quartiers ; pour s'en instruire, leurs troupes légères allaient escarmoucher devant chaque ville, afin de rapporter à leurs officiers ce qui en était. »

Leur influence sur la suite des opérations ; exemple : début de la campagne de 1757. — Au commencement de la mauvaise saison, les troupes prussiennes prenaient habituellement leurs cantonnements sur les frontières de la Bohême et de la Silésie, en Saxe, en Lusace, en Silésie ; elles étaient ainsi séparées de l'ennemi par des chaînes de montagnes dont les passages étaient faciles à garder, et elles communiquaient librement avec l'intérieur du royaume d'où venaient les renforts et les approvisionnements pour la campagne suivante. Au printemps, le roi concentrait ses troupes d'après son nouveau plan de campagne.

L'emplacement choisi pour les cantonnements d'hiver a quelquefois exercé une influence directe sur la concentration de l'armée prussienne et, par suite, sur la conduite même des opérations.

A la fin du mois de mars 1757, l'armée prussienne, forte de 108 bataillons et 60 escadrons, soit environ 100,000 hommes, est répartie en quatre groupes principaux cantonnés de la façon suivante : le prince Maurice, en Saxe aux environs de Zwickau ; le roi, avec le gros de l'armée, entre Dresde et Lockwitz ; le duc de Bevern, en Lusace à Zittau ; enfin, le maréchal de Schwerin, en Silésie entre Landshut et Glatz. La répartition de ces troupes sur toute la frontière nord de Bohême, depuis Zwickau jusqu'à Glatz, nous offre un exemple de ce qu'on appelle la disposition *en cordon*. Appliquée à la défense des frontières, elle constitue un système vicieux, car en voulant tout couvrir on est faible partout. En partant de ce principe que la défense d'un territoire réside surtout dans les forces mobiles qui l'occupent, on voit que celles-ci ont tout intérêt à rester concentrées, afin que l'ennemi ne puisse surprendre des corps dispersés et les battre isolément.

On objectera peut-être qu'à l'époque de Frédéric II il était nécessaire de disloquer les armées pendant la mauvaise saison sur une zone assez étendue pour leur permettre de vivre ; mais en admettant cette nécessité, que les chemins de fer ont fait disparaître de nos jours, il faut reconnaître que les cantonnements prussiens pouvaient être rapprochés de telle sorte que les quatre corps fussent en état de se soutenir, en cas d'attaque, et de prendre eux-mêmes l'offensive par une seule ligne d'opérations. Napoléon a su résoudre le problème en plusieurs occasions, et il n'avait, pas plus que Frédéric, de chemin de fer à sa disposition.

Le désir de conserver la Silésie et la crainte d'un coup de main contre cette riche province, dont la perte était si sensible à ses adversaires, tels sont les motifs principaux qui ont poussé le roi à aventurer le corps du maréchal de Schwerin si loin ; or quelques escadrons, appuyés sur les places de Neisse, Glatz et Schweidnitz, eussent suffi à empêcher les incursions des partis autrichiens ; quant à une attaque sérieuse contre cette province, ce n'est pas avec un corps d'armée, jeté si loin de tout secours, qu'on eût pu s'y opposer. Le véritable moyen de défendre la Silésie, c'était de tomber en forces sur les corps autrichiens qui occupaient la Bohême, et de les battre.

Les Autrichiens ont, du reste, commis la même faute que leurs adversaires ; ils avaient à leur disposition un échiquier des plus favorables, leur permettant l'emploi des lignes intérieures contre les corps d'armée prussiens séparés par des obstacles infranchissables ; avec un peu d'activité et d'énergie ils pouvaient prendre l'offensive contre l'un des corps prussiens, celui du maréchal de Schwerin, par exemple, et l'accabler avant l'arrivée des autres ; mais eux-mêmes avaient choisi leurs cantonnements d'une manière encore plus défectueuse et ils occupaient un front plus étendu que celui de leurs adversaires : Daun était à Olmutz, loin du théâtre probable des hostilités ; le maréchal Browne à Budin ; le duc d'Arenberg à Eger, à l'extrême gauche, et le comte de Kœnigseck était en flèche à Reichenberg, exposé à une brusque attaque, comme l'événement ne tarda pas à le prouver. Il semble que les quatre corps autrichiens eussent dû cantonner en Bohême, où les ressources ne faisaient pas défaut, et à portée les uns des autres, en ne laissant sur la frontière qu'un rideau d'éclaireurs.

Comme il est rare, à la guerre, qu'une faute n'en entraîne pas une autre, la répartition vicieuse des cantonnements prussiens amène Frédéric II à envahir la Bohême sur quatre points différents, en portant droit devant eux ses quatre corps d'armée et en leur assignant comme lieu de rendez-vous un point situé à l'intérieur du quadrilatère de Bohême, Prague par exemple. Concentrer l'armée prussienne avant de pénétrer en Bohême, c'était se résoudre à perdre un temps précieux et à exécuter, le long des montagnes, de longs mouvements de flanc qui eussent donné l'éveil à l'ennemi. C'est ainsi que le choix des cantonnements prussiens, pendant l'hiver de 1756 à 1757, a conduit tout naturellement Frédéric II à opérer par quatre lignes d'opérations au printemps de 1757.

Attaque des cantonnements; exemples: à Mollwitz. — Lorsqu'on a la bonne fortune de surprendre l'ennemi dans ses cantonnements, il faut agir avec vigueur et ne pas lui laisser le temps de se reconnaître. C'est ce que Frédéric II n'a pas su faire à la bataille de Mollwitz. Le maréchal de Neipperg avait commis l'imprudence de cantonner son armée dans les villages de Mollwitz, Hünern, Grüningen, etc., devant lesquels l'armée prussienne allait incessamment se présenter; des pointes d'officiers avaient ordre de battre la campagne pour éclairer l'armée autrichienne, mais « soit paresse, soit négligence, ces officiers ne s'acquittèrent pas de leur devoir ». L'armée autrichienne, surprise dans ses cantonnements, fut battue; sa défaite eût été plus complète, si Frédéric, brusquant son attaque, eût mis les Autrichiens dans l'impossibilité de se former en bataille devant leurs cantonnements : « Ce que j'aurais dû faire alors, était d'embrasser le village de Mollwitz par deux colonnes et de l'attaquer après l'avoir enveloppé. En même temps j'aurais dû détacher des dragons aux deux autres villages, où était la cavalerie autrichienne, pour la mettre en désordre. L'infanterie qui les eût suivis aurait empêché cette cavalerie de monter à cheval. Je suis très persuadé que leur armée aurait été entièrement défaite ».

L'armée prussienne sur l'Elbe en 1744; le général de Werner en 1761. — Au mois de novembre 1744, Frédéric II voulant donner du repos à son armée, se décide à la cantonner sur la rive droite de l'Elbe, en face de l'armée autrichienne qui occupe la rive gauche ; mais il prend mal ses mesures et dissémine ses troupes sur un front considérable. Le prince de Lorraine surprend sans peine le passage du fleuve, et l'armée royale n'échappe à un désastre que grâce à la rapidité avec laquelle le roi la concentre sur un point central en arrière de ses cantonnements. Frédéric a accusé de négligence un des officiers chargés de la surveillance du fleuve : « Un officier du régiment de Zieten fit négligemment sa patrouille dans la nuit où l'ennemi construisit ses ponts à Selmitz et surprit les équipages ». Il est certain que l'établissement d'une armée en cantonnements sur un front s'étendant de Pardubitz par Kolin, Nimbourg, jusqu'à Brandeis, constituait, malgré la présence de l'Elbe, une grave imprudence.

En 1761, le général de Werner, pour ménager les vivres de Colberg qu'assiégent les Russes, sort de la place et se dirige sur Treptow. « Il eut l'imprudence de faire cantonner son monde ; les Russes le surprirent ; il fut fait prisonnier, et près de 500 chevaux de son corps eurent le même sort ».

Du bivouac ; exemple : à Lowositz. — A la veille d'une bataille ou au contact de l'ennemi, Frédéric fait bivouaquer son armée.

Le 30 septembre 1756, l'avant-garde de l'armée prussienne débouche sur la croupe de Paschkopole et aperçoit l'armée autrichienne qui occupe la plaine de Lowositz. « Le roi fit avancer en diligence son infanterie pour occuper les vignes et les débouchés qui versent dans la plaine de Lowositz. Les troupes arrivèrent vers les 10 heures et passèrent la nuit au bivouac, à peu de distance derrière l'avant-garde qui était postée vis-à-vis de l'ennemi ».

A Hochkirch, à Liegnitz et au camp de Bunzelwitz. — A Hochkirch, malgré le voisinage de l'ennemi et la position défavorable occupée par l'armée prussienne, celle-ci campait sous la tente. « Elle n'eut que le temps de prendre les armes et non celui d'abattre les tentes ». L'armée était couverte, il est vrai, par ses grand'gardes et ses postes avancés, mais le terrain était très boisé, montagneux, et se prêtait admirablement à une surprise.

A Liegnitz, l'armée prussienne, après une marche de nuit, bivouaque sur le plateau de Plaffendorf, lorsque le corps de Laudon l'attaque à l'improviste ; aussi ses dispositions furent-elles immédiatement prises, et les Autrichiens rejetés de l'autre côté de la Katzbach.

Au camp de Bunzelwitz, en 1761, le roi craignait surtout une attaque de nuit. « Il faisait détendre les tentes tous les soirs, et l'armée, en bordant les retranchements, passait ses nuits au bivouac ». C'est là une mesure extrême qu'un danger pressant peut seul autoriser ; une armée ne saurait tenir longtemps à un pareil régime.

Bivouac après la bataille : Zorndorf et Kunersdorf. — Après une action, le bivouac est tout naturellement indiqué pour l'armée victorieuse qui couche sur le champ de bataille, et aussi pour l'armée défaite si elle n'est pas poursuivie.

A Zorndorf, la victoire a été chaudement disputée et le succès chèrement acheté ; l'armée prussienne se reforme tant bien que mal sur le champ de bataille et passe la nuit sous les armes, ignorant si elle n'aura pas à soutenir une nouvelle lutte le lendemain.

Après la défaite de Kunersdorf, Frédéric II passe la nuit à rallier les débris de son armée près du pont jeté sur l'Oder, et le lendemain de la bataille, à midi, l'armée s'apprête à franchir le fleuve en bon ordre.

Singulier exemple de bivouac après la bataille de Torgau. — Mais c'est la bataille de Torgau qui nous offre sous ce rapport l'exemple le plus singulier. On sait que la victoire, après s'être tout d'abord déclarée en faveur du maréchal Daun, est restée définitivement à Frédéric II. Dans la nuit qui suivit la bataille, des groupes d'Autrichiens et de Prussiens bivouaquèrent côte à côte.

« Toute la forêt que l'armée prussienne avait traversée avant la bataille, était pleine de grands feux. On était embarrassé de deviner ce que ce pouvait être. On envoya quelques hussards pour s'en éclaircir. Ils rapportèrent qu'il y avait autour des feux des soldats habillés de bleu et d'autres de blanc. C'étaient des soldats des deux armées qui avaient cherché un asile dans ce bois ; ils avaient passé entre eux un accord qu'ils attendraient avec neutralité ce que le sort déciderait des Prussiens et des Impériaux, résignés des deux parts à suivre le parti de la fortune et à se rendre aux victorieux ».

Voilà un trait qui peint bien les mœurs militaires de cette époque.

CHAPITRE V.

CONVOIS ET FOURRAGES.

> « Une bonne règle pour couvrir et assurer
> les convois est celle d'envoyer des troupes à
> leur rencontre. »
>
> (Frédéric II.)

Importance des convois à cette époque. — Règle générale pour la conduite des convois. — Attaque des convois : affaire de Domstadtel. — Difficultés du ravitaillement en Bohême en 1744. — Franquini en Bohême. — Des partis. — Convois à la suite des armées : le convoi russe à Zorndorf. — Des fourrages ; le roi se les procure sur place. — Comment on exécute un fourrage au vert et au sec. — Les Prussiens en Bohême (1745). — La cavalerie autrichienne à Prague.

Importance des convois à cette époque. — Nous avons vu que Frédéric II apportait le plus grand soin à tout ce qui touchait au service des subsistances[1] ; or les convois constituaient à cette époque le seul moyen de faire parvenir à l'armée d'opérations les denrées réunies dans les magasins ou celles qui étaient prélevées sur le pays dans un rayon quelquefois très étendu autour de l'armée. Aussi, toutes les questions relatives aux convois prenaient-elles une grande importance. Souvent l'armée était obligée de décamper et de se rapprocher de sa base parce que l'ennemi avait trop de facilités pour intercepter les convois. Quelquefois même les attaques et les défenses de convois avaient une influence directe sur l'issue des opérations : la levée du siège d'Olmütz, en 1758, en est un exemple frappant.

Frédéric II se rendait compte de cette importance :

« Si malgré toutes vos précautions, l'ennemi réussit à vous enlever quelque convoi, toutes vos mesures seront encore dérangées, vos projets renversés et suspendus. »

Règle générale pour la conduite des convois. — Le roi résume ainsi les règles générales relatives à la conduite des convois :

---

[1] 1re partie, chapitre XIX.

« La plupart des troupes légères seront employées pour les convois. »

« A proportion de ce que l'on a à craindre de l'ennemi, on augmente ou l'on diminue les escortes. On fait entrer des détachements d'infanterie dans les villes par où passent les convois, pour leur donner un point d'appui. Souvent on fait de gros détachements pour les couvrir. »

« Une bonne règle pour couvrir et assurer les convois est celle d'envoyer des troupes à leur rencontre, occuper les défilés par où le convoi passera, et de pousser l'escorte à une lieue en avant du côté de l'ennemi. »

Attaque des convois : affaire de Domstadtel. — L'attaque des convois se fait surtout dans les défilés.

« Si l'on attaque des convois, le moyen le plus sûr d'en profiter, c'est de laisser engager la tête du convoi dans un défilé, d'attaquer la tête pour y causer de la confusion et de tomber avec force sur la queue. Il y aura sûrement beaucoup de chariots perdus. »

Pendant le siège d'Olmütz (1758) un grand convoi de ravitaillement est dirigé de la haute Silésie sur l'armée prussienne pour permettre à celle-ci de continuer les opérations du siège. Ce convoi est attaqué par Laudon dans le défilé de Domstadtel. 4,000 chariots, dont 818 de munitions, escortés par 3 bataillons, 3,000 recrues et 1100 cavaliers, sont dirigés de Troppau sur Olmütz par des chemins à moitié défoncés. La colonne part le 26 juin de Troppau ; on séjourne le 27 pour faire serrer le convoi. Laudon et Ziskowitz accourent et occupent les flancs du défilé de Domstadtel. Les Prussiens parviennent à forcer le passage ; mais, le 30, leurs têtes de colonne sont assaillies par les Autrichiens qui dirigent sur elles, des hauteurs voisines, un feu très vif ; des chariots placés en travers de la route interceptent le passage. Zieten, envoyé en renfort par le roi, culbute l'ennemi, mais il est lui-même pris en flanc par les dragons autrichiens placés en embuscade ; 250 voitures seulement parviennent à passer ; le reste est pris, et l'escorte dispersée. Frédéric est contraint de lever le siège d'Olmütz.

Difficultés du ravitaillement en Bohême en 1744. — L'attaque

des convois était le but principal que se proposaient les troupes
légères, les partisans, les batteurs d'estrade. Les campagnes de
Frédéric II abondent en opérations de cette nature, dont les conséquences étaient souvent fort graves.

Pendant la marche du roi en Bohême, en 1744, telle était la
supériorité des troupes légères autrichiennes « qu'elles intercep-
taient toutes les livraisons que le pays plat devait faire et que,
les communications étant coupées, l'armée prussienne fut quatre
semaines sans recevoir de nouvelles... Le manque de vivres joint
à cette gêne où se trouvaient les Prussiens, les obligea de retourner sur leurs pas ». Un détachement de 200 hussards envoyé sur
Tabor pour presser les livraisons que devaient faire les gens du
pays, est battu et son chef tué. Bientôt l'armée prussienne qui a
franchi la Moldau est obligée de repasser sur la rive droite pour
gagner Tabor, puis de se mettre définitivement en retraite.

Franquini en Bohême. — Parmi les partisans qui harcelèrent
le plus l'armée prussienne il faut citer l'autrichien Franquini. En
1745, ce hardi chef de partisans faillit enlever à Jaromir le marquis de Valori, ministre de France auprès du roi de Prusse ; il
est vrai que celui-ci se souciait peu d'assurer la sécurité de
l'ambassadeur français et riait sous cape de ses mésaventures.

Franquini cherchait surtout à inquiéter les convois destinés à
l'armée prussienne, en utilisant les bois dont cette région était
couverte.

« Franquini était le seul qui donnât quelques inquiétudes pour
les vivres ; il s'était niché dans une forêt nommée vulgairement
le royaume de Silva ; ce bois communique aux chemins de Braunau, Starkstadt et Trautenau ; il tombait de ce repaire sur les
convois qui venaient de la Silésie. Chaque convoi avait sa petite
bataille ; cela fatiguait les troupes et l'on ne se nourrissait que
l'épée à la main. »

Des partis. — Frédéric II ne paraît pas avoir fait grand usage
des partisans, c'est-à-dire des troupes irrégulières agissant pour
leur propre compte et comme auxiliaires de l'armée ; mais il
préconise l'emploi de ce qu'il appelle des *partis*. Ce sont de
petits détachements chargés de faire des prisonniers, d'intercepter les convois de l'ennemi ou de tenter un coup de main sur

ses magasins : leur rôle est donc le même que celui des partisans.

Suivant qu'ils opèrent en pays ami ou ennemi, ils agissent d'une façon différente.

« Pour les partis à détacher, il faut se régler sur la protection des habitants. Chez vous, hasardez tout ; mais dans un pays neutre, il faut être plus circonspect, à moins qu'on ne soit assuré de l'inclination de la plus grande partie des habitants. »

« Dans un pays ennemi, il ne faut jouer qu'au sûr et, par les raisons dites, n'aventurer jamais ses partis. On fera la guerre à l'œil. »

Convois à la suite des armées : le convoi russe à Zorndorf. — On comprenait aussi sous le nom de convoi l'ensemble des voitures qui transportaient l'approvisionnement de vivres et de munitions à la suite de l'armée. Ce convoi marchait et campait sous la surveillance directe des troupes, mais il arrivait parfois que pendant un engagement il se trouvait séparé de l'armée et exposé aux entreprises de l'ennemi. La bataille de Zorndorf nous en offre un exemple.

Dans la nuit du 24 au 25 août 1758, le général de Fermor dispose l'armée russe en carré sur le plateau de Quartschen ; le trésor et les petits bagages sont renfermés dans le carré, mais le convoi proprement dit, composé des gros bagages et des vivres, escorté par 4,000 hommes, est parqué près du village de Camin, à 6 kilomètres de l'armée russe et à proximité de la route de Landsberg, qui constitue la ligne de retraite éventuelle des Russes. Or, le mouvement tournant exécuté par l'armée prussienne avant la bataille de Zorndorf l'a conduite tout entière au sud du plateau de Quartschen, entre l'armée russe et son convoi. Celui-ci est resté deux jours à proximité de l'armée prussienne sans être nullement inquiété. Il est difficile d'admettre que le roi ait ignoré la présence de ce convoi à une si faible distance de sa position, car la cavalerie prussienne qui formait l'aile gauche de l'armée pendant la marche sur Zorndorf a dû passer à proximité du convoi. Voici d'ailleurs comment Frédéric s'exprime à ce sujet :

« Les ennemis avaient laissé entre ce village (Batzlow) et Camin le gros de leurs bagages sous peu d'escorte ; on aurait pu leur enlever sans peine et les obliger par quelques marches à quitter le pays ; mais il fallait en venir à une décision dont on devait tout attendre, vu la disposition bizarre que l'ennemi avait donnée à sa bataille. »

Il semble donc que le roi connaissait la présence du convoi russe à Camin ; il lui était facile de s'emparer de ce convoi et de faire prisonniers ou de disperser les 4,000 hommes d'escorte ; les troupes employées à cette mission pouvaient encore prendre part à la bataille, qui ne s'est engagée qu'à 9 heures du matin et a duré toute la journée. Remarquons que ce même convoi est resté isolé pendant toute la journée du 26 août. Le seul fait que le roi n'ait pas songé à s'en emparer, même après la bataille du 25, indique bien dans quel état d'épuisement se trouvait l'armée prussienne.

Des fourrages ; le roi se les procure sur place. — Le roi se procurait les fourrages sur place, d'où la nécessité de changer de camp lorsque le pays était *mangé*, suivant sa propre expression ; c'est ce que Frédéric II appelle des *camps de fourrage.*

« Il faut que les camps de fourrage soient d'un difficile abord, quand on les prend dans le voisinage de l'ennemi, parce que les fourrageurs ne sont regardés que comme des détachements qu'on envoie contre l'ennemi. Quelquefois la sixième partie va au fourrage et quelquefois même la moitié de l'armée... Il faut soigneusement cacher le jour et le lieu où l'on veut fourrager et n'en donner la disposition au général qui la commandera que la veille et fort tard.

« Il faut envoyer en détachement autant de partis qu'il est possible pour être averti des mouvements que l'ennemi pourrait faire, et, si des raisons très importantes ne vous en empêchent pas, il faut fourrager le même jour qu'il fourragera, parce qu'on risque moins alors. »

Comment on opère un fourrage au vert et au sec. — Frédéric II attachait une grande importance à l'opération qu'on désigne sous le nom de fourrage ; il a laissé des prescriptions très détaillées sur la manière d'opérer dans le voisinage de l'ennemi, suivant qu'on exécute un fourrage au vert ou au sec. Ces prescriptions sont trop élémentaires pour qu'il y ait lieu de les reproduire ici ; quelques citations suffiront à en caractériser l'esprit :

« Pour nourrir la cavalerie on fourrage le pays ennemi dans lequel on se trouve. Tous les fourrages qui se font au delà de deux lieues en présence de l'ennemi sont très dangereux. Les grands fourrages se font toujours sous l'escorte d'un corps de cavalerie qui doit être proportionné au voisinage de l'ennemi. Dans toutes ces escortes l'infanterie mènera son canon avec elle. Les fourrages dans un pays de montagne sont les plus difficiles ; il faut que la plus grande partie de leur escorte ne soit composée que d'infanterie et de hussards. »

Frédéric prescrit de former une avant-garde et une arrière-garde ; au centre se tient la réserve, prête à se porter sur le point menacé. La cavalerie éloigne l'ennemi en escarmouchant et l'infanterie forme un cordon de protection ; le fourrage est chargé sur les chevaux et rapporté au camp. Dans un fourrage au sec, l'infanterie entoure le village pour protéger l'opération ; la cavalerie prend position sur le terrain qui se prête le mieux à son action, afin d'être en mesure de charger l'ennemi dès qu'il apparaîtra. Comme on le voit, ces procédés ne diffèrent pas sensiblement de ceux qui sont encore en usage aujourd'hui.

Les Prussiens en Bohême (1745). — En 1745, avant la bataille de Soor, « les Prussiens embrassaient toute la chaîne des montagnes qui côtoient les frontières de la Silésie depuis Trautenau vers Braunau... M. du Moulin se rendit à Trautenau pour couvrir les convois qui venaient de Silésie... Les fourrages se faisaient toutefois avec bien plus de difficulté que dans les plaines par la nature du terrain coupé et difficile qui environnait le camp. Pour ne point exposer les troupes à quelque affront, il fallait des convois de 3,000 chevaux, et 7,000 à 8,000 hommes d'infanterie pour couvrir les fourrageurs ; on livrait des petits combats pour chaque botte de paille. Moracz, Trenck, Nadasdy, Franquini étaient tous les jours aux champs ; enfin c'était une école pour la petite guerre ».

C'était aussi un danger pour le roi qui éparpillait ainsi son armée pour couvrir les convois ; aussi à Soor n'a-t-il pu mettre en ligne que 20,000 hommes à peine contre 40,000 Autrichiens.

La cavalerie autrichienne à Prague. — Le jour même de la

bataille de Prague la cavalerie autrichienne était encore occupée
à fourrager lorsque les têtes des colonnes prussiennes commen-
cèrent leur marche de flanc pour gagner Micholup. Elles débouchaient déjà sur Nieder-Postchernitz quand les fourrageurs
autrichiens furent rappelés et montèrent à cheval pour se rendre
à la hâte dans la plaine en arrière de l'étang de Micholup. Il
était temps, les Prussiens prononçaient déjà leur mouvement
enveloppant contre l'aile droite de la position autrichienne.

CHAPITRE VI.

DES RECONNAISSANCES.

> « Lorsqu'on peut voir par soi-même, il n'en
> faut jamais donner la commission à d'autres. »
>
> (Frédéric II.)

Il faut d'abord se procurer de bonnes cartes. — On étudie principalement les places fortes, les rivières. — Comment on reconnaît les pays plats, les hauteurs, les chemins, etc... — Il faut étudier les positions que présente le pays. — Par qui sont exécutées les reconnaissances. — Il faut contrôler avec soin tous les renseignements. — Des reconnaissances au contact de l'ennemi : à Liegnitz, à Kœnigingraetz. — Résultats dus à des reconnaissances incomplètes : l'aile gauche prussienne à Czaslau. — Les Prussiens à Soor et à Kunersdorf. — Les Saxons au camp de Pirna ; Laudon à Liegnitz. — Le maréchal de Schwerin à Prague ; la cavalerie autrichienne à Borna. — Reconnaissances bien dirigées : Frédéric II à Lowositz, Rosbach, Leuthen et Torgau. — Rôle important de la cavalerie dans les reconnaissances ; exemple : avant Kolin. — Aptitude des cosaques à ce service. — Renseignements obtenus à l'aide des prisonniers.

Il faut d'abord se procurer de bonnes cartes. — La nécessité d'avoir des renseignements précis sur l'armée ennemie et sur le pays qui doit être le théâtre de la guerre n'a pas besoin d'être démontrée. « De bons renseignements assurent une grande supériorité. Si l'on connaissait à chaque instant la situation de l'ennemi, on serait sûr, même avec une armée inférieure, d'être partout plus fort que lui ».

Pour atteindre ce but, il faut tout d'abord se procurer de bonnes cartes et les étudier pour avoir une idée générale du pays.

« Il y a deux façons de prendre connaissance d'un pays. La première et par où il faut commencer, est celle d'étudier exactement la carte de la province où l'on veut faire la guerre, et de s'imprimer bien les noms des grandes villes, des rivières et des montagnes. »

On étudie principalement les places fortes, les rivières. — « Quand on s'est formé une idée générale du pays, alors il faut aller à une connaissance plus détaillée, pour savoir par où passent les grands chemins, comment sont situées les villes, et si l'on peut les défendre en les accommodant un peu, de quel côté on peut les attaquer en cas que l'ennemi s'en soit rendu maître, et combien il faut y mettre de garnison pour les défendre. Il faut avoir les plans des villes fortifiées pour en connaître la force et les endroits faibles.

« Il faut avoir le cours des grandes rivières et leur profondeur, jusqu'où elles sont navigables, et où l'on peut les passer à gué. Il faut savoir encore quelles rivières sont impraticables au printemps et sèches en été. Cette connaissance doit s'étendre même jusqu'aux principaux marais du pays. »

Comment on reconnaît les pays plats, les hauteurs, les chemins, etc. — « Les cartes sont assez exactes pour les terrains de plaines, mais la connaissance qui importe le plus est celle des bois, des défilés, des montagnes, des ruisseaux guéables. Il faut noter leurs modifications par suite des saisons. » Dans un pays plat et uni il faut distinguer les contrées fertiles de celles qui sont stériles et savoir quelles marches l'ennemi peut faire et celles que nous ferions pour aller d'une grande ville ou d'une rivière à l'autre. Il faut aussi faire lever les camps que l'on peut prendre sur cette route.

« On a bientôt reconnu un pays plat et ouvert, mais cela est bien plus difficile dans un pays couvert et montagneux, la vue étant bornée.

« Pour acquérir cette connaissance si importante, on se porte, la carte à la main, sur les hauteurs, emmenant avec soi des gens âgés des villages les plus voisins, des chasseurs et des bergers. S'il y a une montagne plus élevée que celle où l'on est, on ira, pour prendre une idée du pays qu'on peut y découvrir.

« Il faut s'informer de tous les chemins, pour savoir non seulement en combien de colonnes on pourra marcher, mais encore pour former des projets et voir par quel chemin on pourrait arriver et forcer le camp de l'ennemi s'il en vient prendre un dans les environs, ou de quelle manière on pourrait se mettre sur son flanc, s'il venait à changer de position. »

Il faut étudier les positions que présente le pays. — « Un des principaux objets est de reconnaître les situations où l'on peut prendre des camps défensifs, pour s'en servir en cas de besoin, de même que les champs de bataille, et les postes que l'ennemi pourrait occuper.

« Il faut se former une juste idée de toutes ces connaissances, comme aussi des postes les plus considérables, des gorges, des principaux défilés et des positions avantageuses de tout le pays, et bien réfléchir sur toutes les opérations qu'on pourrait faire, afin que vous ne soyez embarrassé quand vous serez obligé d'y porter la guerre, ayant un plan de tous les arrangements qu'il faudrait faire alors.

« Ces réflexions doivent être bien combinées et mûrement digérées. Il faut y employer tout le temps qu'une matière aussi importante exige, et si l'on n'y réussit pas à la première fois, il faut y retourner une seconde et examiner tout exactement. »

On voit par ces prescriptions si détaillées quelle importance Frédéric II attachait à la reconnaissance minutieuse du terrain ; toutes ces mesures trouveraient aujourd'hui encore leur application, et sous ce rapport, comme sous bien d'autres, le roi a tracé les règles mêmes de la tactique moderne.

Par qui sont exécutées les reconnaissances. — Les reconnaissances seront confiées à des officiers choisis, qui posséderont les qualités que réclame cette mission importante.

« Le gentilhomme qui se dévoue à ce métier aura cette activité naturelle qui fait aimer le travail. Dans chaque camp, il s'offrira pour reconnaître les environs par le moyen de petites patrouilles, aussi loin que l'ennemi le permettra, afin que si le général qui commande l'armée a résolu de faire un mouvement, les chemins et les contrées lui soient connus autant que possible ; il aura observé les endroits propres à camper ; par son application, il facilitera au général les grandes opérations, tant pour les marches que pour les campements. Il réunira les gens du pays pour en tirer les notions qui lui sont nécessaires, tenant compte des appréciations différentes de chacun, selon son métier et les rectifiant par des discussions.

« S'il est nécessaire de prendre connaissance d'un pays voisin et que les circonstances ne permettent pas de le faire de la manière ci-dessus, il faut y envoyer des officiers habiles, sous toutes sortes de prétextes, et même les faire travestir, si l'on ne peut s'en dispenser. On les instruira de tout ce qu'ils doivent observer, et à leur retour on notera sur une carte tous les endroits et les camps qu'ils ont reconnus ; mais lorsqu'on peut voir soi-même, il n'en faut jamais donner la commission à d'autres. »

Il faut contrôler avec soin tous les renseignements. — On se méfiera des renseignements fournis par les gens du pays et on les contrôlera avec soin ; éviter surtout le manque de précision.

« Se prémunir contre la déposition des gens du commun qui, ne jugeant des chemins et des lieux que par l'usage qu'ils en font, ignorent l'emploi qu'un guerrier peut faire du terrain. Il ne faut pas se fier au rapport des ignorants, mais, la carte à la main, les consulter sur chaque forme du terrain, s'en faire des notes, et voir sur cela s'il y a moyen de croquer quelque chose sur le papier, qui donne une idée plus exacte que celle que présente la carte. Le défaut par lequel les hommes pèchent le plus, c'est de se contenter d'idées vagues et de ne point s'appliquer assez pour se former des idées nettes des choses auxquelles ils sont employés. »

On ne doit avoir qu'une confiance limitée dans les renseignements que fournissent les reconnaissances ; il faut s'efforcer par d'autres moyens d'obtenir des notions exactes sur l'ennemi.

« Les patrouilles et les partis détachés pour reconnaître ne doivent être regardés que comme une précaution superflue ; il ne faut jamais s'y fier, mais en prendre d'autres plus solides et plus sûres. »

Des reconnaissances au contact de l'ennemi : à Liegnitz, à Kœnigingraetz. — Souvent les reconnaissances étaient faites par les généraux eux-mêmes à la vue de l'ennemi.

En 1760, avant la bataille de Liegnitz, les armées ennemies étaient campées très près l'une de l'autre : « On voyait les Autrichiens rangés en bataille devant leur place d'armes ; bientôt les généraux ennemis parurent, qui rôdèrent de tous côtés pour faire des reconnaissances. Ils paraissaient fort attentifs et leur curiosité les retint à cet examen jusqu'à nuit close ».

En 1745, les armées prussienne et autrichienne sont en présence auprès de Kœnigingraetz ; chacune d'elles occupe une solide position et observe l'adversaire : « Les deux armées n'étaient distantes l'une de l'autre que d'une demi-portée de canon. Le roi, de sa tente qui était sur une hauteur, avait tous les jours le spectacle des généraux ennemis qui venaient reconnaître sa position; on les aurait pris pour des astronomes, car ils observaient les Prussiens avec de grands tubes ».

Frédéric II avait l'habitude de reconnaître lui-même le terrain à l'abri de son avant-garde et de chercher à découvrir la force et l'emplacement de son adversaire; il arrêtait ses dispositions de combat d'après cet examen, complété par les renseignements de sa cavalerie. Mais il ne pouvait embrasser lui-même tout le champ de bataille et devait s'en rapporter en partie aux généraux sous ses ordres : la façon dont ceux-ci se sont acquittés de leur tâche a souvent laissé à désirer.

Résultats dus à des reconnaissances incomplètes : l'aile gauche prussienne à Czaslau. — A la bataille de Czaslau, l'aile gauche prussienne était très mal placée : « Le prince Léopold ayant trop tardé à mettre les troupes en bataille, n'avait pas eu le temps de former cette gauche sur le terrain le plus avantageux ; il avait garni en hâte le village de Chotusitz ; le régiment de Schwerin l'occupait, mais mal et sans observer de règle ; son régiment était à la gauche de ce village, mais en l'air, parce qu'il avait supposé, *sans examen du terrain*, que la cavalerie de la gauche devait occuper l'espace qu'il y avait entre son régiment et le parc de Sbislau ; mais ce terrain se trouvant coupé de ruisseaux, il ne fut pas possible à la cavalerie de l'occuper, d'où il résulta que son régiment avait l'aile gauche en l'air ». Cette faute faillit faire perdre au roi la bataille de Czaslau.

Les Prussiens à Soor et à Kunersdorf. — Pendant les journées qui ont précédé la bataille de Soor, l'armée prussienne a été fort mal éclairée; Frédéric II attribue ce résultat à son infériorité en cavalerie légère, mais il semble qu'une part de la responsabilité remonte aux généraux qui dirigeaient les reconnaissances de cavalerie. C'est ainsi que, la veille de la bataille, le général Katzler avait été chargé de reconnaître avec 2,000 chevaux les routes de Turnau et de Kœnigssal ; or ce général n'avait pu donner aucun renseignement précis sur l'ennemi : « Il aperçut devant lui un grand nombre de troupes légères et un corps de cavalerie supérieur au sien qui le suivait ; sur quoi il se replia en bon ordre sur-le-champ et rendit compte au roi de ce qu'il avait vu, mais il n'avait pas vu grand'chose ». Le lendemain matin l'armée prussienne était attaquée au moment où elle allait se mettre en marche.

A Kunersdorf, la reconnaissance des deux rives du ruisseau, le Hünerfluss, est faite d'une manière incomplète. L'armée prussienne commence son mouvement à 3 heures du matin, elle rencontre des étangs, revient sur ses pas, perd du temps et se fatigue beaucoup ; elle ne peut être formée en bataille qu'à 10 heures du matin, après avoir accompli une marche pénible de sept heures pour franchir quelques lieues. Ce mauvais début n'a pas été étranger au désastre subi dans cette journée par l'armée prussienne.

Les Saxons au camp de Pirna ; Laudon à Liegnitz. — La capitulation des Saxons au camp de Pirna serait due en partie, suivant Frédéric II, à la connaissance incomplète des lieux que possédaient leurs généraux.

« Le général saxon qui avait fait le projet de cette évasion était le seul coupable ; il avait sans doute consulté des cartes fautives ; il n'avait jamais été sur les lieux, dont le local lui était inconnu ; car quel homme sensé choisira pour sa retraite un défilé qui passe par des rochers escarpés dont l'ennemi est le maître ?... Tant l'étude du terrain est importante, tant le local décide des entreprises militaires et de la fortune des États. »

A Liegnitz, Laudon veut surprendre l'armée prussienne qu'il croit en retraite ; mais il s'avance en pleine nuit, sans avant-garde et sans avoir fait exécuter de reconnaissances. Il trouve l'armée prussienne rangée en bataille, croit n'avoir devant lui qu'une arrière-garde et l'attaque sur un terrain défavorable où il ne peut se déployer ; il est battu.

Le maréchal de Schwerin à Prague ; la cavalerie autrichienne à Borna. — A la bataille de Prague, Frédéric, trouvant le front de l'armée autrichienne trop fortement défendu, prend le parti de tourner son aile droite et envoie le maréchal de Schwerin reconnaître le terrain ; le maréchal remplit cette mission d'une façon incomplète : il prend pour une prairie des étangs dans les-

quels l'infanterie prussienne s'engage et reste à moitié embourbée. Cette fois encore une reconnaissance mal dirigée a failli
compromettre le sort de la journée.

A la bataille de Leuthen, l'avant-garde autrichienne, composée
de quatre régiments de dragons et deux régiments de hussards,
sous les ordres du général de Nostitz, prend position près du
village de Borna ; la gauche de cette ligne s'appuyait à un bois
que le général autrichien avait négligé de faire reconnaître. Frédéric II fit entrer dix bataillons dans le bois pour tourner l'aile
gauche de cette avant-garde tandis que sa cavalerie la char-
geait de front. Les Autrichiens furent rejetés en désordre et perdirent 800 hommes.

*Reconnaissances bien dirigées : Frédéric II à Lowositz, Ros-
bach, Leuthen et Torgau.* — A Lowositz, Frédéric II reconnaît
lui-même le terrain avec son avant-garde ; il fait venir auprès
de lui ses lieutenants généraux pour leur donner ses instructions. On aperçoit la cavalerie ennemie qui se déploie dans la
plaine de Lowositz, mais le brouillard cache une partie de
l'armée autrichienne ; néanmoins le roi prend immédiatement
ses mesures pour attaquer sans perdre de temps.

A Rosbach, il observe de son camp les mouvements de l'armée
ennemie et attend qu'elle soit en pleine marche ; il n'a même
pas besoin de diriger des reconnaissances, car ses adversaires
exécutent leur mouvement en toute confiance sans même se couvrir du côté de l'armée prussienne.

A Leuthen, le roi fait lui-même la reconnaissance du terrain
et de la position ennemie à l'abri de son avant-garde, et il dirige
en personne la marche de ses colonnes contre l'aile gauche
autrichienne.

La marche de l'aile gauche prussienne à la bataille de Torgau
était une opération difficile, car cette aile devait exécuter à
travers bois un grand mouvement tournant ; aussi le roi a-t-il
soin de s'éclairer par des reconnaissances bien dirigées. Il
marche sur quatre colonnes et se couvre du côté de l'ennemi
par des détachements qui rejettent les Autrichiens sur Weiden-
hayn et Grosswig, tandis que les hussards de Zieten poussent
des reconnaissances dans la forêt et sabrent les dragons autrichiens.

*Rôle important de la cavalerie dans les reconnaissances;
exemple : avant Kolin.* — Les reconnaissances sont surtout du
ressort de la cavalerie; l'armée dont la cavalerie a le dessous est
privée de renseignements et marche à l'aveugle. C'est le cas de
l'armée prussienne avant la bataille de Kolin.

Une grande partie de la cavalerie prussienne ayant été détachée sur les bords de la Sazawa, infestés par les troupes légères
du maréchal Daun, le roi éprouve les plus grandes difficultés
pour se procurer des renseignements sur l'ennemi : « On voulut,
le lendemain, reconnaître les chemins de Wisoka, pour juger de
la disposition où se trouvaient les ennemis ; cependant on ne
put y réussir, à cause de l'épaisseur des forêts et du nombre des
pandours qui les remplissaient ».

Pendant ce temps, la cavalerie autrichienne battait l'estrade
sur les flancs et les derrières de l'armée prussienne, rôdait
autour de son camp et interceptait toutes les nouvelles ; aussi le
roi ignorait-il les mouvements de son adversaire, et ce n'est
qu'en débouchant sur Planian, le jour même de la bataille, qu'il
aperçut l'armée autrichienne en position sur les plateaux, au
sud-ouest de Kolin.

Aptitude des cosaques à ce service. — A la fin de la guerre de
Sept ans, lorsque les Russes devinrent pour un instant les alliés
de la Prusse, tel était l'ascendant pris par les cosaques sur la
cavalerie autrichienne que celle-ci n'osait plus pousser de reconnaissances en dehors de son camp.

« Depuis l'arrivée des cosaques, il ne se passa presque pas de
jour qu'il n'y eût quelque grand'garde de l'ennemi enlevée à
la face de tout le camp. Enfin, l'ennemi n'envoya plus à la découverte ; personne n'avait le cœur de faire une reconnaissance
devant la chaîne des vedettes, et la cavalerie, demeurant au
piquet, ne hasarda plus de se montrer dans la plaine. »

Renseignements obtenus à l'aide des prisonniers. — Enfin, le
service des renseignements doit interroger avec soin les prisonniers et contrôler leurs déclarations les unes par les autres. Frédéric employait volontiers ce moyen ; souvent même il envoyait
de petites reconnaissances qui n'avaient pour but que de faire
des prisonniers sur plusieurs points, afin d'obtenir des rensei-

gnements de sources diverses. Ce système donnait, en général,
de bons résultats ; toutefois, lorsque les prisonniers étaient des
soldats russes et des cosaques, il était difficile d'en tirer quelque
chose de précis.

Au commencement de la campagne de 1761, le roi est posté
en Silésie entre l'armée autrichienne de Laudon et l'armée russe
du maréchal de Butturlin qui cherche à franchir l'Oder pour
donner la main aux Autrichiens. Il envoie une reconnaissance
pour faire des prisonniers, afin de savoir exactement si les
Russes ont franchi le fleuve : « Comme cette nouvelle était de la
plus grande importance, on mit tout en œuvre pour s'en éclaircir.
M. de Schmettau fut détaché à Neumark, d'où il chassa une
troupe de cosaques et leur fit quelques prisonniers, et M. de
Mœllendorf fut envoyé faire une reconnaissance à un village
nommé Roy. Il en chassa également un détachement d'ennemis ;
mais on tira peu de lumières des prisonniers qu'ils amenèrent
au camp, parce qu'ils avaient passé l'Oder à la nage depuis trois
jours et que, s'occupant au pillage, cette milice barbare ne s'était
pas même informée de ce qu'étaient devenus M. de Butturlin et
son armée [1] ».

---

[1] Voir aussi sur ce sujet ci-après le chapitre XVII : *Des Espions.*

CHAPITRE VII.

> « Une armée doit être comme une araignée
> qui tend ses filets de tous côtés et qui, par
> leur ébranlement, est incessamment avertie de
> tout ce qui se passe. »
>
> (Frédéric II.)

Service de sûreté en marche ; prescriptions générales. — Rôle de l'infanterie et de la cavalerie. — Cas où l'on veut surprendre l'ennemi. — Occupation des hauteurs par l'avant-garde. — Force relative de l'avant-garde ; proportion croissante de la cavalerie. — Artillerie à l'avant-garde. — Marche de l'avant-garde. — Rôle de l'avant-garde une fois le contact pris. — Autre mission de l'avant-garde. — Frédéric II marche à l'avant-garde avant le combat ; exemples : Czaslau, Lowositz, etc. — Des flanqueurs ; exemple : Leuthen. — De l'arrière-garde. — Belle conduite de l'arrière-garde prussienne en 1758, en 1760, etc. — Service de sûreté en station ; instruction secrète de Frédéric II. — Des grand'gardes ; prescriptions générales. — Remarque.

Service de sûreté en marche ; prescriptions générales. — Pour remplir efficacement son rôle de protection, l'avant-garde ne doit pas être poussée trop loin du corps principal ; cette règle est imposée par la faible portée des feux de mousqueterie et d'artillerie à cette époque.

« Je ne comprends pas l'avant-garde dans le nombre des détachements, puisqu'elle doit être à portée de l'armée et n'être jamais aventurée trop près de l'ennemi. »

L'avant-garde est composée des trois armes ; on doit en confier le commandement à un homme de tête et lui rappeler que sa mission est surtout de couvrir l'armée. Quand celle-ci s'arrête, l'avant-garde prend position et veille à la sûreté du camp.

« Lorsqu'une armée marche réunie ou par détachements, la cavalerie légère doit faire l'avant-garde. Les patrouilles sont placées sur les flancs, l'arrière-garde a sa position indiquée. Une partie de ces détachements est et sera employée à la garde des postes avancés.

« Ces avant-gardes doivent être mêlées de toutes sortes de troupes, par exemple de 2,000 hussards, 1500 dragons et 2,000 grenadiers. Toutes les fois que vous pousserez des corps

en avant, il faut que le général qui les commande soit un homme
de tête, et, comme il n'est pas détaché pour combattre mais pour
avertir, il faut qu'il sache bien choisir ses camps et les asseoir
toujours derrière des défilés et des bois dont il se soit assuré. Il
faut qu'il envoie des patrouilles fréquentes pour prendre langue,
afin qu'il soit informé à tout moment de ce qui se passe dans le
camp ennemi. »

Derrière l'avant-garde marche le campement, c'est-à-dire la
troupe chargée de l'établissement du camp. Suivant que l'on est
à distance ou à proximité de l'ennemi, on se conformera aux
prescriptions suivantes :

« En plaine, l'avant-garde couvre un campement à l'aide de sa
cavalerie, en trois corps, à 1200 pas en avant du centre et des
ailes, et de l'infanterie bien postée à demi-distance. La cavalerie
se trouve toujours bien protégée par l'infanterie ; le campement
est assez couvert pour que l'ennemi ne puisse rien entreprendre
contre ceux qui marquent le camp. Ce partage de la cavalerie en
trois sections est une des meilleures dispositions tant pour couvrir le camp que pour les reconnaissances. Si l'ennemi attaque
l'une d'elles, les deux autres lui tombent en flanc ; si celle du
milieu est attaquée, même par un corps supérieur, les deux autres
lui tombent en flanc et doivent le battre.

« Je dois cependant observer qu'il est impossible de séparer
l'avant-garde lorsqu'on est proche de l'armée ennemie ; cela
serait trop risquer. Alors il faudrait occuper avec toute l'infanterie une bonne position à 500 pas en avant et se contenter de la
couvrir par la cavalerie dans la plaine à même distance plus en
avant. »

Rôle de l'infanterie et de la cavalerie. — Le rôle de l'infanterie,
de la cavalerie et la proportion de ces deux armes varient avec
la nature du terrain.

« Si c'est une plaine, la cavalerie fera l'avant-garde ; si c'est
un pays coupé, on en chargera l'infanterie.

« Dans les pays de plaine, la cavalerie doit composer la partie
la plus nombreuse de l'avant-garde ; dans les bois, 20 hussards,
beaucoup d'infanterie légère, de l'infanterie pesante pour la
soutenir, suffisent ; il en est de même dans les hautes montagnes.
Si vous marchez par des plaines, il faut de la cavalerie des deux

côtés de vos colonnes d'infanterie, pour fouiller le terrain et pour que rien ne puisse fondre à l'improviste sur votre infanterie. Si vous marchez par des terrains fourrés, vous couvrirez vos flancs d'infanterie détachée, vous éviterez les villages, principalement pour la cavalerie, parce qu'elle n'y saurait agir. Quand l'armée est forte, on emploie le corps de réserve pour couvrir les flancs exposés du côté de l'ennemi. »

Cas où l'on veut surprendre l'ennemi. — Quand on veut surprendre l'ennemi, on ne compose l'avant-garde que de cavalerie et on la fait suivre de très près.

« Les troupes légères précéderont la marche sous plusieurs prétextes, mais en réalité pour empêcher qu'un maudit déserteur n'aille vous trahir. Ces hussards empêcheront aussi que les patrouilles ennemies ne s'approchent trop près et ne découvrent les mouvements que vous faites.

« Si le camp de l'ennemi est assis dans une plaine, on pourra former une avant-garde de dragons qui, joints par des hussards, entreront à toute bride dans le camp ennemi pour y mettre tout en désordre et faire main basse sur tout ce qui se présentera à eux.

« Ces dragons doivent être soutenus de toute l'armée, l'infanterie en ayant la tête, étant particulièrement destinée à attaquer les ailes de la cavalerie ennemie.

« L'attaque de l'avant-garde commencera une demi-heure avant la pointe du jour ; mais il faut que l'armée n'en soit éloignée que de 800 pas. »

Occupation des hauteurs par l'avant-garde. — « S'il s'agit de prendre un camp sur des hauteurs, même en présence de l'ennemi, vous ne risquez rien en portant votre infanterie sur les sommets, qui vous assurent tous les avantages ; l'armée vous suivant dans un quart d'heure aura bientôt rempli les vides de la position. Votre cavalerie en trois corps vous couvrira à 1500 pas; si le front du camp est étendu, elle sera en quatre sections, s'observant toujours réciproquement, toujours sous le canon de votre infanterie pour en être protégée. D'ailleurs, votre seul but est de couvrir les fourriers, sans hasarder trop en avant la cavalerie qui ne doit pas s'éloigner de la protection du poste que vous occupez. »

Avant la bataille de Soor, l'armée prussienne avait sur son front le village de Burkersdorf; celui-ci, bâti dans un bas-fond, n'était pas occupé, mais les grand'gardes prussiennes garnissaient les mamelons voisins qui dominaient tout le terrain de ce côté.

Force relative de l'avant-garde; proportion croissante de la cavalerie. — Sous Frédéric II, la force de l'avant-garde variait généralement du tiers au quart de la force totale de l'armée. A Czaslau, Leuthen et Zorndorf, elle était du tiers; à Lowositz, du quart; à Kolin, elle était comprise entre ces deux proportions. On peut donc dire que Frédéric était partisan des avant-gardes très fortes.

Il est à remarquer également que la proportion de la cavalerie dans les avant-gardes prussiennes est allée en croissant. A Czaslau, l'avant-garde comprend 20 escadrons pour 10 bataillons; à Lowositz, 20 escadrons pour 8 bataillons; à Kolin, nous trouvons 55 escadrons à l'avant-garde, 60 à Leuthen; enfin, à Zorndorf, l'avant-garde prussienne comprend 99 escadrons et seulement 4 bataillons.

Artillerie à l'avant-garde. — D'ordinaire l'avant-garde comprend une proportion normale de canons de bataillon. A Leuthen, une batterie de 10 pièces de 12 accompagne l'avant-garde, qui comprend 10 bataillons, 60 escadrons, plus 800 volontaires et les campements. A Torgau, 10 bataillons et une brigade d'infanterie d'avant-garde sont soutenus par 20 pièces de canon; on sait que la cavalerie formait une colonne distincte qui n'est arrivée que tardivement sur le champ de bataille.

L'avant-garde menait avec elle les pontons lorsqu'on prévoyait que l'armée aurait à franchir des cours d'eau.

Marche de l'avant-garde. — L'avant-garde marche généralement sur plusieurs colonnes. A Kolin, les 55 escadrons et les 7 bataillons de l'avant-garde prussienne marchent sur deux colonnes parallèles et très rapprochées. En septembre 1744, pendant la marche de l'armée prussienne dans le sud de la

Bohême, l'avant-garde, composée de 10 bataillons et 40 escadrons, marche sur deux colonnes ; l'armée forme elle-même deux colonnes qui s'avancent parallèlement sous la protection de leur avant-garde particulière et qui campent l'une près de l'autre, à une distance ne dépassant pas une lieue. A proximité de l'ennemi, Frédéric II avait pour principe de faire marcher son armée sur plusieurs colonnes, toujours prêtes à se former en bataille, sous la protection d'une forte avant-garde placée à une distance peu considérable en avant du gros de l'armée.

En résumé, l'avant-garde prussienne était d'ordinaire très forte en cavalerie ; l'infanterie, peu nombreuse, couvrait l'armée de près et servait de repli à la cavalerie ; celle-ci battait l'estrade sur le front et les flancs de l'armée, à une distance plus ou moins grande, suivant la nature du terrain et la situation tactique. Quant à la mission de l'avant-garde, une fois le contact pris, elle cessait presque entièrement, comme nous allons le voir, la proximité de l'armée ne lui permettant pas de jouer un rôle important, sauf dans quelques cas particuliers.

Rôle de l'avant-garde une fois le contact pris. — L'avant-garde, une fois le contact pris, se porte à l'une des ailes de la ligne de bataille ; quelquefois elle est répartie entre les deux ailes, souvent aussi elle passe en réserve.

A Czaslau, l'infanterie de l'avant-garde se place en deuxième ligne, la cavalerie se porte moitié à l'aile droite, moitié à l'aile gauche. A Lowositz, le roi voulant brusquer l'attaque engage les troupes qu'il a sous la main, y compris l'avant-garde. A Leuthen, l'avant-garde a un rôle particulier et agit pour son propre compte ; à Zorndorf, elle prend place à l'aile gauche de l'armée et a pour mission de protéger cette aile ; à Kunersdorf, elle se fond dans la ligne de bataille après avoir couvert la marche de flanc de l'armée prussienne.

Quelquefois cependant l'avant-garde avait une mission nettement offensive. A Kolin, les bataillons d'avant-garde commencent l'action et enlèvent le village de Krezor, tandis que la cavalerie d'avant-garde, sous les ordres de Zieten, se lance contre les escadrons de Nadasty et les culbute. A Leuthen, l'avant-garde replie un corps autrichien près de Neumark, surprend le général de Nostitz près de Borna et le rejette sur l'armée autrichienne.

Enfin, à Torgau, l'avant-garde de Frédéric II se trouve tout à coup aux prises avec l'armée autrichienne, après avoir franchi le Striebach ; 10 bataillons de grenadiers, 1 brigade et 1 régiment de hussards engagent une lutte inégale et sont presque anéantis par un feu des plus meurtriers.

Autre mission de l'avant-garde. — Outre ce rôle tactique, l'avant-garde a aussi pour mission de mettre la main sur les subsistances et sur le matériel de toute sorte qui peut être utile à l'armée. Au mois d'août 1744 « le roi arriva sur les frontières de la Bohême ; 4 régiments de hussards et 4 bataillons précédaient d'un jour la marche de l'armée pour amasser les vivres nécessaires aux troupes. »

Nous avons vu que Frédéric II cherchait toujours à tirer le plus grand parti possible des ressources offertes par le pays ; l'avant-garde jouait un rôle important dans l'exécution de cette mission.

*Frédéric II marche à l'avant-garde avant le combat ; exemples :
Czaslau, Lowositz, etc.* — Le roi marchait habituellement avec l'avant-garde à proximité de l'ennemi et faisait lui-même la reconnaissance du terrain ; il plaçait son avant-garde et arrêtait sous sa protection ses dispositions pour le combat.

Le 15 mai 1742, avant-veille de la bataille de Czaslau, le roi part avec son avant-garde des environs de Chrudim pour gagner Kuttenberg avant l'ennemi ; il établit cette avant-garde, forte de 10 bataillons et 20 escadrons, « sur la hauteur de Podhoran, auprès de Chotieborz, où ce corps, quoique faible, était dans un poste inexpugnable. Ce prince pour s'orienter dans le terrain alla à la découverte, et il aperçut d'une hauteur un corps à peu près de 7,000 à 8,000 hommes... On jugea que ce pouvait être le prince de Lobkowitz qui venait de Budweis pour se joindre à la grande armée... Les patrouilles des Prussiens allèrent pendant toute la nuit ; les chevaux de la cavalerie étaient sellés et les soldats habillés, ce qui mit l'avant-garde à l'abri de toute surprise... Le lendemain l'avant-garde continua sa marche. Le roi choisit en route une position pour l'armée... L'avant-garde ne devançait l'armée que d'un demi-mille. Elle devait s'assembler

au signal de trois coups de canon sur la hauteur de Neuhof.
Le 17, en arrivant aux hauteurs de Neuhof, on découvrit toute
l'armée autrichienne qui, pendant la nuit, avait gagné Czaslau
et qui s'avançait sur quatre colonnes pour attaquer les Prussiens. »

En 1756, avant la bataille de Lowositz, Frédéric est parti
d'Aussig le 30 septembre et s'est dirigé sur Tirmitz avec l'avant-
garde, précédée elle-même d'un petit détachement qui éclairait
sa marche jusqu'à Lowositz. L'avant-garde découvrit l'armée
autrichienne dans la plaine de Lowositz ; les hauteurs de Radostitz et de Lobosch n'ayant point été occupées par l'ennemi, le roi
aurait pu y porter son avant-garde si l'armée eut été en mesure
de la soutenir ; mais il fallut attendre l'arrivée des colonnes
prussiennes, qui n'eut lieu que dans la nuit. L'attaque des
hauteurs fut donc remise au lendemain.

En 1758, Frédéric II envahit la Moravie et marche avec l'avant-
garde ; celle-ci, constituée très fortement, comprend 22 bataillons
et 58 escadrons et pousse à plusieurs lieues en avant du reste de
l'armée.

Des flanqueurs ; exemple : à Leuthen. — A la bataille de Leuthen, l'armée prussienne a exécuté un mouvement de flanc pour
se porter contre l'aile gauche des Autrichiens ; elle devait donc
se garder principalement sur son flanc gauche qui restait exposé
à une attaque, peu probable, du reste, de la part de l'armée
autrichienne en position. Ce rôle de protection a été confié à une
ligne de flanqueurs, tandis que la véritable avant-garde était
chargée de faire une diversion contre l'aile droite ennemie.
Frédéric II se tenait de sa personne sur le flanc de son armée
pendant l'exécution de ce mouvement et observait le terrain du
côté de l'ennemi : « Le roi avec ses hussards côtoya la marche
de son armée sur une chaîne de tertres qui cachait à l'ennemi
les mouvements qui se faisaient derrière, et le roi se trouvant
entre les deux armées observait celle des Autrichiens et dirigeait
la marche de la sienne. » Ce rideau de cavalerie en marche
constituait un bien faible obstacle dans le cas d'une attaque sur
le flanc de l'armée prussienne ; mais celle-ci pouvait se mettre
en bataille très rapidement, face à gauche, par une simple conversion de toutes ses subdivisions à la fois, elle n'avait besoin

que d'être prévenue à temps et les flanqueurs de cavalerie suffi-
saient pour cette mission.

De l'arrière-garde. — L'arrière-garde, dans une marche en
avant, n'a qu'un rôle de surveillance tout à fait secondaire ; dans
une marche en retraite, elle est composée comme l'avant-garde
dans une marche en avant ; mais son rôle est beaucoup plus
délicat : elle doit maintenir l'ennemi à distance pour permettre
à l'armée d'exécuter sa retraite en toute liberté, sans cependant
s'engager elle-même à fond. La cavalerie est l'arme la plus apte
à remplir cette mission, vu la rapidité avec laquelle elle peut
tomber sur les têtes de colonnes ennemies, quand elles deviennent trop pressantes, puis se dégager et regagner sa place
d'arrière-garde. Au besoin, le corps principal n'hésitera pas à
soutenir son arrière-garde, si elle se trouve compromise : « Toute
la cavalerie fera l'arrière-garde, que vous ferez par précaution
soutenir par des hussards de l'armée. »

« Si un corps considérable de troupes vient se glisser entre
vous et votre arrière-garde, il faut aller à son secours, car
l'ennemi a formé un dessein contre elle. »

Sous Frédéric II, la cavalerie prussienne excellait dans ces
coups de main ; les campagnes de cette époque nous en offrent
de nombreux exemples ; nous en citerons quelques-uns pris au
au hasard.

*Belle conduite de l'arrière-garde prussienne en 1758, en 1760,
etc.* — En 1758, Frédéric II lève le siège d'Olmütz et rentre dans
ses États en traversant la Moravie et la Bohême, sans se laisser
entamer ; les Autrichiens tentent plusieurs coups de main contre
son arrière-garde. Le maréchal Keith, qui escorte le convoi, est
attaqué près de Holitz, par le général autrichien de Saint-Ignon ;
celui-ci « fondit, avec 400 chevaux, sur le régiment de Bredow-
Cuirassiers, qu'il replia ; en même temps arriva un lieutenant
avec 50 hussards, que le roi avait chargé de dépêches pour le
maréchal Keith ; ce brave officier donna avec son peu de monde
si à propos sur le flanc de M. de Saint-Ignon, qu'il ramena cette
troupe ; en même temps la cavalerie prussienne accourut et
rechassa les Autrichiens avec perte de 6 officiers et de 300
hommes ».

Au mois de juillet 1760, le roi qui se porte de Saxe en Lusace, pour gagner la Silésie avant le maréchal Daun, vient de franchir la Sprée, aux environs de Bautzen ; il est suivi par le corps de Lascy, qui cherche à inquiéter son arrière-garde : « M. de Lascy avait rassemblé son monde et se proposait de ralentir la marche du roi en harcelant continuellement son arrière-garde... Cela donna l'idée de fondre vertement sur les uhlans, pour les intimider de façon à leur faire perdre l'envie d'approcher impunément de l'armée du roi. Ils étaient postés à Salzfœrtschen, à un mille du camp. Deux régiments de hussards et autant de dragons furent commandés pour exécuter ce dessein. Le malheur voulut qu'ils se trouvassent au fourrage, et qu'au lieu de 4,000 chevaux, auxquels devait monter leur nombre, à peine put-on assembler 1500 chevaux. Cela n'empêcha pas le roi de tenter sur l'ennemi. On chargea ces uhlans qui, au premier choc, perdirent 400 hommes ; on les poursuivit chaudement jusqu'à Goedau. »

Service de sûreté en station ; instruction secrète de Frédéric II. — Frédéric II, qui ne négligeait aucun détail relatif à l'instruction des troupes, a rédigé une *Instruction secrète* destinée aux officiers de son armée et surtout aux officiers de cavalerie. Ce travail renferme des prescriptions très sages sur la conduite à tenir dans les diverses circonstances par le commandant d'une petite troupe de cavalerie, prescriptions que les principales armées européennes ont introduites en partie dans leurs règlements sur le service en campagne. On peut donc dire qu'en ce qui concerne le détail des petites opérations de guerre et du service en campagne, Frédéric II a tracé son sillon et laissé une empreinte durable ; ses conseils, confirmés par l'expérience des grandes guerres de Napoléon, tiennent encore une place honorable dans nos règlements, malgré les modifications que les procédés de la guerre moderne ont rendues nécessaires.

L'Instruction secrète n'ayant pas le caractère d'une étude de tactique, mais seulement celui de conseils à de jeunes officiers, l'analyse des prescriptions qu'elle contient ne saurait trouver place ici ; nous nous contenterons de résumer en quelques lignes l'esprit de cette instruction en ce qui concerne le service des avant-postes.

Des grand'gardes ; prescriptions générales. — Le service de sûreté en station, était assuré à l'époque de Frédéric II, comme de nos jours, par des grand'gardes, composées ordinairement de cavalerie pendant le jour et formant trois lignes distinctes : la grand-garde proprement dite, les piquets ou petits postes et les vedettes, chaque groupe de vedettes comprenant 2 cavaliers. C'est l'avant-garde qui est chargée d'assurer le service de sûreté sur place : « Quand l'armée est arrivée sur place où elle doit camper, l'avant-garde se partage en différentes troupes et s'étend de manière qu'elle puisse couvrir le front de tout le camp, pendant que l'infanterie pose ses gardes et dresse les tentes ; l'arrière-garde et les patrouilles des deux côtés font de même.

« Les grand'gardes seront placées autant que possible de façon que les piquets se trouvent sur des hauteurs et cachés sous des arbres. Le corps-de-garde doit être dans la plaine, derrière des buissons ou des maisons, à sept, huit ou neuf cents pas derrière les piquets, afin que l'ennemi ne puisse le découvrir et juger de sa force ; mais la garde ne perdra jamais les piquets de vue. »

Le chef de la grand'garde reconnaît en détail le terrain par lui-même et à l'aide de patrouilles ; il étudie la carte et interroge les habitants : « Étant instruit de tous ces détails, il montera à cheval et ira auprès des vedettes, lesquelles doivent toujours être deux à deux ensemble à un poste, et montrera à chacun en particulier de quel côté il prendra son point de vue, principalement sur des fonds, des villages et des grands chemins, etc. »

Frédéric entre dans tous les détails relatifs au service des avant-postes ; il insiste notamment sur la conduite à tenir en cas d'attaque, les précautions à prendre de jour et de nuit, et principalement à la pointe du jour, pour n'être pas surpris, la manière de recevoir les parlementaires et les déserteurs, de surveiller les postes et les vedettes, d'obtenir des renseignements des habitants, etc. Le service de nuit, celui des patrouilles et des rondes, la reconnaissance des villages, bois, hauteurs, ponts, défilés et cours d'eau, la conduite à tenir quand on commande un poste détaché, quand on est chargé de faire des prisonniers, d'attaquer une troupe ennemie, de surprendre un cantonnement la nuit, de défendre un village, de lever des contributions sur les habitants, en un mot toutes les petites opérations de la guerre sont étudiées dans l'*Instruction secrète* de Frédéric II. Celle-ci, après plus d'un siècle de guerres, peut encore être consultée avec fruit par tout officier chargé d'une petite opération en campagne.

Frédéric II employait, en général, peu de troupes au service de sûreté en station ; son armée était toujours prête à combattre et n'avait pas besoin d'être couverte à une grande distance. C'est ce qui explique qu'en plusieurs circonstances l'armée prussienne a dû prendre ses dispositions de combat, au contact même de l'ennemi, comme à Soor, où elle est attaquée lorsqu'elle plie ses tentes, et à Liegnitz où elle reçoit le choc du corps de Laudon la nuit, au moment où elle vient de prendre son camp : « Frédéric le Grand qui, de tous les généraux, passe à bon droit pour avoir été le plus constamment prêt au combat, et dont la puissance d'activité était telle qu'il dirigeait, pour ainsi dire, personnellement et directement les troupes pendant l'action, n'avait jamais besoin de couvrir ses camps par des avant-postes considérables. Il campait sous les yeux mêmes de l'ennemi et ne prenait d'autres mesures de sûreté que de pousser à quelque distance en avant, soit un régiment de cavalerie légère, soit un bataillon de compagnies franches, soit de simples piquets ou postes de vedettes tirés du gros de l'armée[1] ». Ajoutons que le roi a eu quelquefois à se repentir de cette confiance, par exemple à Hochkirch, où son armée campait dans une position défectueuse ; assaillie la nuit par l'armée autrichienne, elle a essuyé une défaite complète.

Remarque. — Parmi les nombreuses prescriptions de détail qui figurent dans l'*Instruction secrète* et qui sont passées dans la pratique, il en est une qui consiste à placer la nuit les sentinelles dans les lieux bas pour qu'elles aperçoivent mieux les personnes venant du haut. Cette règle, encore en vigueur chez nous, a été abandonnée par l'armée prussienne, avec raison croyons-nous. On lit, en effet, dans le règlement allemand du 1er janvier 1900 : « Il est avantageux, même pour la nuit, de placer les sentinelles sur une hauteur, en les dérobant aux vues,

---

[1] CLAUSEWITZ, *Théorie de la Grande Guerre.*

afin de leur donner plus de facilité pour voir le reflet d'un feu, les lumières, etc., et pour entendre. » Nous pensons que l'emplacement de la ligne de surveillance la nuit est sur la hauteur, un peu plus bas que la crête, du côté de l'ennemi; ainsi placées, les sentinelles ne se profilent pas à l'horizon, elles entendent les bruits de la vallée, elles sont à proximité des petits postes qui se tiennent un peu en arrière de la crête. Sentinelles et petits postes conservent sur l'ennemi l'avantage matériel et moral du commandement, conditions d'autant plus favorables que, la nuit, le combat se réduit la plupart du temps à une lutte à l'arme blanche.

CHAPITRE VIII.

MARCHES TACTIQUES.

> « *Les règles générales consistent à marcher*
> *sur le plus de colonnes qu'on peut.* »
> (Frédéric II.)

Il faut ménager les troupes au début. Des marches forcées. — Marches à proximité de l'ennemi. — Marches à travers bois; exemple : traversée de la forêt de Dommitsch. — Les troupes doivent marcher bien unies et s'éclairer avec soin. — Des marches à distance de l'ennemi. Règles générales. — Nombre de colonnes; exemples. — Marches après Hochkirch, à Kunersdorf et avant Liegnitz. — Front, profondeur, vitesse de marche. — Exemples : marche après Olmütz, marche sur Gœrlitz. — Des marches parallèles à l'ennemi : marche sur Breslau. — Préférence de Frédéric II pour la marche par lignes. — Des ordres pour la marche ; exemple : avant Liegnitz. — Ordre pour une marche sur quatre colonnes. — Passage de défilé en avant. — Des marches en retraite : marche sur quatre colonnes. — Passage de défilé en retraite sur deux colonnes.

Il faut ménager les troupes au début. Des marches forcées. — Le premier principe est de ménager les troupes au début de la guerre et de les soumettre à un entraînement progressif.

« On ruine les troupes qui sortent d'un long repos si on leur fait faire, du commencement, des marches trop fortes. Elles ne doivent faire, tout au plus, les premiers jours, que six lieues ; après trois jours un repos est nécessaire. »

On évitera autant que possible les marches forcées :

« Les marches forcées témoignent que le général s'est laissé leurrer, sans quoi il ne serait pas obligé de courir pour regagner le temps que l'adversaire lui a dérobé ».

Frédéric II n'entend pas parler ici des marches forcées que l'on entreprend volontairement pour prévenir ou surprendre l'ennemi. Lui-même a eu fréquemment recours à ces sortes de marches : en 1760, avant la bataille de Liegnitz, il a parcouru quarante lieues en cinq jours par une chaleur excessive ; au commencement du mois de septembre 1758, après la bataille de Zorndorf, il a fait quarante-quatre lieues en six jours, de Custrin à Gross-Doberitz, avec des troupes déjà très éprouvées.

Quand on entreprend des marches forcées il faut compter avec l'imprévu qui joue un si grand rôle dans toutes ces expéditions et qui permet rarement de mettre à exécution dans son entier le projet qu'on a formé ; le mauvais état des routes, les intempéries, les erreurs de direction, etc., entraînent des retards qui peuvent être réparés en temps ordinaire, mais non dans le cas d'une marche forcée.

« Il y a des événements malheureux contre lesquels ni la prévoyance humaine, ni des réflexions solides ne font rien... Lorsque nous allâmes à Reichenbach, j'avais formé le dessein de gagner la rivière de la Neisse par une marche forcée et de me mettre entre la ville de ce nom et l'armée du général de Neuperg pour lui couper sa communication. Toutes les dispositions furent faites pour cela, mais il survint une grosse pluie qui rendit les chemins si impraticables que notre avant-garde, menant les pontons avec elle, ne put pas avancer. Pendant la marche de l'armée il fit un brouillard si épais que les troupes, qui avaient été de garde aux villages, s'égarèrent, de sorte qu'ils ne purent plus retrouver leurs régiments. Tout alla si mal qu'au lieu d'arriver le matin à 4 heures, comme je l'avais projeté, on n'arriva qu'à midi. Il ne fut plus alors question d'une marche forcée ; l'ennemi nous prévint et détruisit mon projet. »

Marches à proximité de l'ennemi. — Lorsqu'on est sur le point de livrer bataille, il est bon de se débarrasser des bagages en les mettant en sûreté dans une place voisine.

« Lorsque l'ennemi se met en marche pour engager une affaire, vous vous débarrasserez de vos équipages et les enverrez, sous une escorte, dans une des villes les plus à portée ».

A la bataille de Soor les bagages de l'armée prussienne ont été pillés par la cavalerie hongroise sur le champ de bataille ; ils auraient eu le même sort à Kunersdorf si Frédéric II n'avait eu le soin de les laisser près des ponts de l'Oder, sous la surveillance du détachement chargé de garder les ponts. A Zorndorf l'armée russe, en position sur le plateau de Quartschen, avait placé son convoi en arrière d'elle, sur la route de Landsberg, qui constituait sa ligne de retraite ; mais l'armée prussienne ayant décrit un demi-cercle à l'est des Russes s'est trouvée placée entre ceux-ci et leur convoi ; elle aurait pu s'en emparer facilement, car ce convoi est resté pendant deux jours exposé à ses entreprises.

Les précautions à prendre dans le voisinage de l'ennemi sont les suivantes :

« A trois marches de l'ennemi il faut camper selon les règles, marcher dans l'ordre accoutumé, sinon vous seriez battu en détail et mis en fuite » ;

« Près de l'ennemi l'intervalle entre les colonnes ne doit pas dépasser une demi-lieue, afin que les troupes soient à portée de se prêter secours » ;

« Il est dangereux de défiler devant une armée en position à moins de 3,000 pas du pied des hauteurs que celle-ci occupe avec son artillerie » ;

« Si votre armée marche près de celle de l'ennemi, supposez toujours qu'il va vous attaquer en marche, pour vous préparer à tout événement ; prenez la précaution d'occuper, par votre avant-garde et réserve, les hauteurs, les collines et les bois à 1000 pas environ, derrière lesquels vous faites marcher vos troupes, afin d'être en tout cas le maître du terrain le plus avantageux où, si l'ennemi tentait de vous attaquer, vous pourriez incessamment former votre armée, vous opposer avec avantage et fièrement à ses entreprises ».

En un mot, tout commandant de troupes à proximité de l'ennemi doit se poser à chaque instant la question suivante : « Que ferais-je si j'étais attaqué dans telle direction ? » Et il doit être prêt à résoudre ce problème sans hésitation en utilisant de son mieux les obstacles du terrain.

Marches à travers bois. Exemple : traversée de la forêt de Dommitsch. — « Si vous avez de grandes forêts à traverser, il faut y faire passer la cavalerie sous la protection de l'infanterie. Cela se fait ainsi : on place l'infanterie et des troupes légères dans un bois pour couvrir le chemin du côté de l'ennemi, et l'on fait passer ce chemin aux escadrons entremêlés de bataillons d'infanterie, de sorte qu'ils traversent le bois en sûreté sous cette protection. Il faut donc étudier d'avance le terrain que l'on peut passer, faire ses dispositions sur le papier et avoir l'œil qu'elles soient bien exécutées. Il n'y a rien de plus honteux que d'être battu par sa faute ».

A la bataille de Torgau, le roi, ayant à traverser avec toute l'aile gauche de l'armée la grande forêt de Dommitsch, prend les dispositions suivantes : les troupes se forment sur quatre colonnes ; celle de droite, la plus rapprochée de l'ennemi, comprend la première ligne d'infanterie, elle est protégée sur son flanc droit par les hussards de Zieten ; la deuxième colonne marche à la gauche de la précédente et comprend la seconde ligne d'infanterie ; plus à gauche s'avance le gros de la cavalerie formant la troisième colonne ; enfin, à l'extrême-gauche, du côté opposé à l'ennemi, marche la quatrième colonne formée des équipages avec une escorte de cavalerie.

Ainsi, la marche de l'armée était protégée par une ligne d'infanterie éclairée elle-même par de la cavalerie ; l'aile marchante composée de cavalerie pouvait, par une allure rapide, arriver sur le champ de bataille en même temps que les deux lignes d'infanterie ; enfin, les bagages étaient protégés sur leur flanc par les trois autres colonnes et gardés en tête par de la cavalerie ; leur allure moins vive les maintenait, du reste, en arrière de l'armée.

On peut donc dire que les dispositions prises par Frédéric II étaient bonnes ; mais, soit par suite des difficultés du terrain, soit pour tout autre motif indépendant de la volonté du roi, la cavalerie ne put arriver qu'à 3 h. 1/2 sur le champ de bataille, tandis que l'aile droite, sous les ordres de Zieten, avait commencé l'attaque vers une heure. Ce retard a compromis gravement le sort de la journée, mais la faute doit en être imputée en grande partie au duc de Holstein, qui a mis une lenteur excessive à traverser la forêt avec la cavalerie, et non aux dispositions de marche prises par Frédéric.

Les troupes doivent marcher bien unies et s'éclairer avec soin. — A proximité de l'ennemi l'armée marche dans un ordre tel qu'elle puisse se former immédiatement en bataille.

« L'armée marchant de front à l'ennemi, il faut non seulement que les colonnes ne se devancent pas, mais qu'en approchant du champ de bataille elles s'étendent de façon que les troupes n'aient ni plus ni moins de terrain qu'elles n'en occupent quand elles sont formées. C'est une manœuvre très difficile ; ordinairement, quelques bataillons n'ont pas assez de terrain, d'autres fois les généraux en donnent trop ».

Cette tactique exigeait des troupes très manœuvrières; la faible portée de l'artillerie permettait de présenter sur le champ de bataille des colonnes ou des lignes serrées, et de les faire manœuvrer jusqu'au dernier moment. Aussi le roi n'épargnait-il aucun soin pour dresser son armée à marcher en ordre et à manœuvrer avec régularité sur tous les terrains et jusque sous le feu de l'ennemi. A Soor, l'armée prussienne, attaquée au moment où elle va se mettre en marche, prend rapidement sa formation, exécute un changement de front sous les yeux de l'armée autrichienne, bien supérieure en nombre, et la repousse sur toute la ligne.

Dans ces marches près de l'ennemi on s'éclaire avec soin et on prend dans la campagne des points de repère.

« Les marches qu'on fait pour combattre demandent beaucoup de précautions, et un général a raison d'être sur ses gardes. Il faut qu'il reconnaisse le terrain de distance en distance, mais sans s'exposer, afin qu'il ait plusieurs positions en tête, dont il pourra se servir en cas que l'ennemi vienne l'attaquer.

« Pour reconnaître un terrain on se sert des clochers et des hauteurs. On ouvre le chemin, pour y aller, par des troupes légères qu'on détache de l'avant-garde ».

Nous avons vu [1] avec quel soin Frédéric II étudiait lui-même le terrain pendant les marches exécutées à proximité de l'ennemi; il marchait avec l'avant-garde, faisait lui-même la reconnaissance de la position et cherchait à découvrir la force et les dispositions de son adversaire; le faible effectif des armées de cette époque lui permettait d'agir de la sorte.

Des marches à distance de l'ennemi. Règles générales. — « Il faut distinguer les marches à quelque distance de l'ennemi de celles proche de son armée. Les règles générales consistent à marcher sur le plus de colonnes qu'on peut; mais ce qui doit en déterminer le nombre, ce sont les chemins qui aboutissent au camp que vous voulez prendre; il ne vous sert de rien de commencer avec dix colonnes si vous êtes obligé de les réduire à

---

[1] 3e partie, chapitre VII.

quatre. Ces chemins qu'on est obligé de quitter pour qu'une colonne aille serrer sur la queue d'une autre ne font point gagner de temps, donnent lieu à la confusion ; alors, le plus simple et le meilleur est de régler d'abord sa marche sur quatre colonnes ».

Nombre de colonnes ; exemples. — Le nombre de colonnes formées par l'armée prussienne en marche dépendait non seulement du nombre de routes disponibles, mais aussi des conditions tactiques dans lesquelles s'exécutait la marche.

Le 10 avril 1741, jour de la bataille de Mollwitz, l'armée, rassemblée à 5 heures du matin près du moulin de Pogarel, se met en marche sur cinq colonnes : une d'artillerie au centre, une d'infanterie de chaque côté, et une de cavalerie sur chaque aile. Le roi ne croyait pas, du reste, que l'ennemi fût si proche, ni la bataille imminente.

En septembre 1744 l'armée prussienne marche sur deux colonnes vers le sud de la Bohême. La colonne de droite côtoie la Moldau par de mauvais chemins, celle de gauche suit la grande route : « On avait réglé, de plus, que ces deux colonnes ne laisseraient entre leurs camps qu'une étendue au plus d'un demi-mille d'Allemagne ».

Le 27 novembre de la même année l'armée se partage en trois colonnes pour rentrer en Silésie par les routes de Glatz, Braunau et Schatzlar.

En 1757 le corps d'armée du prince Maurice forme l'extrême droite de l'armée prussienne qui envahit la Bohême ; il se porte d'Auerbach sur Commotau en deux colonnes, afin d'accélérer sa marche : l'une passe par Gottsgabe et Kupferberg, l'autre par Schlettau et Basberg. La distance entre les deux colonnes est de 15 à 20 kilomètres, mais elles n'ont devant elles que des forces peu considérables, l'ennemi n'ayant pas encore effectué sa concentration.

En 1758 les Prussiens évacuent la Bohême pour rentrer en Silésie ; ils se forment sur quatre colonnes, par aile et par la droite, pour traverser la Mettau (fin juillet) ; le 5 août, les équipages ayant pris les devants pour franchir les défilés, l'armée suit sur deux colonnes par le centre, chacune de ces colonnes ayant une arrière-garde soutenue par du canon. Le 20 août l'armée part de Landshut, également sur deux colonnes, et marche sur le Bober.

A la même époque le prince Henri, qui est en Saxe, à Gamich, se dérobe devant des forces supérieures et bat en retraite, la nuit, sur deux colonnes, en conservant sa ligne de postes avancés pour donner le change à l'ennemi.

En mai 1762 le prince Henri manœuvre en Saxe vers Meissen ; il se met en marche sur quatre colonnes et tombe sur les Autrichiens, encore établis en cantonnements.

En résumé, l'armée prussienne à distance de l'ennemi marchait sur deux, trois ou quatre colonnes ; la marche sur trois colonnes est celle qui paraissait offrir le plus d'avantages, ce qui s'explique par l'obligation de conserver à l'armée sa formation normale par lignes. Celle-ci se formant habituellement sur trois lignes, chaque colonne était composée d'une ligne et l'armée marchait par la droite ou par la gauche, rarement par le centre ; cette formation permettait de passer rapidement de l'ordre de marche à l'ordre dans lequel on campait, qui n'était autre que l'ordre en bataille. Quelquefois aussi, le centre et les ailes formaient chacun une ou deux colonnes, comme au passage de la Mettau en 1758.

Aujourd'hui ces considérations n'ont plus aucune raison d'être ; les armées modernes utilisent loin de l'ennemi toutes les routes dont elles peuvent disposer, de façon à rendre les colonnes plus mobiles et à faciliter le cantonnement et le ravitaillement. Près de l'ennemi elles se concentrent le plus possible, afin que le front de marche de l'armée ne dépasse pas son front de combat, et rejettent en arrière tous les impedimenta. Avec les énormes effectifs modernes il devient nécessaire, à proximité de l'ennemi, de faire marcher sur une même route non plus un, mais deux corps d'armée, peut-être davantage, ce qui ne peut se faire qu'en employant sur les routes des formations de marche très compactes ou en portant l'infanterie, à un moment donné, à travers champs. Les forces qui auront ainsi à se mouvoir sur une même route atteindront et dépasseront même souvent l'effectif des armées de Frédéric II. Le déploiement de semblables masses eut été impossible autrefois au contact de l'ennemi ; il est devenu possible aujourd'hui grâce à la puissance et à la portée de l'artillerie, grâce aussi à la souplesse et à la mobilité de l'infanterie.

Marches après Hochkirch, à Kunersdorf et avant Liegnitz. —
Dans la marche du roi sur Gœrlitz, après la bataille de Hochkirch, l'armée prussienne rompt par lignes et par la gauche. Elle
forme trois colonnes : la première, composée de l'infanterie, suit
l'avant-garde ; la deuxième, formée par la cavalerie, marche à
la gauche de la précédente, c'est-à-dire du côté opposé à l'ennemi ; la troisième colonne, comprenant les parcs, forme l'aile
gauche. Après le passage de la Neisse à Gœrlitz, l'armée marche
sur quatre colonnes, la quatrième étant formée par l'ambulance.

Le 7 août 1759 Frédéric II se porte à la rencontre des Russes
pour leur livrer la bataille de Kunersdorf ; il se met en marche
de Muhlrose vers l'Oder sur deux colonnes et vient camper près
de Boosen.

En 1760 l'armée russe de Soltykoff marche sur six colonnes
de Posen vers les frontières de Silésie. Frédéric se porte de Saxe
en Silésie sur trois colonnes. Le 10 août le roi campe près de
Goldberg d'où il marche sur quatre colonnes vers Liegnitz pour
devancer les Autrichiens au passage de la Katzbach ; après la
bataille de Liegnitz il reprend sa marche sur trois colonnes.

Front, profondeur, vitesse de marche. — Les colonnes marchaient habituellement par subdivisions à distance entière lorsque
le terrain le permettait ; la profondeur de la colonne était donc
égale au front de la troupe formée en ligne, augmenté de l'al-
longement produit par la marche.

Le front de marche dépendait du nombre de colonnes et de la
distance qui séparait celles-ci. Il était donc essentiellement
variable ; le front de marche, comme la profondeur de la co-
lonnne, était d'autant moindre qu'on se rapprochait davantage
de l'ennemi.

Quant à la vitesse de la marche, elle variait aussi avec les
conditions dans lesquelles s'effectuaient les opérations : nature
et état d'entretien des chemins, température, etc. ; mais en principe Frédéric II était partisan des marches modérées qui, seules,
permettent de conserver dans le rang des effectifs complets.

L'une des plus belles marches de cette époque est celle qu'exécuta le général autrichien de Lascy pour se porter de Schweidnitz sur Berlin afin d'appuyer la diversion tentée par les Russes
contre cette capitale en 1760 : avec 15,000 hommes déjà éprouvés

par les fatigues de la guerre, il parcourut 333 kilomètres en dix jours, sans laisser de traînards.

Exemples : marche après Olmütz, marche sur Gœrlitz. — En 1758, lorsque Frédéric II lève le siège d'Olmütz, il forme avec le gros de son armée deux colonnes, l'une sous ses ordres directs, l'autre sous le maréchal Keith chargé de soutenir la retraite; une avant-garde, une arrière-garde et des corps de flanqueurs protègent la marche de l'armée. Le 3 juillet l'armée prussienne occupe le front Müglitz– Tribau—Klenau, soit environ 30 kilomètres; mais le lendemain Keith se réunit au roi, et le front se trouve réduit à 10 kilomètres. Keith partage alors son corps d'armée en trois colonnes : le 6 il occupe Tribau avec deux colonnes et Krenau avec la troisième; le gros de l'armée est à Leutomischel, et la profondeur de marche est de 30 kilomètres. Cette profondeur considérable s'explique jusqu'à un certain point par la nécessité de maintenir l'ennemi à distance pendant que l'armée prussienne franchit les défilés avec tous ses impedimenta. Le lendemain une des colonnes de Keith rejoint l'armée à Leutomischel; la deuxième occupe un point intermédiaire, Greifendorf ; la troisième forme arrière-garde à Krenau, où elle livre un combat assez vif. Le 8, Keith est concentré à Zwittau. La profondeur de marche est réduite à 20 kilomètres; elle atteint 35 kilomètres le 10, de Holitz à Leutomischel; le 14, les attaques dirigées contre l'armée prussienne l'ont forcée à se concentrer : l'avant-garde atteint Kœnigingrætz, le gros est à Rokytna et l'arrière-garde campe près de Holitz; de Rokytna à Holitz la distance n'est que de 12 kilomètres.

Dans la marche de flanc sur Gœrlitz, après la bataille de Hochkirch, le front moyen de marche, entre Gross-Raditz et Sproitz, en passant par Kolm, était d'environ 7 kilomètres. La marche s'exécuta de nuit. L'avant-garde partit à 10 heures du soir et l'arrière-garde au point du jour; l'armée était prête à combattre dans le cas où les Autrichiens seraient tombés dans son flanc. Les Prussiens achevèrent leur mouvement en décrivant un arc de cercle au nord pour éviter la grande route, et en ayant recours à une nouvelle marche de nuit. Deux colonnes prirent un chemin de traverse par Ober-Rengersdorf, la troisième marcha plus au nord par Gross-Krauschke ; la distance de ces deux

points n'est que de 6 kilomètres. Cette marche dangereuse,
entreprise par une armée vaincue à proximité de toute l'armée
ennemie victorieuse, constitue une manœuvre hardie qui fait le
plus grand honneur à Frédéric II ; elle réussit entièrement et fit
perdre aux Autrichiens tout le fruit de la victoire de Hochkirch.

Des marches parallèles à l'ennemi : marche sur Breslau. —
Lorsqu'on marchait parallèlement à l'ennemi, il était d'usage de
former une colonne avec chaque ligne, ce qui permettait de
reconstituer l'ordre de bataille en faisant face à droite ou à
gauche.

« Quand on est obligé de faire des marches parallèles à celles
de l'ennemi, il faut que cela ait lieu ou par la droite ou par la
gauche, en deux lignes dont chacune formera une colonne précédée d'une avant-garde. Au reste, on observera les mêmes règles
que je viens de donner. »

La marche sur Breslau, en 1760, avant et après la bataille de
Liegnitz, nous offre un exemple remarquable de marche parallèle
à l'ennemi. Nous verrons plus loin les instructions données par
Frédéric pour exécuter cette marche qui présentait des difficultés
particulières, car toute l'armée autrichienne, bien supérieure en
nombre, escortait pour ainsi dire la petite armée prussienne.
Daun précédait celle-ci avec le gros de ses forces, Lascy la suivait avec une forte arrière-garde, et de nombreuses troupes
légères autrichiennes observaient ses flancs. Aussi le roi se
tenait-il prêt à livrer bataille à tout instant et son armée marchait-
elle par lignes afin de se former très rapidement face à l'adversaire. Après Liegnitz, et malgré l'avantage remporté par le roi,
le danger était encore plus pressant : il fallait se garder maintenant non seulement contre l'armée autrichienne, dont un corps
seulement avait été battu sur le plateau de Pfaffendorf, mais
aussi contre l'armée russe, signalée aux environs de l'Oder, dont
on ignorait la position exacte ; le roi traînait en outre avec lui les
prisonniers faits à Liegnitz. En conséquence, l'armée prussienne
eut à couvrir ses deux flancs. A droite, une première colonne
formée de toute l'aile gauche sous les ordres du roi observait
les Autrichiens ; l'aile droite sous les ordres de Zieten formait
arrière-garde ; à gauche la cavalerie légère soutenue par quelques
bataillons observait la rive gauche de l'Oder par où l'on craignait

de voir déboucher les Russes ; enfin les prisonniers et les blessés marchaient au centre de cette sorte de carré dont la première face était formée par l'avant-garde. Comme à ce moment le gros de l'armée autrichienne marchait à droite et à hauteur du roi, on voit que celui-ci, en faisant face à droite, se trouvait prêt à contenir les Autrichiens avec toute son aile gauche, tandis que Zieten avec l'aile droite pouvait prendre l'ennemi en flanc.

Préférence de Frédéric II pour la marche par lignes. — Frédéric avait une préférence marquée pour la marche par lignes, mais il fait remarquer avec raison qu'il faut éviter de prêter soi-même le flanc à l'ennemi. En d'autres termes, la marche par lignes doit s'effectuer à peu près parallèlement à l'ennemi, afin qu'on puisse immédiatement prendre l'ordre de bataille par un simple mouvement face à droite ou à gauche ; c'est la manœuvre de Leuthen.

« La marche qui se fait par lignes n'a aucun inconvénient ; je l'ai choisie comme la meilleure. Je préfère ces dispositions à toutes les autres, car l'armée est formée en bataille par un à droite ou un à gauche qui est la méthode la plus prompte pour se remettre en ordre de marche. Je m'en servirais toujours si j'avais le choix d'attaquer l'ennemi... ; mais dans ces sortes de marches, il faut se garder de prêter le flanc à l'ennemi. »

Il faut entendre par là que l'armée ne doit pas avoir l'ennemi sur son front de marche, puisqu'en faisant à droite ou à gauche il lui serait impossible de prendre rapidement position en face de l'adversaire. Nous avons déjà développé cette idée à propos de la tactique de combat de Frédéric II [1].

Des ordres pour la marche ; exemple : avant Liegnitz. — Les ordres donnés par Frédéric pour les marches étaient toujours succincts et ne contenaient que les instructions générales auxquelles chaque chef de colonne devait se conformer.

A titre d'exemple nous citerons l'ordre donné par le roi pour la marche de Saxe en Silésie avant la bataille de Liegnitz, en août 1760 ; en voici les principales dispositions :

« L'armée marchera toujours sur trois colonnes par lignes.

---

[1] 2e partie, chapitre IV.

La première sera composée de la première ligne, la deuxième
de la seconde ligne et la troisième de la réserve.

« Les caisses et ambulances de régiment suivront leur corps.
Les batteries de gros canons suivront les brigades d'infanterie
auxquelles elles sont affectées.

« Lorsqu'on traversera des bois, les régiments de cavalerie
marcheront entre deux corps d'infanterie.

« Chaque colonne aura un bataillon franc et dix escadrons de
hussards ou de dragons pour avant-garde. Elle sera aussi précédée de trois chariots portant des ponts de madriers. Les
arrière-gardes sont chargées de retirer ces ponts lorsque l'armée
aura défilé.

« Les parcs seront divisés dans les colonnes pour éviter les
embarras qu'occasionne une grande réunion de chariots.

« S'il arrive quelque événement aux deuxième et troisième
colonnes, on en rendra sur-le-champ compte au roi qui sera à la
tête de la première. S'il survient quelque chose aux arrière-
gardes, on en préviendra le lieutenant-général Ziethen qui se
trouvera à l'arrière-garde de la première colonne.

« Les officiers auront soin que les soldats marchent d'un pas
égal et ne courent pas à droite et à gauche pour se fatiguer et
perdre les distances.

« Lorsque l'armée sera appelée à se former, les voitures sor-
tiront des colonnes à gauche et fileront pour aller parquer. »

Cet ordre, donné une fois pour toutes au début de la marche,
contenait toutes les indications nécessaires et devait être observé
jusqu'à ce que des instructions nouvelles vinssent le modifier; il
servit depuis le départ de la Saxe jusqu'à l'arrivée en Silésie. Il
n'existait pas, à cette époque, d'ordre normal de marche auquel
chacun put se référer sans attendre d'instructions particulières.
On remarquera la répartition des convois entre les diverses
colonnes, mesure exceptionnelle adoptée par le roi afin que
l'armée ne traînât pas à sa suite un gros convoi; il eut fallu attribuer à celui-ci une forte escorte et diminuer d'autant le gros de
l'armée, au moment où le roi pouvait craindre d'être attaqué à
l'improviste, soit en tête ou en queue, soit sur l'un de ses flancs,
par toute l'armée autrichienne.

Ordre pour une marche sur quatre colonnes. — Voici un modèle de marche fictive sur quatre colonnes donné par Frédéric II. On suppose que les routes ont été reconnues et que l'ennemi est à une assez grande distance :

« L'avant-garde partira ce soir à 8 heures aux ordres de..... Elle sera composée de 6 bataillons de grenadiers, d'un régiment d'infanterie, de 2 régiments de dragons, chacun de 5 escadrons, de 2 régiments de hussards. Tous les campements de l'armée suivront cette avant-garde qui ne prendra avec elle que les tentes, laissant ses gros bagages à l'armée. Ces troupes marcheront quatre lieues à l'avant, occuperont le défilé..., la rivière..., la hauteur..., la ville..., le village, etc., dont il est question, et y attendront l'arrivée de l'armée ; alors elles entreront dans le nouveau camp qui aura été marqué.

« L'armée suivra demain matin l'avant-garde sur quatre colonnes. Les gardes qui ont été postées dans les villages rentreront dans leurs régiments. La cavalerie des deux lignes de l'aile droite, marchant par la droite, formera la première colonne. L'infanterie des deux lignes de l'aile droite, marchant par la droite, formera la seconde colonne. L'infanterie des deux lignes de l'aile gauche filera par la droite et formera la troisième colonne, et la cavalerie de l'aile gauche, filant par la droite, formera la quatrième colonne.

« Les régiments d'infanterie de la deuxième ligne et les régiments de hussards aux ordres du général... escorteront les équipages qui marcheront à la queue des deux colonnes d'infanterie. Il sera commandé quatre aides-majors, qui auront soin que les chariots se suivent en ordre et aussi serrés qu'il sera possible.

« Le général qui commandera l'arrière-garde avertira de bonne heure le chef, au cas qu'il ait besoin de secours.

« Les quatre colonnes seront conduites par les chasseurs qui auront reconnu les chemins. A la tête de chaque colonne marchera un détachement de charpentiers et de chariots chargés de poutres, de solives et de planches, pour faire des ponts sur les petites rivières.

« Les colonnes s'observeront dans leur marche, afin que les têtes ne se devancent pas.

« Les généraux auront attention que les bataillons marchent serrés et se suivent sans laisser d'intervalle. Les officiers commandant les divisions garderont bien leur distance.

« Quand on passera un défilé, les têtes marcheront doucement ou s'arrêteront, pour donner le temps à la queue de reprendre ses distances ».

Passage de défilé en avant. — Pour la traversée d'un défilé ou d'un obstacle dans une marche en avant, on prendra les mesures suivantes :

« Lorsque vous passerez des défilés, des bois ou des montagnes, vous partagerez vos colonnes ; toute la tête sera composée de l'infanterie, suivie de la cavalerie qui en fermera la marche. S'il y a une plaine au centre, on l'assignera à la cavalerie, et l'infanterie formant les colonnes sur les deux extrémités traversera le bois ; mais cela ne s'entend que d'une marche qui ne se fait pas trop près de l'ennemi, car alors on se contentera de mettre quelques bataillons de grenadiers à chaque tête de colonne de cavalerie, pour ne pas rompre tout l'ordre de bataille ».

Les marches en retraite : marche sur quatre colonnes. — Dans les marches en retraite les règles à suivre sont à peu près les mêmes : les bagages ayant été évacués à l'avance, on marche par lignes ou par les ailes, en plaçant de la cavalerie en arrière de chaque colonne.

On règlera les colonnes sur le nombre des chemins qu'on peut prendre, et la marche des troupes selon l'espèce du terrain. Si c'est une plaine, la cavalerie fera l'avant-garde ; si c'est un pays coupé, on en chargera l'infanterie ; si c'est un pays de plaine, l'armée marchera sur quatre colonnes.

« L'infanterie de la seconde ligne de l'aile droite, filant par sa droite et suivie de la seconde ligne de la cavalerie de cette aile, formera la quatrième colonne. L'infanterie de la première ligne de l'aile droite, filant par sa droite, sera suivie de la première ligne de la cavalerie de cette aile, et formera la troisième colonne.

« L'infanterie de la seconde ligne de l'aile gauche, suivie de la cavalerie de la même ligne, formera la seconde colonne.

« L'infanterie de la première ligne de l'aile de gauche sera suivie de la cavalerie de la même ligne et formera avec elle la première colonne ».

Passage de défilé en retraite sur deux colonnes. — Enfin, voici comment Frédéric II comprend le passage d'un défilé en retraite sur deux colonnes :

« Supposons que l'armée marche sur deux colonnes. La cavalerie de la droite filera par sa gauche ; la seconde ligne partira la première et aura la tête de la seconde colonne ; l'infanterie de la seconde ligne, suivie de la première, se mettra à la queue de cette cavalerie et la suivra.

« La cavalerie de l'aile gauche suivra par sa gauche ; la seconde ligne partant la première aura la tête de la première colonne. Elle sera jointe par l'infanterie de l'aile gauche, dont la seconde ligne précèdera la marche de la première. C'est ce qui formera la première colonne.

« Six bataillons de la queue de la première ligne, soutenus de dix escadrons de hussards, feront l'arrière-garde. Ces six bataillons se mettront en bataille en avant du défilé sur deux lignes en échiquier.

« Pendant que l'armée passera le défilé il faut que les troupes postées en avant débordent celles qui sont encore en deçà du défilé, pour les protéger par leur feu.

« Quand toute l'armée sera passée, la première ligne de l'avant-garde passera par les intervalles de la seconde et se jettera dans le défilé ; celle-là étant partie, la seconde fera la même manœuvre à la faveur du feu de ceux qui seront postés de l'autre côté et qui suivront les derniers pour faire l'arrière-garde ».

Cette tactique nous paraît aujourd'hui bien surannée, et cependant le passage des lignes figurait encore dans nos règlements de manœuvres avant la guerre de 1870.

CHAPITRE IX.

OPÉRATIONS DE NUIT.

> « Je suis déterminé à ne pas attaquer de
> nuit, à cause du désordre. »
> (Frédéric II.)

Défiance de Frédéric II à leur égard. — Division de ces opérations en quatre
catégories. — 1° Marches de nuit pour éviter une attaque ; exemple :
avant Liegnitz. — 2° Marches de nuit après un succès. — 3° Marches de
nuit pour attaquer ou pour résister au point du jour ; exemple : Kay. —
Marches avant Hohenfriedberg et en 1760. — Des méprises de nuit : le
général Beck en 1760. — 4° Combats de nuit : Hochkirch et Liegnitz.—
Petites affaires de nuit : Olmütz, Anklam. — Recommandations de
détail.

Défiance de Frédéric II à leur égard. — « Pour ma part, je
suis déterminé à ne pas attaquer de nuit, à cause du désordre
inhérent à toute opération de ce genre, et parce que le soldat a
toujours besoin, pour faire son devoir, d'être sous l'œil de son
chef et la crainte du châtiment. »

Malgré cette maxime, peu flatteuse pour le soldat prussien de
cette époque, Frédéric a eu souvent recours aux opérations de
nuit, et avec raison. Si, en effet, elles engendrent du désordre et
imposent aux troupes un surcroît de fatigue, elles permettent,
dans des cas exceptionnels, de gagner du temps et d'arriver
secrètement au but, double avantage qui devient souvent de la
plus haute importance.

Etant donné le recrutement des armées de cette époque, on
s'explique aisément la défiance du roi à l'égard des opérations
de nuit ; il va même jusqu'à proscrire les marches de nuit « si
des raisons importantes ne l'exigent pas absolument », et cela
par crainte de la désertion.

Division de ces opérations en quatre catégories. — Au point de
vue tactique nous diviserons les opérations de nuit en quatre
catégories principales :

1° Celles qui ont pour but de se dérober après un échec ou
d'éviter un engagement ;

2º Celles qui permettent de poursuivre l'ennemi après un succès ;

3º Les opérations qui ont pour objet d'exécuter, à l'insu de l'ennemi, une manœuvre telle qu'un mouvement tournant, une marche de flanc, l'occupation d'une position favorable, dans le but d'attaquer l'ennemi au point du jour, ou pour être en état de lui résister ;

4º Les combats de nuit proprement dits.

1º *Marches de nuit pour éviter une attaque. Exemple : avant Liegnitz*. — Parmi les opérations de la première catégorie, qui sont les plus nombreuses, nous citerons les marches de nuit exécutées par l'armée prussienne avant la bataille de Liegnitz lorsque le roi craignant d'être attaqué dans une position défavorable près de Seichau résolut de se porter sur le plateau de Pfaffendorf. L'armée exécuta deux marches de nuit : l'une du 12 au 13 août pour traverser la Katzbach et s'établir auprès de Liegnitz entre cette rivière et son affluent la Schwarz-Wasser ; l'autre dans la nuit du 14 au 15, pour prendre position sur le plateau au nord de Liegnitz. Ce mouvement de retraite ne fut pas inquiété par l'ennemi, grâce à l'obscurité ; les bagages filèrent sur Glogau et, après ces deux marches de nuit, l'armée s'établit dans une position provisoire sur le plateau qui domine les deux cours d'eau, au nord des villages de Pfaffendorf et de Panten. L'intention du roi était de continuer son mouvement au point du jour, mais l'armée avait à peine dressé son camp qu'elle était attaquée en pleine nuit par le corps de Laudon.

La première de ces deux marches de nuit ne s'exécuta pas sans quelque confusion. « Si le roi était demeuré dans sa position pendant la nuit (du 12 au 13 août), il est indubitable qu'il aurait été attaqué le lendemain dès la pointe du jour. Il partit le soir même ; les troupes reprirent le chemin de Liegnitz pour occuper le camp d'où elles étaient parties la veille. Le maréchal (Daun), qui n'eut aucun vent de cette marche, ne fit aucun mouvement. Le prince de Holstein, qui menait la gauche de la cavalerie, s'égara pendant l'obscurité et se mêla dans la marche des autres colonnes. Ce ne fut qu'au point du jour qu'on put remettre les choses en ordre. Si l'ennemi avait entrepris sur les Prussiens dans ce moment de confusion, il aurait sans contredit réussi, mais il n'y pensa point ».

Cet exemple fait ressortir le principal danger des marches de nuit, surtout des marches en retraite, la confusion ; mais ce danger n'est pas aussi grand qu'on pourrait le croire à première vue, car l'ennemi ignore dans quel désarroi se trouve son adversaire et lui-même serait peut-être dans l'impossibilité d'en profiter sans tomber dans un désordre semblable. Ce n'est que par une grande habitude des marches de nuit, par le calme, le silence, l'ordre le plus complet, qu'on peut arriver à faire disparaître ce danger.

Quant à la deuxième marche de nuit, elle s'achève sans encombre ; le roi désigne les ponts sur lesquels les troupes traversent le ruisseau pour se porter en ordre sur le plateau de Pfaffendorf, et elles y prennent leur camp un peu avant le commencement de la bataille.

2º *Marches de nuit après un succès.* — Les exemples de marches de nuit dans le but de poursuivre l'ennemi après un succès sont rares dans l'histoire militaire de cette époque. L'habitude était de cesser le combat à la nuit tombante pour reprendre la poursuite le lendemain (quand on la reprenait). Le spectacle bizarre offert par les deux armées ennemies après la bataille de Torgau en est un exemple frappant ; nous avons vu [1] qu'une partie des combattants, Prussiens et Autrichiens, ont bivouaqué pêle-mêle dans la forêt et ont passé la nuit côte à côte autour de leurs feux, en attendant que le jour leur fît connaître le résultat de la bataille.

A Zorndorf, les deux armées passèrent la nuit sur le champ de bataille et essayèrent de se remettre en ordre ; le lendemain, 26 août, la journée fut employée en escarmouches et les deux partis restèrent encore en présence ; enfin les Russes se décidèrent à battre en retraite dans la nuit du 26 au 27. Pour couvrir leur retraite, ils firent attaquer à 2 heures du matin les avant-postes prussiens par les Cosaques qui poussèrent de grands cris suivant leur habitude. L'armée prussienne, dont les pertes étaient énormes, n'inquiéta pas cette retraite.

---

[1] 3ᵉ partie, chapitre IV.

3º *Marches de nuit pour attaquer ou pour résister au point du jour; exemple: Kay.* — Les marches de nuit, entreprises pour attaquer l'ennemi au point du jour, ont donné lieu à des opérations très variées. La défaite des Prussiens à Kay, ou Zullichau, en 1759, est due en partie à une opération de cette nature.

Le corps russe de Soltykoff « campait à Babimost, d'où il avait si bien tourné la position des Prussiens durant la nuit qu'une partie des Russes occupait déjà le défilé de Kay, derrière les Prussiens, précisément entre leur camp et le chemin de Crossen, sans que personne s'en aperçut, tant le service se faisait négligemment dans l'armée dont M. de Wedell venait de prendre le commandement ». Les Prussiens furent battus et perdirent quatre à cinq mille hommes.

Marches avant Hohenfriedberg et en 1760. — La veille de la bataille de Hohenfriedberg, le roi mit son armée en marche pour la masser près de la rivière de Striegau, afin d'assaillir les Autrichiens à l'improviste lorsqu'ils descendraient dans la plaine ; l'avant-garde franchit la rivière à la tombée de la nuit. « L'armée se mit en mouvement à 8 heures du soir en filant sur la droite en deux lignes et observant le plus grand silence ; il était même défendu au soldat de fumer. La tête des troupes arriva à minuit auprès des ponts de Striegau où l'on attendit que tous les corps fussent bien serrés ensemble. »

Dans la nuit du 11 septembre 1760, Frédéric II qui opère en Silésie exécute une marche de nuit pour tourner les positions ennemies et couper les Autrichiens de la Bohême : « Le roi désirait d'expulser les Autrichiens de la Silésie... Le meilleur moyen de parvenir à ce but était de tourner la position des Autrichiens, soit pour ruiner leurs magasins, soit pour intercepter les convois qu'ils tiraient de la Bohême... L'armée se mit en marche la nuit du onze de septembre pour tourner les hauteurs de Friedberg ; l'avant-garde gagna la gorge de Kauder. Aussitôt que M. de Laudon aperçut cette tête, il comprit que le dessein était de le tourner ; il abandonna sa position et se retira vers le village de Reichenau. »

L'opération a donc échoué, faute d'avoir été conduite assez rapidement. Il faut remarquer, en effet, qu'une nuit est insuffisante pour faire mouvoir un corps un peu considérable, et l'on

est à peu près certain qu'au point du jour l'ennemi aura connaissance du danger qui le menace et prendra ses mesures en
conséquence.

Des méprises de nuit : le général Beck en 1760. — Les mouvements exécutés la nuit à proximité de l'ennemi peuvent donner
lieu à des méprises dangereuses ; la marche que nous venons de
citer nous en offre un exemple.

« M. de Beck avait reçu ordre, la veille, lorsque l'ennem
décampait, de couvrir la droite de M. de Laudon. Comme il
marchait de Hohenfriedberg à Reichenau dans l'obscurité, il
découvrit le camp du roi, qu'il prit pour l'Autrichien, et il se
plaça sur le flanc gauche de ce camp, par où il tournait le dos à
l'armée du roi. La nuit même, le roi en fut averti. Les Prussiens
ne quittèrent point les armes, et avant l'aube du jour on se mit
en devoir de l'attaquer. Quelques coups de canon mirent ses
troupes en désordre. La cavalerie du roi les chargea dans ce
moment, et elle prit tout un bataillon de pandours fort de
800 hommes. »

4º *Combats de nuit : Hochkirch et Liegnitz.* — Les deux principaux exemples d'affaires de nuit nous sont fournis par les
batailles de Hochkirch et de Liegnitz ; celle-ci fut une bataille
de rencontre ; la première, au contraire, a été préparée avec le
plus grand soin par le maréchal Daun.

Profitant très habilement de la position désavantageuse dans
laquelle se trouve l'armée prussienne, le maréchal met son
armée en mouvement dans la nuit du 13 au 14 août (1758).
Laudon et la cavalerie forment l'aile gauche, le centre marche
sur trois colonnes, l'aile droite reste en position et ne doit prendre l'offensive qu'au moment où l'aile droite prussienne sera
écrasée. Les colonnes autrichiennes traversent le terrain montueux et boisé qui s'étend au sud de Hochkirch, en utilisant des
routes pratiquées d'avance en secret ; elles arrivent aux points
que chacune d'elles doit occuper, sans avoir donné l'éveil à
l'adversaire. Quelques hommes, restés dans le camp, entretien-
nent les feux et gardent les tentes qui sont restées dressées ; les
ouvriers, chargés de faire les abatis nécessaires pour permettre

la traversée de la forêt, ont soin de faire beaucoup de bruit pour dissimuler la marche des troupes et pour faire croire que les Autrichiens mettent leurs positions en état de défense. On sait que le roi fut complètement surpris. Son aile droite, attaquée de front et débordée du côté de Steindörfel dut abandonner le village de Hochkirch ; l'armée prussienne fit des prodiges de valeur pour battre en retraite en bon ordre.

Le 13 août 1760, l'armée autrichienne occupait les positions suivantes : le gros, avec le maréchal Daun, était établi sur le plateau de Hochkirch ; Laudon était à Jeschkendorf ; Lascy campait près de Nieder-Krayn, et le corps de Neuendorf était à Parschwitz. L'intention du maréchal était d'attaquer l'armée prussienne de front, tandis que Lascy déborderait sa droite et que Laudon se porterait sur le plateau de Pfaffendorf pour lui couper la retraite. Ce plan était logique et il paraissait difficile que la petite armée royale pût échapper à un désastre, à moins qu'elle se mît rapidement en retraite ; aussi le maréchal pressat-il l'exécution de son plan.

Mais, de son côté, l'armée prussienne, se dérobant par une marche de nuit (14-15 août), se portait sur le plateau de Pfaffendorf, en même temps que Laudon. Celui-ci marchait sans avant-garde pour ne pas donner l'éveil à l'ennemi, dont le mouvement de recul lui avait échappé grâce à l'obscurité et aux bonnes mesures prises par le roi. Laudon franchit donc la Katzbach aux ponts de Binowitz et de Pohlschildern, pour prendre pied avant la pointe du jour sur le plateau de la rive gauche, où il compte encore trouver les équipages de l'armée prussienne. Il est surpris d'y rencontrer, entre 2 et 3 heures du matin, une colonne prussienne qui bivouaque en travers du plateau ; persuadé qu'il n'a devant lui qu'une arrière-garde chargée d'escorter le convoi, il prend ses dispositions pour attaquer les Prussiens.

Réveillé en sursaut, le roi prend avec sang-froid son ordre de combat ; il forme sa brigade de gauche en bataille, face à l'est, prolonge sa deuxième ligne vers Humeln pour ne pas être tourné, et place une batterie de dix pièces sur son front.

Laudon cherche à former ses troupes sur le plateau ; il amène du canon et attaque la position avec autant d'ordre que le permet la demi-obscurité ; les colonnes autrichiennes qui marchent en queue, surprises par la fusillade, s'arrêtent hésitantes et ne dépassent pas Panten. Ce temps d'arrêt permet aux bataillons prussiens de se former et d'entrer en ligne. La réserve prussienne prend position en arrière du centre, un régiment de cavalerie couvre le flanc gauche; les autres se forment derrière la première ligne; sept bataillons garnissent l'intervalle laissé libre entre les deux ailes; enfin, l'aile droite, sous les ordres de Zieten et de Wedell, borde le plateau au nord de Pfaffendorf et observe la direction de Liegnitz et les débouchés de la Schwarz-Wasser.

Après le premier moment de surprise, Laudon reforme ses bataillons et les lance de nouveau contre la position ennemie qu'il tente de déborder; mais sa cavalerie, chargée en flanc, est rejetée dans les bas-fonds de Schonborm; à sa gauche, le village de Panten est enlevé par les Prussiens et incendié; le terrain, qui va en se resserrant, se prête mal au déploiement de l'infanterie autrichienne, et la cavalerie de Laudon est rejetée sur son infanterie, ce qui achève de porter le désordre au milieu de celle-ci. Enfin, les bataillons autrichiens se mettent en retraite pêle-mêle sur Binowitz et repassent la Katzbach dans le plus grand désordre; il est 5 heures du matin. Le roi ne poursuit pas Laudon, dans la crainte d'être attaqué à son tour par le maréchal Daun.

Pendant ce temps, que fait celui-ci? Dans la soirée du 14, il s'est rapproché de la Katzbach pour attaquer le roi le 15 à la pointe du jour; ses éclaireurs trouvent le camp prussien vide. Le maréchal ordonne aussitôt de jeter des ponts sur la rivière pour faire passer toute l'armée sur la rive gauche; il est déjà 2 heures du matin et l'opération n'est terminée qu'à 5 heures, au moment où le corps de Laudon est en pleine retraite. Daun occupe alors Liegnitz et se déploie entre Dornig et Weishof pour attaquer la hauteur de Pfaffendorf, tandis que Lascy remonte la Schwaz-Wasser, cherchant vainement un gué afin de prendre le plateau à revers; enfin, le maréchal renonce à son projet d'attaque et reprend sa position sur la rive droite de la Katzbach. Les Autrichiens ont perdu 10,000 hommes, dont 6,000 prisonniers, 23 drapeaux et 86 canons; les pertes des Prussiens n'atteignent pas 2,000 hommes.

Telle fut, en résumé, cette singulière bataille de Liegnitz où l'obscurité joua un si grand rôle. Tout promettait aux Autrichiens un beau succès et la bataille tournait, en fin de compte, à leur confusion ; un retard de vingt-quatre heures dans l'attaque projetée par le maréchal Daun avait suffi pour changer du tout au tout la situation des deux armées. L'habileté avec laquelle l'armée royale exécuta sa marche en retraite, la nuit, sans éveiller les soupçons des Autrichiens, sauva le roi et lui permit de surprendre, à son tour, le corps de Laudon. On voit combien il est important de conserver le contact pendant la nuit et de se tenir exactement renseigné sur les mouvements que l'ennemi peut opérer à la faveur de l'obscurité.

Petites affaires de nuit : Olmütz, Anklam. — Outre ces deux batailles, les campagnes de Frédéric II ont donné lieu à de nombreuses affaires de nuit de peu d'importance ; en voici quelques exemples.

En 1758, devant Olmütz, une troupe de cavalerie prussienne, qui a commis l'imprudence de desseller ses chevaux la nuit, est attaquée et battue. « Le maréchal Daun fit attaquer de nuit le village de Koschuchan, défendu par un bataillon franc, et l'obligea de lui céder le terrain. Les dragons de Baireuth, qui avaient passé la nuit au bivouac, par une négligence du colonel Meier qui les commandait, n'attendirent pas pour desseller le retour des partis qu'ils avaient envoyés à la découverte ; l'ennemi arriva en poussant leurs patrouilles avec impétuosité ; il fondit sur leurs tentes, ne leur donnant pas le temps d'en sortir. Le régiment perdit 300 hommes ».

Dans les combats de nuit, une bonne pratique pour annoncer l'arrivée d'une troupe sur un point du champ de bataille, consiste à faire battre et sonner la marche par cette troupe, comme le fit l'armée prussienne à la bataille de Torgau : les troupes de l'aile gauche, parvenues sur le plateau de Siptitz à la nuit tombante, battirent la marche pour prévenir de leur arrivée le général de Zieten qui commandait l'aile droite.

A la fin de l'année 1759, les Suédois font une tentative pour surprendre de nuit la ville d'Anklam. « Ils attaquèrent de nuit le faubourg ; un bataillon franc, qui devait le défendre, fut mis en désordre. M. de Manteuffel, qui était dans la ville, accourut ; l'obscurité était si grande que, voulant aller au bataillon franc, il donna dans une troupe de Suédois qui le firent prisonnier ;

mais la garnison prussienne, non contente de repousser les Suédois, fit sur eux 150 prisonniers ».

Recommandations de détail. — Frédéric II défend de tirer quand on attaque brusquement un poste la nuit : « On ne tirera pas avant la pointe du jour, car on risquerait de tuer ses propres gens ».

On trouvera dans l'*Instruction secrète* un grand nombre de recommandations relatives à la conduite que doit tenir une troupe la nuit en toutes circonstances; mais ces prescriptions de détail étant plutôt du domaine du service des troupes en campagne que de celui de la tactique, nous renvoyons le lecteur à cette Instruction; il verra que la plupart des recommandations de Frédéric II ont conservé toute leur valeur et qu'elles sont encore aujourd'hui d'une pratique courante.

CHAPITRE X.

PASSAGE DES COURS D'EAU.

> « La manœuvre la plus difficile de toutes,
> c'est de passer une rivière en présence de
> l'ennemi en se retirant. »
>
> (Frédéric II.)

Principes généraux : le passage a lieu par ruse ; conditions du succès. —
Choix du point de passage ; travaux à exécuter. — Passage offensif d'un
cours d'eau. — Passage de l'Eger en 1757. — Passage de l'Oder avant
Zorndorf.— Passage de l'Oder avant Kunersdorf. — Le général Dierke sur
l'Elbe. — Les Prussiens sur la Mulde. — Passage d'un cours d'eau en
retraite. — Passage de la Neisse et de la Queiss en 1758. — Passage de
l'Unstrutt après Rosbach. — De la défense des cours d'eau ; conditions
qu'ils doivent remplir. — Avoir soin de les faire sonder. — Danger des fronts
trop étendus. — Organisation de la défense sur la rive amie. — Défense
des cours d'eau sur la rive ennemie. Discussion.

*Principes généraux : le passage a lieu par ruse ; conditions du
succès.* — Les campagnes de Frédéric II ont eu pour théâtre des
territoires sillonnés de cours d'eau ; de là l'importance considérable que le roi attachait au passage de ces obstacles ; il a tracé
de la façon suivante les principes généraux qui doivent présider,
suivant lui, à cette opération :

Tout d'abord on cherche à effectuer le passage par ruse en
trompant l'ennemi sur le point choisi. « La force est inutile
lorsque l'ennemi sera de l'autre côté d'une rivière que vous aurez
l'intention de passer ; il faut avoir recours à la ruse ».

Après avoir cité quelques exemples, Frédéric ajoute :

« Ces généraux firent des détachements pour en imposer à
l'ennemi et pour lui cacher l'endroit qu'ils avaient choisi pour
leur passage. Ils firent des préparatifs pour la construction des
ponts dans les lieux où ils n'avaient pas l'intention de passer, en
attendant que le gros de leur armée fît une marche de nuit pour
s'éloigner de l'ennemi et gagner le temps de passer la rivière
avant que les troupes, destinées à défendre le passage, aient pu
se mettre en devoir de les en empêcher. »

Le secret et la rapidité d'exécution constituent les conditions du succès :

« Il faut une attention très particulière et prendre les mesures les plus justes dans ces sortes d'entreprises. Il est nécessaire que les bateaux ou les pontons et tout autre appareil, soient au rendez-vous à l'heure marquée, et que chaque pontonnier ou batelier soit instruit de sa besogne pour éviter le désordre qui se met ordinairement dans les expéditions de nuit. »

Choix du point de passage; travaux à exécuter. — Le choix du point de passage et les dispositions à prendre sont nettement indiqués :

« On choisit ordinairement pour le passage des rivières les endroits où il y a de petites îles, ce qui en facilite l'opération. On aime aussi à rencontrer de l'autre côté de la rivière des bois ou d'autres obstacles qui empêchent l'ennemi de vous attaquer avant que vous ayez débouché.

« Si les rivières sont étroites, on choisit pour leur passage les endroits où elles font des coudes et où le bord plus élevé domine sur celui qui lui est opposé. On y place autant de canons que le terrain le peut permettre et on le garnit de troupes. Sous cette protection on construit ses ponts et, comme le terrain se rétrécit par le coude que fait la rivière, il ne faudra avancer que fort peu et insensiblement gagner chemin à mesure que les troupes passeront. S'il y a des gués, on y fait des rampes pour que la cavalerie y puisse passer. »

Dans ces sortes d'opérations, on tirera le plus grand parti de la fortification de campagne lorsque le temps permettra d'y avoir recours.

« Il faut toujours avoir attention de faire retrancher les deux têtes de pont et de les bien garnir de troupes. On fortifie encore les îles qui sont dans le voisinage pour soutenir ces retranchements afin que, dans le temps que vous faites ces opérations, l'ennemi ne vienne pas prendre ou détruire vos ponts. »

Passage offensif d'un cours d'eau. — Voici quelques détails qui complètent les dispositions à prendre en cas de passage offensif d'un cours d'eau; ces précautions, sauf en ce qui concerne les chevaux de frise, sont encore applicables aujourd'hui :

« Si vous voulez franchir une rivière, occupez des hauteurs qui commandent l'autre bord, établissez des batteries à cinq ou six cents pas à droite et à gauche de l'endroit où vous voulez construire votre pont, pour que vous puissiez vous déployer au delà. L'avant-garde qui doit couvrir le pont doit avoir des chevaux de frise avec elle, derrière lesquels elle se porte, parce qu'elle n'a pas le temps de faire un bon retranchement ; que les troupes qui passent appuient toujours deux ailes à la rivière jusqu'à ce que toute l'armée aura passé. Alors seulement les deux batteries qui vous ont protégé suivent les dernières. »

Passage de l'Eger en 1757. — Au mois d'avril 1757, l'armée prussienne qui envahit la Bohême franchit l'Eger en jetant deux ponts à Koschitz, à un mille et demi seulement du camp autrichien. Sur cette menace, le maréchal Browne évacue la position qu'il occupe à Budin et se retire sur Welwarn ; cependant la moitié seulement de l'armée prussienne avait franchi la rivière à ce moment, et Browne attendait une division de renfort qui était en marche pour le rejoindre.

L'année précédente, après la victoire de Lowositz, Frédéric II s'était trouvé en face de l'Eger, dont les passages étaient détruits ou gardés par l'armée autrichienne ; le pont de l'Elbe, à Leitmeritz, était également détruit. Cette fois le roi, malgré son succès, avait renoncé à aller de l'avant et s'était fortifié dans son camp de Lowositz jusqu'au moment où il se décida à regagner la Saxe et à rejoindre le reste de son armée devant le camp de Pirna.

Passage de l'Oder avant Zorndorf. — En 1758, avant la bataille de Zorndorf, Frédéric II descend la rive gauche de l'Oder pour tourner l'armée russe qui assiège Custrin par la rive droite, et il franchit le fleuve en aval de cette place. Le passage d'un fleuve comme l'Oder, en face de l'armée russe, n'était pas sans dangers ; cette opération, bien dirigée, réussit complètement ; il est vrai que l'ennemi, trompé sur les projets du roi, ne tenta pas sérieusement de s'y opposer.

« Pour exécuter ce projet, le roi jugea qu'il fallait en imposer à l'ennemi par de fausses démonstrations ; on fit des batteries vis-à-vis de Drewitz et l'on occupa les digues de l'Oder comme si effectivement on avait dessein de passer cette rivière dans ces environs ; en même temps le roi renforça la garnison de Custrin de quatre bataillons. Il avait envoyé M. de Canitz à Wrietzen pour amasser tous les bateaux qui se trouvaient dans cette partie sur l'Oder. Tandis que l'armée marchait, la nuit du 23, en remontant la rivière jusqu'à Gustebize, où elle fut jointe par M. de Canitz, qui amena suffisamment de bateaux pour la construction du pont, on se donna tant de soins pour l'achever que toute l'armée l'eut passé à midi ; elle continua sa marche jusqu'au village de Clossow, où elle se campa, et par cette position elle coupa déjà le corps de M. de Fermor de celui de M. Romanzoff, qui était du côté de Schwedt, où il avait dessein de passer l'Oder. »

Cette tactique dénote de la part de Frédéric II une grande hardiesse de conception et, une fois son parti pris, une grande habileté à le mettre à exécution. Au lieu de franchir l'Oder à Custrin, à l'abri du canon de la forteresse, il tente le passage du fleuve en rase campagne, à proximité de l'armée russe supérieure en nombre, entre le gros de cette armée et la division de cavalerie de Romanzow, qui surveille le bas Oder ; le roi menace ainsi les communications des Russes avec la Pologne, leur base d'opérations, et les force à livrer bataille dans une situation dangereuse. En deux jours Frédéric a pris l'offensive, franchi le fleuve, menacé le flanc de l'armée russe et séparé celle-ci de Romanzow ; le général de Fermor, malgré sa nombreuse et bonne cavalerie, a laissé surprendre le passage de l'Oder et n'a rien tenté contre le roi, et cependant il savait l'armée prussienne concentrée sur la rive gauche ; il avait donc à faire surveiller cette rive en aval de Custrin, car la situation de cette place au confluent de la Wartha rendait peu probable une tentative du roi en amont ; la division de cavalerie postée à Schwedt, à seize lieues seulement de l'armée russe, rendait encore la surveillance du fleuve plus facile. Le point de passage choisi par Frédéric, Gustebize, est à égale distance de Custrin et de Schwedt, soit à environ huit lieues de ces deux points ; or, le passage commencé par l'avant-garde à la pointe du jour à l'aide de barques, n'a pu être effectué par l'artillerie et la cavalerie que vers midi. L'armée russe pouvait donc intervenir à temps pour s'opposer au passage, ou tout au moins forcer les Prussiens à livrer bataille dans de mauvaises conditions ; mais, pour obtenir ce résultat, il fallait faire surveiller le fleuve de près, afin d'être averti en temps utile des tentatives des Prussiens ; il fallait surtout avoir une armée mobile et manœuvrière, et ce n'était pas le cas de l'armée russe.

Enfin, après avoir franchi l'Oder, l'armée prussienne a eu encore à traverser, à proximité des Russes, un petit affluent, la Mitzel, qui n'était pas guéable. Le passage de l'Oder ayant eu lieu le 23 août au matin, l'armée prussienne se porte, dans la journée du 24, sur la rive droite du ruisseau, dont elle occupe les deux ponts de Damsche et de Kersten, non détruits par les Russes ; l'avant-garde campe sur la rive gauche et construit une tête de pont à Damsche ; enfin, le 25 août, toute l'armée prussienne débouche par les deux ponts de la Mitzel sans être inquiétée et vient prendre position près de Zorndorf.

Passage de l'Oder avant Kunersdorf. — Au mois d'août 1759, Frédéric II se porte à la rencontre de l'armée russe qui arrive sur la rive gauche de l'Oder, près de Francfort. Parti de Muhlrose le 7 août, le roi se dirige sur Boosen et Lebus et, dans la nuit du 10 au 11, il jette deux ponts de bateaux sur l'Oder en aval de Lebus ; il exécute une marche de nuit et franchit le fleuve le 11 août, couvert par son avant-garde ; le général Wunsch, avec 9 bataillons et 7 escadrons, soit environ 6,000 hommes, reste à la garde des ponts et des bagages. Le reste de l'armée prussienne se met en marche à la rencontre de l'armée austro-russe de Soltykoff.

On a reproché au roi d'avoir franchi l'Oder en aval de Francfort, ce qui l'éloignait de l'armée du prince Henri resté en Silésie : ce reproche ne nous paraît pas fondé. Le but immédiat que poursuivait Frédéric était de couvrir Berlin en cas d'échec et de conserver ses communications avec sa capitale, dont l'arsenal et les magasins lui offraient de précieuses ressources en artillerie, munitions et approvisionnements de toute espèce pour continuer la campagne. Les Autrichiens de Haddick arrivaient à Muhlrose ; l'armée des Cercles, maîtresse de Wittenberg et de Torgau, menaçait Berlin ; il était donc urgent de songer à couvrir la capitale et, en franchissant l'Oder entre Francfort et Custrin, le roi se ménageait une retraite assurée sur cette capitale.

Le reproche d'avoir immobilisé 6,000 hommes à la garde des ponts est plus fondé. L'armée prussienne était inférieure en nombre aux Austro-Russes et la place de ce détachement était sur le champ de bataille ; un peu d'infanterie et quelques cavaliers eussent suffi à empêcher un coup de main sur les ponts. « De pareils détachements sont proscrits par les règles de la guerre ». (NAPOLÉON.)

La même année, Frédéric franchit encore l'Oder pour observer l'armée russe qui se retire sur la rive droite du fleuve ; l'armée prussienne manque de pontons, mais elle y supplée à l'aide de chevalets qui lui permettent de passer l'Oder près de Koben.

Le général Dierke sur l'Elbe. — A la fin de l'année 1759, après l'affaire de Maxen, le maréchal Daun tente un coup de main contre le général Dierke, posté avec six bataillons et 1000 chevaux, à Koln, vis-à-vis Meissen, sur la rive droite de l'Elbe. Daun dirige contre lui la division Beck, renforcée de cinq bataillons. C'était le 3 décembre ; l'hiver était rude, l'Elbe charriait des glaçons énormes et le général Dierke ne put rétablir le pont de bateaux qui le reliait à la rive gauche. Il dut évacuer sa position la nuit ; ses troupes traversèrent le fleuve sur des nacelles avec les plus grandes difficultés ; 1500 hommes, qui ne purent franchir l'Elbe furent attaqués le lendemain et faits prisonniers.

Les Prussiens sur la Mulde. — Pendant l'hiver de 1760, les Prussiens furent plus heureux sur la Mulde, où commandait le général de Hulsen. Cette rivière les séparait de l'ennemi.

« La Mulde, qui coule entre des rochers escarpés, en couvre le front. Il n'y a que trois passages sur cette rivière ; ce sont des ponts de pierre, derrière lesquels on établit de gros postes d'infanterie et, pour multiplier les difficultés, on chargea ces ponts de fagots, en y laissant un passage pour qu'un homme à cheval pût y passer pour aller à la découverte ; d'ailleurs, ces fagots étaient mêlés de matières combustibles, pour qu'on pût les enflammer aussitôt que l'ennemi aurait paru, de sorte qu'il était impossible de les passer.

« Les Autrichiens, enflés de leurs avantages, commençaient à se croire invincibles ; M. de Maguire, qui commandait à Dippoldiswalda, vint avec 16,000 hommes... pour s'établir à Freyberg. M. de Maguire en fut pour sa marche ; il trouva les Prussiens en bataille, qui bordaient la Mulde ; il envoya quelques bordées de canon et il retourna à Dippoldiswalda. »

Au mois de mai 1762, le maréchal de Serbelloni, qui commandait l'armée impériale en Saxe « avait retranché avec soin tous les passages de la Mulde devant son front ;... il se figurait qu'il était impossible qu'on pût le déloger d'une position aussi forte et aussi bien défendue. Ces difficultés n'arrêtèrent pas le prince Henri. S. A. R. résolut de percer son cordon par le centre. Pour dérober à l'ennemi jusqu'au soupçon du projet qu'on méditait contre lui, le prince fit faire différents mouvements à ses troupes ; il fit quelques démonstrations vers le duché d'Altenburg et du côté de Penig... Les troupes destinées au passage de la Mulde furent partagées en quatre détachements... Ces quatre colonnes, par une marche couverte, s'approchèrent la nuit des bords de la Mulde, et s'embusquèrent derrière un ravin qui dérobait à l'ennemi et leur approche et leur dessein. S. A. R. avait choisi les emplacements de ses batteries ; on y avait mené le canon ; on l'avait masqué de broussailles, de sorte qu'au premier signal il pouvait être exécuté contre les redoutes des Impériaux ».

Le prince Henri avait remarqué que les troupes autrichiennes passaient la nuit au bivouac le long de la Mulde et rentraient dans leurs tentes vers 4 heures du matin ; il lance les colonnes d'attaque à 7 heures du matin, sous la protection de 40 pièces d'artillerie : la Mulde est franchie, et les Autrichiens, se voyant tournés, abandonnent leurs forts ; le général autrichien, M. de Zedwitz, est fait prisonnier avec 2,000 hommes sur les 4,000 dont se composait son détachement. Vu l'énorme supériorité des Prussiens, 21 bataillons et 35 escadrons contre 4,000 Autrichiens, ce succès n'a rien de surprenant, mais toute l'affaire avait été bien combinée et menée rondement. Cet exemple fait ressortir le danger de garder une trop grande étendue de rivière avec un faible effectif, même en mettant en jeu toutes les ressources de la fortification.

Quelques jours plus tard, le 24 mai, le prince Henri envoie, pour observer les Impériaux qui sont à Chemnitz, un détachement insuffisant, 4 bataillons et 5 escadrons. Ce détachement prend une mauvaise position à Œderau, ayant à dos le ruisseau de la Lohfluss; il est attaqué subitement par les Impériaux et battu avec perte de 700 hommes.

Passage d'un cours d'eau en retraite. — Les procédés pour franchir un cours d'eau en retraite sont à peu près les mêmes, mais Frédéric II prescrit, dans ce cas, de faire un plus grand usage de la fortification : l'arrière-garde défend le passage jusqu'au dernier moment, puis traverse la rivière en bateau. Le roi entre à cet égard dans des prescriptions détaillées :

« De toutes les manœuvres, la plus difficile est de passer une rivière en présence de l'ennemi en se retirant... Comme on ne trouve pas toujours des villes dans ces sortes d'endroits, je suppose qu'on n'ait que deux ponts. En ce cas il faudra faire travailler à un bon retranchement qui enveloppera les deux ponts, et faire une petite coupure à la tête de chaque pont.

« Cela étant fait, on envoie des troupes et beaucoup de canons de l'autre côté de la rivière et on les place sur le bord. Il en faut choisir un qui soit un peu élevé, mais pas trop raide, pour commander le bord opposé. Alors on garnira le grand retranchement d'infanterie. Après cette disposition on fera passer l'infanterie la première, la cavalerie formant l'arrière-garde se retirera en échiquier par le retranchement.

« Quand tout sera passé, on bordera les deux petites têtes de pont avec de l'infanterie, et celle qui est dans le retranchement le quittera pour se retirer.

Si l'envie prend à l'ennemi de la poursuivre, il sera exposé au feu des deux têtes de pont et des troupes placées de l'autre côté de la rivière.

« L'infanterie qui était postée dans le retranchement ayant passé la rivière, on fera rompre le pont, et les troupes placées dans les têtes de pont le traverseront sur des bateaux sous la protection des troupes qui ont été placées à l'autre bord et qui s'en approcheront pour mieux les soutenir.

« Lorsque les pontons auront été chargés sur les chariots, les dernières troupes se mettront en marche.

« On peut aussi faire des fougasses aux angles des retranchements. Les derniers grenadiers, dans le moment qu'ils passeront la rivière, y mettront le feu. »

Ces prescriptions n'offrent rien de saillant et reproduisent les méthodes usitées à une époque où la portée des armes à feu était peu considérable. On remarquera l'emploi exagéré de la fortification. Du temps de Frédéric II, le passage des cours d'eau s'effectuait en principe à l'aide des pontons que l'armée traînait avec elle, mais souvent on avait recours à des bateaux réquisitionnés sur les deux rives du cours d'eau et réunis à l'avance sur le point choisi pour le passage. Dans ces conditions, l'opération était beaucoup plus lente que de nos jours; sans l'emploi des retranchements, la faible portée du canon eut été impuissante à maintenir l'ennemi à distance; de là cette tendance à user largement de la fortification de campagne.

Passage de la Neisse et de la Queiss en 1758. — La marche exécutée par Frédéric II en 1758, après la bataille de Hochkirch, pour gagner la Silésie avant le maréchal Daun et faire le siège de Neisse, nous offre plusieurs exemples de la façon dont les cours d'eau peuvent être utilisés pour maintenir l'ennemi sans l'aide d'aucun retranchement. Ce cas est le plus général, car une armée qui a intérêt à se porter rapidement sur un point ne perdra pas son temps à construire des têtes de pont.

Parti le 24 octobre au soir de son camp sur la petite Sprée, le roi arrive à Goerlitz avant l'armée autrichienne, s'empare de la ville, jette un fort détachement sur la rive droite de la Neisse et fait établir plusieurs ponts sur la rivière. Les Autrichiens accourent et occupent les hauteurs de Landskrone; le roi appuie sa gauche à Goerlitz et sa droite vers Ebersbach à un ruisseau encaissé. Daun renonce à déloger l'armée prussienne et charge Laudon de retarder sa marche en l'attaquant vigoureusement au moment où elle passera la Neisse. Bien que maître des deux rives de la rivière, le roi se trouve dans une situation assez difficile, le passage de la Neisse en présence de l'armée autrichienne offrant de grands dangers; cette fois encore il se tire d'affaire par une marche de nuit. Le 29 octobre dans l'après-midi, il se débarrasse de l'artillerie, des bagages et des vivres. A la nuit, l'avant-garde franchit la Neisse et prend position sur la rive droite; les troupes quittent leur camp à minuit; l'infanterie passe la rivière sur des ponts de chevalets et la cavalerie à gué. Au point du jour le passage est effectué et l'armée reprend sa marche. Laudon poursuit l'arrière-garde assez vivement pour forcer le roi à envoyer quelques régiments de cavalerie la dégager.

Le passage de la Queiss donne lieu aussi à un petit engagement ; le 1er novembre les troupes prussiennes cantonnées à Lauban partent avant le jour et se forment sur le bord de la Queiss pour couvrir le passage de l'armée ; la cavalerie passe à gué, l'infanterie sur quatre ponts de chevalets. Laudon laisse toute l'armée franchir la rivière et canonne ensuite vivement l'arrière-garde : celle-ci, conduite par le roi en personne, se retire en bon ordre.

Passage de l'Unstrutt après Rosbach. — Nous citerons encore le passage de l'Unstrutt par les débris de l'armée franco-impériale après Rosbach.

Le comte de Saint-Germain, qui commandait deux brigades d'infanterie française et un peu de cavalerie, avait été chargé d'observer le camp prussien lorsque le prince de Saxe-Hildeburg-hausen donna l'ordre d'exécuter la marche de flanc qui devait amener le désastre de Rosbach. Voyant la tournure que prend l'engagement, Saint-Germain accourt, déploie son infanterie en bon ordre et contient avec fermeté l'armée prussienne jusqu'à la nuit. Toute l'armée vaincue allait s'engager dans le cul-de-sac formé par la Saale et son affluent l'Unstrutt et y être prise ou détruite, lorsque l'arrière-garde formée par le comte de Saint-Germain s'empare du pont de Freyburg, y demeure toute la nuit pour permettre à la cohue des fuyards de s'écouler, et brûle le pont après l'avoir elle-même franchi : « L'ennemi repassa l'Unstrutt en hâte et brûla ses ponts... On travailla cependant avec tant de diligence à rétablir le pont de l'Unstrutt qu'en moins d'une heure il fut en état de servir. L'armée de M. de Soubise s'était répandue par tant de chemins qu'on ne savait par lequel la suivre. »

Cette fois encore, Frédéric II affecte de considérer le prince de Soubise comme le chef de l'armée combinée ; nous avons vu plus haut [1] ce qu'il faut penser de cette assertion.

---

1. 1re partie, chapitre XVII, *Des Batailles au point de vue stratégique.*

De la défense des cours d'eau ; conditions qu'ils doivent remplir. — Les cours d'eau dont on veut organiser la défense doivent constituer par eux-mêmes un obstacle sérieux.

« Une rivière presque généralement guéable, dont la rive ennemie se trouve dominante et dont les bords ne sont pas escarpés, ne peut être considérée comme une ligne de défense tenable. »

« Les passages des petites rivières sont plus difficiles à défendre ; il faut rendre les gués impraticables par des arbres qu'on y jette. Mais si la rive du côté de l'ennemi commande celle où vous êtes, il est inutile de faire résistance. »

Avoir soin de les faire sonder. — Quand on veut utiliser un cours d'eau comme point d'appui d'une position, il faut avoir soin de le faire sonder et ne pas s'en rapporter aux on-dit.

« C'est encore une chose très essentielle de faire sonder les petites rivières et les marais qui se trouveront à la tête ou sur les flancs de votre camp, afin qu'il ne vous arrive pas de prendre un faux point d'appui, au cas que les rivières soient guéables et les marais praticables... Il faut voir tout par ses yeux et ne pas s'imaginer que de pareilles attentions soient de peu de conséquences. »

Danger des fronts trop étendus. — Le mode normal d'attaque d'une rivière consistant à surprendre le passage par ruse, le défenseur se trouvera dans des conditions défavorables s'il est obligé de surveiller le cours d'eau sur un front trop étendu ; dans ce cas il construira des ouvrages le long de la rivière pour constituer des points d'appui.

« Rien n'est plus difficile, pour ne pas dire impossible, que de défendre le passage d'une rivière, surtout lorsque le front d'attaque est d'une trop grande étendue. Je ne me chargerais jamais d'une pareille commission, si le terrain à défendre avait plus de huit milles d'Allemagne de front, et s'il n'y avait pas dans cette distance une ou deux redoutes établies sur le bord de la rivière ; il faudrait encore qu'il n'y eût aucun endroit où l'on pût passer à gué. »

Il semble, en effet, difficile qu'une armée surveille efficacement un front de 8 milles ou environ 60 kilomètres. Si l'ennemi franchit la rivière à l'extrémité de la ligne, le défenseur aura en moyenne 30 kilomètres à parcourir pour s'opposer au passage avec toutes ses forces, si l'on suppose qu'il se tienne à peu près au centre de la ligne ; l'assaillant aura donc le temps de prendre pied sur l'autre rive et de s'y fortifier. Si le défenseur adopte la formation en cordon le long de la rivière, une partie de ses troupes arrivera trop tard sur le lieu du combat.

Organisation de la défense sur la rive amie. — Frédéric II indique les moyens à employer pour défendre le passage d'un cours d'eau soit sur la rive amie, soit sur la rive ennemie. Voici les dispositions qu'il adopte dans la première hypothèse ; on suppose un front de 8 milles, appuyé par deux redoutes, comme nous venons de le dire :

« On réunira tous les bateaux et toutes les barques qui se trouveront sur la rivière et on les fera conduire aux deux redoutes, pour empêcher que l'ennemi ne puisse s'en servir. Vous reconnaîtrez les deux bords de la rivière, pour marquer les endroits à la faveur desquels on pourrait la passer et vous les ferez démolir. Vous noterez le terrain qui pourrait protéger le passage de l'ennemi, et formerez le projet d'attaquer sur la situation de chaque terrain. Vous ferez ouvrir des chemins larges pour plusieurs colonnes sur tout le front de votre défense, pour pouvoir marcher à l'ennemi commodément et sans embarras.

« Après avoir pris toutes ces précautions, vous ferez camper l'armée au centre de votre position de défense, de sorte que vous n'ayez que 4 milles à marcher pour aller à l'une ou l'autre extrémité. Vous ferez 16 petits détachements commandés par des officiers de hussards ou de dragons les plus actifs... destinés à donner avis des mouvements de l'ennemi et de l'endroit où il tentera le passage. Pendant le jour ils placeront des gardes pour découvrir tout ce qui se passera, et la nuit ils feront d'un quart d'heure à l'autre des patrouilles près de la rivière, et ne se retireront que quand ils auront clairement vu que l'ennemi ait fait un pont et que l'armée ait passé. »

Suivent quelques détails relatifs à l'établissement de relais, à la répartition du terrain entre les généraux, etc. Frédéric recommande « de marcher avec toute la célérité possible, l'infanterie ayant la tête des colonnes, parce qu'il faut supposer que l'ennemi se soit retranché ». Grâce à ces mesures et en attaquant avec vigueur, le roi promet le succès le plus brillant.

Toutefois, Frédéric II ne se dissimule pas les difficultés d'une pareille entreprise et il les fait ressortir en ces termes :

« Autant de fois qu'on se mettra derrière une rivière pour la défendre, on en sera la dupe, parce que l'ennemi, à force de finasser, trouve tôt ou tard un moment convenable pour vous dérober son passage. Vous dépendez alors de l'activité ou de l'intelligence d'un officier qui fait la patrouille. Si vous séparez vos troupes pour garnir les endroits les plus dangereux du fleuve, vous risquez d'être battu en détail. Si vous êtes ensemble, le moins qui puisse vous arriver est de vous retirer avec confusion pour choisir un autre poste ; vous avez perdu, dans l'un ou l'autre cas, la gageure, car vous n'avez pas pu empêcher l'ennemi d'exécuter ce qu'il s'était proposé. »

Défense des cours d'eau sur la rive ennemie. Discussion. — Frédéric est donc d'avis qu'il n'y a pas lieu, en principe, de défendre la rive amie, et il propose d'organiser la défense sur la rive ennemie de la façon suivante :

« La seule façon de défendre une rivière est de l'avoir derrière soi. Il faut s'assurer d'une bonne communication établie de l'autre côté ; il faut, pour le moins, avoir deux ponts avec têtes retranchées et se porter au delà, à 6,000 pas, dans un camp si bien accommodé que l'ennemi soit battu s'il vient vous y attaquer. Je suppose même votre armée plus faible d'un tiers que la sienne. Une grande précaution à prendre est de bien faire reconnaître les chemins d'avance, même par les généraux qui doivent mener les colonnes, si cela se peut, pour prévenir autant que possible une espèce de confusion, compagne des marches nocturnes.

« Par un tel camp vous empêchez l'ennemi de passer la rivière ; s'il marche à droite ou à gauche pour la passer, il est obligé de vous abandonner ses magasins qu'il a derrière lui, ce que certainement il ne fera pas. Que lui reste-t-il donc à faire ? Il tâchera sans doute à faire traverser la rivière à quelque détachement obligé de décrire un demi-cercle pour passer ; mais vous en enverrez un en ligne droite par votre pont, qui, du côté où l'ennemi veut passer, pourra le battre en détail. Si cependant toute l'armée ennemie voulait passer à votre droite ou à votre gauche, par un mouvement simple vous n'avez qu'à le prendre à dos, et profiter de l'affreuse confusion où votre approche le mettra. Ce projet vous délivre d'inquiétude et concentre toutes vos idées sur le même point. »

Cette théorie se résume dans la phrase suivante qui constitue une véritable hérésie au point de vue tactique : « La seule façon de défendre une rivière est de l'avoir derrière soi ». Il est bien certain au contraire que tout cours d'eau non guéable constitue une sorte de fossé, d'obstacle infranchissable auquel il faut chercher à acculer l'ennemi quand il l'a franchi, après s'en être servi soi-même pour couvrir son front. Quant au passage lui-même, il ne faut guère compter l'interdire à l'ennemi, puisque celui-ci reste libre de choisir le lieu et le moment, de masquer ses desseins par de fausses attaques, des marches de nuit, etc. ; c'est au moment où l'adversaire a surpris le passage que les difficultés doivent commencer pour lui.

De ces considérations découlent pour le défenseur la conduite à tenir : il se portera en arrière du cours d'eau, à une distance suffisante pour ne conserver aucune crainte pour ses propres communications ; cette distance, qui dépendra de l'effectif des troupes de la défense, devra permettre à celles-ci d'atteindre l'assaillant avant qu'il ait eu le temps de se fortifier une fois la rivière franchie. Ces conditions limitent le front que la défense peut efficacement surveiller. Dans le cas où l'ennemi aurait entièrement effectué le passage, il reste encore au défenseur la ressource de se jeter sur lui tête baissée et de le forcer à combattre avec une rivière à dos.

Au reste, Frédéric II a souvent utilisé les cours d'eau comme obstacle défensif sur son front et il a compris tout le parti qu'on en pouvait tirer, ainsi que le prouvent les lignes suivantes :

« Le camp de Neustadt défend toute la basse Silésie contre les entreprises d'une armée qui est en Moravie. La position qu'il faut prendre est de mettre la ville de Neustadt *et la rivière en avant* du front du camp.

« Les positions *derrière les cours d'eau* sont rarement attaquées de front ; d'ordinaire l'ennemi tâche de passer ces ruisseaux ou rivières sur vos flancs ; c'est de ces deux côtés que vous devez porter vos attentions, soit pour l'attaquer à son passage, soit pour reconnaître d'avance des camps à prendre sur vos flancs et sur ceux de l'ennemi. Il faut donc sans cesse des batteurs d'estrade en chemin pour avertir de tout, et qu'un général soit toujours méfiant, qu'il prévoie tout le mal qui peut lui arriver, pour le prévenir et n'être jamais surpris. »

CHAPITRE XI.

> « Que votre retraite soit courte ; il faut rac-
> coutumer vos troupes à voir le vainqueur en
> face. »
>
> (Frédéric II.)

La retraite doit être courte : il faut reprendre rapidement l'offensive. — Comment s'exécute la retraite. — Cas où il y a un défilé à traverser. — Il faut préparer des positions de retraite. — Il faut éloigner les bagages, tenir à distance les troupes ennemies. — Comment on traverse les terrains coupés. — Retraite de Bohême en 1744 et 1745. — Danger de faire des détachements, de battre en retraite par un seul pont : Ratibor. — Danger de donner des ordres contradictoires : Hennersdorf. — On détruit le matériel qu'on ne peut emmener : Prague (1744). — Utiliser la nuit pour battre en retraite : Prague (1757). — Retraite de nuit sur Pfaffendorf. — Retraite dans un défilé. — Belle retraite d'Olmütz en 1758. — Retraite de Hochkirch.

La retraite doit être courte : il faut reprendre rapidement l'offensive. — La retraite est une opération dangereuse et difficile à mener à bonne fin.

« Les retraites sont de toutes les manœuvres les plus difficiles ; il faut éviter les découragements, la confusion, prévoir toutes les chicanes de l'ennemi et éviter la moindre négligence. »

La retraite doit être courte ; il faut refaire rapidement le moral de l'armée et la ramener à l'ennemi.

« Si vous êtes sur la défensive après une bataille perdue, que votre retraite soit courte ; il faut raccoutumer vos troupes à voir le vainqueur en face, les enhardir peu à peu, attendre le moment de venger votre affront.

« Après une bataille perdue, lors même que vous seriez plus faible du quart, il ne faut pas courir à quarante lieues en arrière, mais s'arrêter au premier poste avantageux qu'on trouvera et y faire bonne contenance pour remettre l'armée et pour calmer les esprits de ceux qui sont encore découragés.

« Aucun général ne ramène au feu ses troupes le lendemain d'une victoire ; les uns sont dans l'ivresse, les autres sont sur les dents. Plus vous reculez, plus vous abandonnez de blessés, de matériel, de terrain, plus vos soldats se débandent, plus vous augmentez la victoire. Si vous tenez ferme de près, dans peu vos soldats retrouveront leur assiette naturelle. »

Ces prescriptions très sages étaient d'une application plus facile à l'époque de **Frédéric II** qu'aujourd'hui ; la poursuite était rarement menée à fond, la portée des armes à feu était peu considérable, et les armées moins nombreuses étaient plus faciles à rassembler et à remettre en ordre.

Le roi insiste avec raison sur l'effet moral que produit la défaite et sur la nécessité de rendre le plus tôt possible aux troupes la confiance en elles-mêmes :

« Dans une bataille perdue, le plus grand mal n'est pas la perte des hommes, mais le découragement des troupes qui s'en suit ; car 4,000 ou 5,000 hommes de plus dans une armée de 50,000 ne sont pas une assez grande différence pour en perdre courage.

« Un général qui a été battu doit tâcher de revenir des fâcheuses impressions qui suivent la perte d'une bataille, et ramener par sa bonne contenance l'officier et le soldat. Il ne doit pas non plus augmenter ni diminuer sa perte. »

Comment s'exécute la retraite. — La retraite s'exécute par échelons, en utilisant le terrain.

« Une armée repoussée se retire par échelons, évacuant les positions dominées les premières ; si vous agissez autrement, vous abandonnez l'avantage du terrain à l'ennemi, ce qui est une faute irréparable, parce que vous ne profitez pas du bénéfice que la nature du terrain vous offre, et vous risquez par votre faute d'être totalement battu.

« En général, pour bien faire une retraite, le corps placé en position ne doit se replier qu'alors que celui qui se retire sur vous ne vous ait dépassé, et ensuite hâter sa marche autant que possible pour éviter tout engagement avec l'ennemi, où il n'y a qu'à perdre.

« S'il n'y a pas de défilé dans le voisinage, votre première ligne se retirera par les intervalles de la seconde, et se remettra en bataille à 300 pas derrière elle.

« Vous ramasserez tout ce qui vous restera de votre cavalerie et, si vous voulez, vous formerez un carré pour protéger votre retraite. »

Autant que possible on cherche encore, en se retirant, à menacer les communications mêmes de l'ennemi :

« Pendant la retraite même, on prend des positions si obliques qu'elles donnent toutes sortes de jalousies à l'ennemi. Les recherches qu'il en fera l'intimideront, en attendant qu'elles vous mènent indirectement à votre but. »

Cette maxime indique nettement que la retraite doit s'effectuer, non sur le gros des forces amies, mais dans une direction oblique, afin que l'ennemi vainqueur puisse être pris en flanc, soit qu'il poursuive l'armée battue, soit qu'il s'avance vers le cœur du pays.

Cas où il y a un défilé à traverser. — Lorsqu'on doit traverser un défilé en retraite, on le fait occuper à l'avance, en ayant soin de laisser le passage libre.

« Si vous avez à passer des défilés dans votre retraite, il faudra les faire occuper la veille de votre départ par de l'infanterie et la placer de façon qu'elle déborde les troupes qui, dans leur retraite, passeront le défilé, de sorte que le chemin du défilé reste libre.

« Quand vous verrez la bataille perdue sans ressource et que vous ne pourrez vous opposer aux mouvements de l'ennemi, ni lui résister plus longtemps, vous prendrez la seconde ligne de l'infanterie, et, s'il y a un défilé à portée, vous le lui ferez garnir... en y envoyant aussi autant de canons que vous le pourrez. »

Il faut préparer des positions de retraite. — On choisit, à faible distance en arrière, une seconde position sur laquelle, en cas de retraite, on puisse arrêter la poursuite de l'ennemi.

« Un général prudent aura fait reconnaître, dans le voisinage, des positions pour choisir des camps en réserve... S'il est battu, il sait d'abord où se retirer, et c'est un principe sûr que moins votre retraite est longue, plus vous y gagnerez, en rassemblant vite les troupes débandées et ne perdant pas autant de prisonniers que l'ennemi en ferait si votre retraite était longue ; cela vous procurera la facilité de sauver nombre de vos blessés. La bonne contenance que vous témoignez par une si courte retraite en impose au victorieux ; il voit que vous n'êtes pas découragé ni sans ressources ; ce parti, le plus honorable, est aussi le plus sûr, parce qu'un ennemi, tout victorieux qu'il est, n'aime pas à s'exposer si promptement après une bataille gagnée. »

Il faut éloigner les bagages, tenir à distance les troupes ennemies. — Il convient de faire filer les bagages d'avance afin de ne pas embarrasser la retraite des troupes.

« Les retraites ordinaires se font ainsi : on se débarrasse de son bagage, un ou deux jours avant de marcher, que l'on fait partir sous bonne escorte ; ensuite on règle ses colonnes sur le nombre de chemins que l'on peut tenir, et la marche des troupes sur la nature du pays. »

Pendant le combat, les bagages étaient habituellement tenus à distance du champ de bataille, sur la ligne de retraite éventuelle, prêts à s'éloigner au premier signal.

Enfin, on devra tenir en respect les troupes légères ennemies qui ne cessent de harceler l'armée en retraite.

« Quand on fait sa retraite par des plaines, on chasse les hussards par quelques volées de canon, et les pandours par des hussards et des dragons qu'ils craignent beaucoup. Les retraites les plus difficiles, où les pandours peuvent faire le plus grand dommage, sont celles où il faut passer des bois, des défilés et des montagnes. On ne peut presque éviter de perdre du monde. »

Comment on traverse les terrains coupés. — « Dans ce cas, il faut que votre avant-garde occupe les hauteurs faisant face à l'ennemi. Vous détacherez en même temps des troupes sur les flancs de la marche qui, en côtoyant l'armée, se tiendront toujours sur les hauteurs ou dans les bois. Vous aurez quelques escadrons à portée pour vous en servir quand le terrain le permettra.

« Il ne faut jamais faire de haltes dans ces sortes d'occasions, mais poursuivre toujours sa marche ; car s'arrêter est ce qui s'appelle sacrifier du monde mal à propos.

« Quand on se retire par des chemins difficiles, il faut faire de petites marches pour pouvoir prendre des précautions plus promptes et plus sages. La plus grande marche ne doit être que de deux lieues ou d'un mille d'Allemagne, et comme alors on n'est pas pressé, on peut quelquefois forcer les pandours, particulièrement quand ils ont eu l'imprudence de se fourrer dans de petits bois qu'on tourne. »

Telles sont les principales prescriptions de Frédéric II en ce qui concerne les retraites ; elles résument les mesures à prendre pour exécuter ces opérations, toujours fort délicates : marche en échelons près de l'ennemi, occupation de positions successives, formation en carré contre la cavalerie, utilisation des obstacles du terrain pour couvrir la traversée des bois et des défilés, emploi du canon pour tenir l'ennemi en respect, usage opportun de la cavalerie, embuscades et petits retours offensifs pour arrêter la poursuite ; enfin et surtout, il faut de l'ordre et du calme afin de relever le moral de la troupe. Toutes ces prescriptions sont encore d'une application pratique de nos jours, en tenant compte de la portée et de l'efficacité plus grandes des armes à feu.

Nous allons citer quelques exemples de retraite qui mettront en relief quelques points de détail.

Retraite de Bohême en 1744 et 1745. — En 1744, Frédéric II se décide à abandonner la Bohême et à rentrer dans ses États par la frontière de Silésie ; le 22 novembre, le gros de son armée est entre Pardubitz et Kœnigingrætz. Il fait prendre les devants aux malades et aux bagages afin d'alléger la marche des troupes pendant la traversée des défilés ; ceux-ci sont franchis sur trois colonnes de front, sans que l'armée soit sérieusement inquiétée.

Il n'en a pas été de même après la bataille de Soor. Frédéric II évacue la Bohême et rentre en Silésie par Schatzlar. Voici les dispositions qu'il prend pour assurer sa retraite dans un pays montagneux et difficile :

« Le 14 octobre, les bagages prirent les devants sous bonne escorte, pour rendre la marche plus légère. On posta, le 15, cinq bataillons sur les montagnes pour protéger la retraite de l'armée et lui servir ensuite d'arrière-garde. L'armée décampa le 16 ; elle marcha sur deux colonnes... Quoique toutes les hauteurs fussent garnies d'infanterie, le progrès de la marche obligeait successivement l'arrière-garde à les quitter ; les pandours profitaient alors de ces hauteurs abandonnées pour faire feu sur l'arrière-garde... Tout le corps de Du Moulin a été employé à couvrir le dernier défilé qui mène à Schatzlar par une vallée. Ce corps arrêta l'ennemi, et une attaque de cavalerie, que la petite plaine de Schatzlar permit de faire sur lui, causa une perte de 300 hommes ; il se mit à l'écart. »

Danger de faire des détachements, de battre en retraite par un seul pont : Ratibor. — Quand on bat en retraite, il faut éviter de laisser derrière soi des détachements qui affaiblissent l'armée et qui risquent d'être faits prisonniers.

En 1744, le roi abandonne le sud de la Bohême et laisse de petites garnisons à Budweis, Tabor, etc. Toutes ces garnisons, abandonnées à leurs propres forces, sont faites prisonnières : « Pour sauver 300 malades, on perdit 3,000 hommes ».

Au commencement de 1745, 3,000 Hongrois, surpris dans Ratibor, battent en retraite précipitamment par un seul pont.

« Ils tentèrent vainement de s'ouvrir un passage à la pointe de l'épée, et, cette entreprise leur ayant manqué, ils voulurent se sauver par le pont de l'Oder ; le monde qui se pressait d'y passer le fit rompre ; en même temps les Prussiens forcèrent la ville, et ce qui ne périt pas par le fer se noya ou fut fait prisonnier. »

Danger de donner des ordres contradictoires : Hennersdorf. — C'est surtout pendant les retraites qu'il faut s'efforcer de donner des instructions précises et d'éviter les ordres contradictoires, les contre-ordres. En novembre 1745, les Autrichiens, défaits à Hennersdorf, battent en retraite sur Zittau pour regagner la Bohême.

« Les coureurs rapportèrent que l'ennemi se retirait partout ; qu'on ne trouvait dans les chemins que chariots dételés, bagages renversés, chariots de poudre abandonnés, en un mot tout ce qui attestait et servait de témoignage de leur fuite. Les déserteurs, qui arrivaient en grand nombre, disaient que la confusion s'était mise dans leurs troupes à cause que, les deux derniers jours, on leur avait donné vingt ordres différents ou contradictoires.

On détruit le matériel qu'on ne peut emmener : Prague (1744). — Il faut détruire les approvisionnements et le matériel de toute espèce qu'on ne peut emmener en battant en retraite. En 1744, lè gouverneur prussien de Prague, pour n'avoir pas pris cette mesure en temps opportun, dut abandonner son gros canon à l'ennemi.

« La garnison de Prague ne suivit pas littéralement les dispositions qu'elle avait reçues. M. d'Ensiedel devait faire sauter les ouvrages de Wyssehrad et de Saint-Laurent ; il devait faire crever les canons de la grosse artillerie et en brûler les affûts, jeter dans l'eau les fusils dont la garnison de la reine avait été armée. M. d'Ensiedel crut faussement que ce premier ordre serait révoqué ; il en suspendit l'exécution jusqu'au moment de son départ : alors ce fut trop tard. Comme il vit que le moment d'évacuer la ville approchait, il assembla tous les chevaux qu'il put trouver pour emmener avec lui 42 pièces de campagne autrichiennes, à la place du gros canon qu'il fallut abandonner. »

Utiliser la nuit pour battre en retraite : Prague (1757). — Après la défaite de Kolin, l'armée prussienne lève le siège de Prague et bat en retraite la nuit par la rive gauche de la Moldau. Une partie du corps de Keith se met en marche à 3 heures du matin ; mais par suite d'un contretemps qui empêche de replier les ponts de la Moldau au moment voulu, le gros du corps d'armée ne peut lever le camp qu'à 11 heures du matin. Les Autrichiens attaquent l'arrière garde, qui est obligée de livrer un combat assez vif à Russin. Dans cette affaire, qui aurait pu avoir de graves conséquences si l'ennemi s'était engagé à fond, l'arrière-garde prussienne parvient à arrêter la poursuite des Autrichiens en perdant 200 hommes et 2 pièces d'artillerie dont les chevaux sont tués.

Retraite de nuit sur Pfaffendorf. — Avant la bataille de Liegnitz, Frédéric, trouvant sa position aventurée, résolut de battre en retraite sur le plateau de Pfaffendorf.

« On fit partir tout le bagage sous l'escorte de deux bataillons francs et de 100 chevaux qui le conduisirent heureusement à Glogau. Le roi alla reconnaître avec ses généraux la hauteur de Pfaffendorf ; il voulait y former son armée après avoir passé la Katzbach à Liegnitz, pour diriger de là sa marche sur Parchwitz. »

Cette retraite, assez délicate à exécuter à cause de la proximité de l'ennemi et de la présence d'une rivière à dos, fut menée à bonne fin grâce à une marche de nuit: l'armée prussienne avait à peine pris position sur le plateau de Pfaffendorf qu'elle y fut attaquée à l'improviste par le corps de Laudon.

Retraite dans un défilé. — Voici un exemple du danger de placer les troupes de soutien dans un défilé que traverse la ligne de retraite. En 1762, un détachement prussien de quatre bataillons et 1000 chevaux est envoyé par le prince Henri à la découverte de l'armée des Cercles qui s'avance vers Tschopa. M. de Rœder, chargé d'éclairer la marche de ce détachement, est assailli par une nuée de cavaliers et obligé de se replier. Cette retraite se serait opérée sans encombre si le commandant du détachement prussien, M. de Bandemer, « ne se fût avisé très imprudemment de passer le défilé de la Flœha pour le secourir. Cette troupe, qui bouchait le passage, augmenta la confusion et l'embarras de M. de Rœder, qui était dans la disposition de se retirer. Les Prussiens avaient à combattre contre un nombre supérieur au leur du quadruple, et le nombre, pour cette fois, triompha de la valeur ; ils perdirent, en se retirant, 4 canons et 500 hommes. »

Belle retraite d'Olmütz en 1758. — Une des retraites les plus remarquables est celle de l'armée prussienne à travers une partie de la Moravie et de la Bohême après la levée du siège d'Olmütz ; voici, d'après Frédéric II, les moyens tactiques employés pour assurer le succès de cette longue et dangereuse marche en retraite :

« La nuit du 1er au 2 juillet, le roi quitta son camp et partit avec toutes ses troupes partagées en deux colonnes. Le prince Maurice fit l'avant-garde de celle où se trouvait le roi, qui passa par Konitz, Tribau, Zwittau et vint à Leutomischl ; la seconde, sous la conduite du maréchal Keith, prit le chemin de Littau, Müglitz et Tribau. Toute cette marche jusque-là se passa sans être inquiétée par l'ennemi. Néanmoins M. de Lascy, qui campait à Gibau, voulut entreprendre sur l'arrière-garde. Elle était obligée de passer le défilé de Krenau pour marcher à Zwittau ; Lascy se saisit de ce village avec ses grenadiers ; mais il en fut promptement délogé par M. de Wied, et les troupes continuèrent leur chemin sans être inquiétées.

« Pendant que le maréchal Keith était occupé avec les ennemis et ses convois, le roi ayant pris les devants était arrivé, dès le 11, près de Kœnigingrætz. M. de Buccow couvrait cette ville avec environ 7,000 hommes qu'il avait campés derrière l'Elbe et dans des retranchements qui entouraient les faubourgs. Dès que les troupes furent arrivées, on plaça quelques bataillons vers Lhota-sur-l'Adler et l'on y construisit une batterie pour prendre à revers M. de Buccow dans ses retranchements ; en même temps, un autre corps passa l'Adler plus haut On voulait en même temps faire passer l'Elbe à un gros corps de cavalerie pour couper toute retraite aux Autrichiens ; mais les ponts ne purent être achevés que le 13 au matin ; M. de Buccow évacua la nuit même ses retranchements et la ville.

« Les premières attentions du roi furent de se débarrasser du gros bagage, qu'on avait traîné d'Olmütz à Kœnigingrætz. M. de Fouqué fut commandé avec seize bataillons et autant d'escadrons pour convoyer à Glatz l'artillerie, les blessés et les chariots superflus. L'ennemi avait déjà quelque dessein de harceler les Prussiens dans ces passages, car le même jour M. de Laudon s'était fourré avec 4,000 hommes dans le bois d'Opotschna. Le roi prit quelques troupes avec lui et marcha droit sur M. de Laudon ; l'Autrichien pensa être surpris ; mais comme le bois favorisait sa retraite, on ne put lui enlever que 100 Croates. Le roi tint le poste d'Opotschna jusqu'à ce que M. de Fouqué eût paisiblement conduit à Glatz son convoi.

« La promptitude de la marche avait donné assez d'avance pour prendre tous ces arrangements avant que le maréchal Daun pût s'approcher de l'armée prussienne. »

Il faut remarquer que les lenteurs du maréchal ont grandement favorisé la marche de Frédéric II. Celui-ci n'a eu à lutter que contre des corps détachés, notamment ceux de Laudon et de Lascy, qui tentèrent un nouveau coup de main contre l'arrière-garde prussienne à son départ de Kœnigingrætz. De son côté, le roi tendit une embuscade à Laudon au passage de la Mettau et lui fit perdre 300 hommes. Pendant ce temps, Daun se contentait de longer le cours de l'Elbe, de Kœnigingrætz à Jaromir, sans rien entreprendre de sérieux contre l'armée prussienne. Enfin le roi arriva à Politz ; le général de Retzow couvrait son flanc à Starkstadt, et le passage des montagnes s'acheva sans incident par Wernersdorf.

Retraite de Hochkirch. — La retraite de Frédéric II après sa défaite de Hochkirch s'accomplit avec un calme et un bon ordre qui font de cette manœuvre un modèle du genre.

Dès que le roi voit la bataille perdue et son aile droite forcée d'évacuer Hochkirch sous la menace d'être prise à revers, il fait occuper sur ses derrières le défilé de Drehsa par de l'infanterie et de l'artillerie ; une partie de la cavalerie passe en réserve, le reste prend position dans la plaine pour s'opposer à un mouvement tournant contre l'aile droite de la nouvelle position. Pour donner le temps de se replier au général de Retzow, aventuré avec l'aile gauche près de Wissenberg, le roi porte une brigade sur les hauteurs entre Rodewitz et Pomritz et fait occuper, en avant, les collines de Küpriz et de Niethen. Cette forte position arrête le duc d'Ahrenberg qui essaie en vain de forcer le centre de l'armée prussienne ; Retzow, faiblement poussé par le prince de Durlach, a le temps de se dégager et gagne Cannewitz.

Le but du roi est atteint ; il ordonne définitivement la retraite et celle-ci s'exécute en bon ordre. La cavalerie prend position entre Belgern et Kreckwitz ; derrière elle défilent les bagages, puis l'infanterie qui traverse la rivière et occupe les mamelons de Spitzbergen ; quatre bataillons postés entre Belgern et Würschen protègent la retraite de Retzow, qui forme à son tour l'arrière-garde et se retire sur Klein-Bautzen. Enfin, en dernier lieu, la cavalerie traverse la Sprée sous la protection de deux bataillons embusqués dans les villages de Kreckwitz, Burschwitz et Klein-Bautzen.

CHAPITRE XII.

> « Mais à quoi servira l'art de vaincre si
> vous ne savez pas profiter de votre avan-
> tage ? »
>
> (Frédéric II.)

Frédéric II n'a jamais mené la poursuite à fond. — Frédéric II a rarement organisé la poursuite après un succès ; jamais il ne l'a menée à fond. Il allègue tantôt l'épuisement de ses troupes, tantôt l'heure avancée de la journée, ou encore la nécessité de ménager ses forces pour entreprendre d'autres opérations. Lui-même déclare qu'il lui est difficile de ramener ses troupes au combat après un premier succès : « J'ai souvent eu des succès et j'ai toujours trouvé beaucoup de difficultés alors de ramener les troupes au feu ; elles en sont dégoutées et rebutées, et il faut au moins un intervalle de quelques jours pour les exposer à un nouveau péril. »

Il faut reconnaître qu'à cette époque la poursuite était rarement pratiquée à fond ; les meilleurs esprits redoutaient qu'un excès de fatigue ne finît par compromettre les résultats obtenus. « Ne vous laissez jamais emporter par trop de valeur... Point de ces poursuites précipitées ni poussées trop loin, qui épuisent les forces de l'infanterie et de la cavalerie, ce qui prive de la possibilité de résister, pour peu que l'ennemi que l'on rejoint enfin veuille se défendre[1]. »

---

[1] Prince DE LIGNE.

Il en reconnaît cependant toute l'importance. — L'importance de la poursuite n'a pas échappé à Frédéric et il en a proclamé hautement la nécessité :

« Profitez des batailles gagnées, poursuivez l'ennemi à outrance, et poussez vos avantages aussi loin que vous pouvez les étendre, car ces événements heureux ne sont pas communs. »

« Si vous avez des avantages, tirez-en tout le profit possible et punissez l'ennemi de ses moindres fautes, comme si vous étiez son pédagogue. »

« Mais à quoi servira l'art de vaincre, si vous ne savez pas profiter de votre avantage ?... Ne pas poursuivre l'ennemi dans de certaines occasions, pour augmenter sa peur ou faire plus de prisonniers, c'est remettre au hasard une affaire qui vient d'être décidée.

« Cependant le défaut des subsistances et les grandes fatigues peuvent vous empêcher de poursuivre les vaincus. C'est la faute du général quand il manque de vivres... Quant aux fatigues, si elles n'ont pas été excessives, il faudra dans des occasions extraordinaires faire aussi des choses extraordinaires.

« ... Il faut donc, avec quelques jours de vivres, poursuivre vivement le vaincu pendant plusieurs marches. Chaque jour l'affaiblira de quelques milliers d'hommes, et bientôt il ne lui restera plus de corps assemblé, surtout s'il a perdu son bagage. Ainsi, dans peu de campagnes, on fait beaucoup de chemin. Mais cela n'est pas facile ; nombre d'officiers sont si aises que la bataille soit finie et l'on a tant de peine à leur inspirer cette nouvelle ardeur de poursuivre ! »

Comment le roi comprend la poursuite. — La façon dont le roi comprend la poursuite diffère selon que la victoire est plus ou moins complète :

« Après une victoire remportée, je veux qu'on fasse un détachement des régiments qui ont le plus souffert, puis qu'on ait soin des blessés, et qu'on les fasse transporter aux hôpitaux qu'on aura déjà établis. On commence par soigner ses blessés, sans oublier ce que l'on doit à l'ennemi qui, dans la première consternation, ne tiendra pas, pourvu qu'on ne lui donne pas le temps de respirer. Quand vous aurez pourvu à toutes choses, vous ferez marquer le camp ; mais il faut que cela se fasse dans les règles, sans se laisser endormir par la sécurité.

« Si la victoire a été complète, on pourra faire des détachements, soit pour couper la retraite à l'ennemi, soit pour lui enlever ses magasins, ou pour assiéger trois ou quatre villes à la fois. Je ne puis que donner des règles générales sur cet article, il faudra se guider sur les événements ; il ne faut jamais s'imaginer avoir tout fait tant qu'il y a encore quelque chose à faire, et il ne faut pas croire, non plus, qu'un ennemi un peu habile manque de profiter de vos fautes, quoiqu'il ait été vaincu. »

Rôle de la cavalerie. — Dans la poursuite, c'est à la cavalerie qu'appartient le rôle principal.

« L'aile victorieuse de votre cavalerie ne laissera pas le temps à celle de l'ennemi de se rallier, mais la poursuivra en ordre et tâchera de la couper de son infanterie. Quand le désordre sera général, le commandant de la cavalerie lâchera après eux les hussards, qu'il fera soutenir par la cavalerie. Il détachera en même temps des dragons du côté du chemin que les fuyards de l'infanterie auront pris, pour les ramasser et pour faire un plus grand nombre de prisonniers en leur coupant toute retraite. »

« On poursuivra l'ennemi jusqu'au delà du camp et on lâchera toute la cavalerie après lui pour profiter du désordre et de la confusion où il sera.

« Si l'ennemi avait abandonné ses armes, il faudrait laisser un gros détachement pour la garde du camp et, sans s'amuser à piller, poursuivre l'ennemi avec toute la chaleur possible ; d'autant plus qu'une si belle occasion de détruire entièrement une armée ne se présentera pas sitôt, et qu'on sera maître pendant toute la campagne de faire tout ce qu'on voudra. »

Poursuite en plaine, en pays de montagnes. — Les pays de plaine favorisent la poursuite.

« Si vous vous battez dans un pays de plaine, poursuivez l'ennemi avec toute l'ardeur possible, ne vous reposez point que votre cavalerie n'ait entièrement dispersé la sienne ; harcelez-le toujours, ne lui donnez point de relâche, au bout de quelques jours vous aurez détruit la plus grande partie de son infanterie et pris tout son bagage. »

En pays de montagnes la poursuite sera plus circonspecte.

« Si le théâtre de la guerre s'est établi dans un pays de montagnes, où votre cavalerie devient presque inutile, et si vous avez mis l'ennemi en fuite, vous ne pourrez pas le poursuivre bien loin ; tandis qu'il court en désordre et vite, vous devez le suivre en ordre et lentement, ce qui lui donne le temps d'occuper quelque défilé pour couvrir sa retraite. S'il se jette dans des gorges de montagnes, gardez-vous de le suivre à la piste ; il ne faut jamais enfourner les défilés sans être maître des hauteurs aux deux côtés ; l'on risquerait d'être entièrement défait dans quelque vallon dont l'ennemi aura su occuper les cimes. »

Attaque de l'arrière-garde ; comment agissaient les Pandours. — Si l'ennemi se couvre par une arrière-garde, on attaque celle-ci quand elle est en marche :

« Si vous attaquez l'arrière-garde d'une armée battue, réglez-vous sur le terrain ; si elle est bien postée, il faut la respecter ; si elle est en marche, entourez-la de tous côtés et tombez dessus avec impétuosité. Si cette arrière-garde est battue, vous ferez autant de prisonniers que vous vous donnerez la peine d'en recueillir. »

Frédéric II rend justice à l'infanterie légère autrichienne chargée de poursuivre ses arrière-gardes :

« Les Pandours se jettent à terre et tirent ; on ne voit pas d'où partent les coups, et quand la marche de l'armée oblige l'arrière-garde et les pelotons détachés de suivre et de quitter les hauteurs, alors ils s'en emparent et, étant à couvert, ils fusillent ceux qui se retirent. Ni le feu de la mousqueterie, ni le canon chargé à cartouches ne peuvent leur faire grand mal, étant éparpillés et cachés derrière les hauteurs et les arbres. »

Exemples de poursuites à l'époque de Frédéric II : Soor et Liegnitz. — Un rapide coup d'œil sur les principales batailles livrées par Frédéric II va nous montrer comment il a appliqué ses propres maximes.

Parmi les victoires qu'il a remportées, celles de Soor et de

Liegnitz ne comportaient pas de poursuite. En effet, à Soor,
l'armée prussienne bat en retraite de Bohême en Silésie, lorsqu'elle est attaquée le matin au moment où elle lève le camp
pour reprendre sa marche : le roi inflige une défaite à l'armée
autrichienne et continue son mouvement de retraite sans se
laisser entraîner à une poursuite qui l'eût éloigné de son objectif. A Liegnitz, Frédéric, en marche sur Breslau et serré de
près par l'armée autrichienne, est assez heureux pour battre un
corps ennemi, celui de Laudon, qui cherche à le devancer sur la
route de Silésie; mais, après son succès, le roi ne peut songer,
en présence du gros de l'armée ennemie intact, à se lancer sur
les traces de Laudon, et il continue sa marche sur Breslau que
menace l'armée russe. Dans ces deux cas, l'absence de toute
poursuite s'explique donc par des considérations stratégiques,
mais il n'en est pas de même après les autres victoires de Frédéric, et l'on peut s'étonner que le roi n'ait pas cherché à diriger
contre ses adversaires battus une vigoureuse poursuite.

Poursuite après Mollwitz, Czaslau et Hohenfriedberg. — La
journée de Mollwitz a eu pour Frédéric II des résultats moraux
plus grands que les avantages matériels qu'elle lui a procurés;
la poursuite, en particulier, a été nulle. Frédéric en donne la
raison suivante : « La nuit empêcha les Prussiens de poursuivre
leurs avantages au delà du village de Laugwitz ». Ajoutons que
Mollwitz a été surtout un engagement de cavalerie et que cette
arme faisait défaut à la fin de la bataille; d'autre part, l'inaction
du duc de Holstein à 20 kilomètres du champ de bataille ne
permettait pas au roi de tirer de sa victoire tout le parti possible. Enfin c'était sa première bataille et son premier succès :
on peut croire qu'il en fut lui-même surpris, et ce résultat était
d'autant plus heureux pour lui qu'il s'était placé, dès le début
de la campagne, dans une situation critique et avait failli être
coupé de sa base d'opérations.

A Czaslau, les Prussiens suivent l'ennemi qui s'arrête près du
village de Haber, dans une forte position, à trois milles du
champ de bataille. « Mais lorsque leur avant-garde parut vers
le soir aux environs de Habr, dès la nuit même le prince de
Lorraine en décampa et se jeta par de grands bois sur le chemin
de Teutschbrod. Les troupes prussiennes, qui ne pouvaient s'en-

foncer plus avant en Bohême faute de vivres, allèrent se camper à Kuttenberg pour être à portée de leurs magasins ». Ainsi à Mollwitz c'est la nuit, à Czaslau c'est le manque de vivres qui arrête la poursuite; le roi commence à savoir vaincre, il ne sait pas encore profiter de la victoire.

Après l'affaire de Hohenfriedberg, le gros de l'armée autrichienne bat en retraite sur Kander, les Saxons s'écoulent sur Seifersdorf, les généraux de Wallis et de Nadasty, qui formaient l'arrière-garde avant l'engagement, rétrogradent sur Hohenfriedberg et y prennent position pour couvrir la retraite. Les Prussiens n'osent attaquer les collines et arrêtent la poursuite à hauteur de Kander. Le roi explique cette conduite par la fatigue de ses troupes, le manque de munitions et la belle contenance de l'arrière-garde autrichienne; cependant sur 64 bataillons prussiens, 27 seulement avaient donné.

Poursuite après Lowositz et Prague. — La bataille de Lowositz a été presque indécise; l'armée autrichienne, en renonçant à marcher au secours des Saxons par la rive gauche de l'Elbe et en se mettant en retraite, s'avouait vaincue. De son côté, Frédéric II couchait sur le champ de bataille pour affirmer sa victoire, mais il renonçait à poursuivre son adversaire et même à franchir l'Elbe, et il se fortifiait dans son camp de Lowositz. Cette fois l'absence de poursuite s'explique par le résultat à peu près nul de l'engagement au point de vue tactique.

A la bataille de Prague, une partie de l'armée autrichienne put s'échapper vers le sud, rejoindre l'armée en formation du maréchal Daun et prendre part à la bataille de Kolin; la plus grande partie de l'armée du prince de Lorraine, refoulée dans Prague par les progrès de l'aile gauche prussienne, aurait pu être prise à dos et coupée de la place si le prince Maurice, qui avait ordre de franchir la Moldau près de Branick, n'avait manqué de pontons pour opérer ce passage. On peut dire que la poursuite des Prussiens a été à peu près nulle : ce fait s'explique en partie par l'épuisement de l'armée victorieuse et principalement de sa cavalerie. Il faut bien reconnaître cependant que cette fois encore Frédéric II n'a pas su tirer de sa victoire tout le parti possible. Il ignorait si bien la direction suivie par le gros de l'armée ennemie que le lendemain, 7 mai, ayant fait sommer la ville de Prague de se rendre, il apprit avec étonnement que le prince de Lorraine l'occupait avec 40,000 hommes.

Poursuite après Rosbach et Leuthen. — A. Rosbach même, Frédéric II n'a pas profité de tous les avantages que lui offrait la situation. Une grande partie de son infanterie est restée immobile et n'a pas pris part à l'engagement. « Pendant cette action, 10 bataillons de la droite des Prussiens avaient gardé le fusil sur l'épaule sans charger : le prince Ferdinand de Brunswig, qui les commandait, n'avait pas quitté le marais de Braunsdorf ». Pendant ce temps, l'armée franco-impériale complètement débandée s'écoule par l'unique pont de Freyburg, sous la protection d'une arrière-garde française composée de deux brigades d'infanterie et d'un peu de cavalerie; l'attitude énergique de cette troupe et de son chef, le comte de Saint-Germain, suffit pour arrêter les progrès des Prussiens; les débris de l'armée vaincue franchissent l'Unstrutt, et l'arrière-garde fait sauter le pont de Freyburg.

Les explications que donne le roi sur ce point sont loin d'être concluantes; en parlant du dernier engagement de la journée, il s'exprime ainsi : « Il était 6 heures du soir quand ce choc se donna; le temps était couvert et l'obscurité si grande, qu'il y aurait eu de l'imprudence à poursuivre l'ennemi, quelle que fût la confusion dans laquelle il poursuivait sa déroute. Le roi se contenta d'envoyer à ses trousses différents partis de cuirassiers, de dragons et de hussards dont aucun ne passait 30 maîtres ». On ne comprend pas pourquoi ni la cavalerie victorieuse du roi de Prusse ni les 19 bataillons restés spectateurs de l'engagement n'ont essayé de franchir les quelques lieues qui les séparaient de l'Unstrutt, en passant sur le ventre de la petite arrière-garde française : ils auraient fait sauter le pont de l'Unstrutt et coupé la retraite à l'armée franco-impériale.

Leuthen est la plus belle victoire de Frédéric II, mais la poursuite aurait pu être menée avec plus de vigueur. Zieten, chargé de cette opération de concert avec Fouquet accouru de Glatz, ne fit que 2,500 prisonniers. La bataille finit à la tombée du jour, et le lendemain dans l'après-midi le prince de Lorraine put se retirer par Schweidnitz sur la Bohême sans être sérieusement inquiété. Le roi dit bien : « Si le jour n'eut pas enfin manqué aux Prussiens, cette bataille aurait été la plus décisive de ce siècle », mais la plupart des batailles finissant à la nuit, il n'y aurait donc jamais de poursuite? En admettant que la fatigue et l'obscurité aient arrêté momentanément la marche de l'armée victorieuse, elle devait conserver le contact la nuit, reprendre la poursuite avec vigueur à la pointe du jour et atteindre les groupes ennemis désorganisés avant qu'ils aient pu gagner les défilés de la Bohême; la situation de l'armée prussienne, placée entre ces défilés et l'armée autrichienne, augmentait encore pour celle-ci les difficultés de la retraite.

On a cherché à expliquer l'insuffisance de poursuite que l'on remarque après les succès de Frédéric II par la nécessité de marcher contre d'autres ennemis : « Frédéric ne pouvait jamais poursuivre énergiquement sa victoire, parce qu'il avait à accomplir aussitôt de nouvelles marches pour arrêter un autre ennemi[1] ». Cette explication ne saurait trouver sa place ici, car la bataille de Leuthen, livrée le 5 décembre, marque la fin de la campagne de 1757, bien que, avant de prendre ses quartiers d'hiver, le roi ait encore fait investir Liegnitz et commencé le blocus de Schweidnitz.

Poursuite après Zorndorf et Torgau. — La bataille de Zorndorf avait été trop sanglante, la victoire trop chèrement achetée pour que le roi pût songer à la poursuite. Son seul désir était de voir l'armée russe s'éloigner et il n'avait aucun intérêt à la poursuivre, en admettant même que l'épuisement de sa propre armée ne le lui interdît pas. Des intérêts pressants le rappelaient en Saxe où l'armée du maréchal Daun grossissait; une nouvelle attaque contre l'armée russe pouvait tout remettre en question en arrêtant la retraite de celle-ci. Le roi a allégué aussi le manque de munitions : « Le lendemain, 26, l'armée du roi prit une position très proche de l'armée russe; on n'était qu'à 1200 pas les uns des autres. Si l'on avait eu suffisamment de munitions, on les aurait attaqués ». Mais l'armée prussienne était dans l'impossibilité de barrer la route aux Russes et elle a dû les laisser défiler sous ses yeux pour regagner leur ligne de

---

[1] Rustow.

retraite ; l'intrépidité avec laquelle les Russes s'étaient battus fit réfléchir Frédéric ; leur aspect farouche, leurs cris sauvages, l'incendie semé de tous côtés par les Cosaques, pouvaient impressionner les troupes prussiennes ; enfin, les ressources du roi s'épuisaient, ses meilleures troupes avaient disparu et il devenait de plus en plus difficile de les remplacer. Tous ces motifs expliquent suffisamment l'absence de toute poursuite après la victoire, du reste peu décisive, de Zorndorf.

A Torgau, la victoire fut aussi un instant indécise. Daun, se croyant vainqueur, rentra dans Torgau et s'empressa d'annoncer à Vienne son succès. Le combat ne cessa qu'à la nuit close ; les Autrichiens restaient maîtres d'une partie du champ de bataille, et Daun pouvait recommencer la lutte le lendemain, mais à minuit il se décida à donner le signal de la retraite. Le général de Hülsen, chargé de la poursuite avec 10 bataillons et 25 escadrons, occupa Torgau sans coup férir ; les Autrichiens se retirèrent sur la rive droite de l'Elbe, protégés par le corps du général Beck, qui n'avait pas combattu la veille et, cinq jours après, ils repassèrent sur la rive gauche pour gagner les environs de Dresde. L'armée royale se contenta de les suivre, après avoir pris elle-même un peu de repos. On peut donc dire qu'à Torgau il n'y a pas eu, à proprement parler, de poursuite.

Comment les Autrichiens et les Russes pratiquaient la poursuite. — De leur côté, les Autrichiens et les Russes n'ont jamais poursuivi à fond après un succès. A Kolin, le maréchal Daun poursuit mollement l'armée prussienne qui bat en retraite sur plusieurs colonnes trop éloignées les unes des autres pour se prêter assistance. Après Hochkirch, l'armée autrichienne reste immobile en face des Prussiens campés sur le plateau de Spitzbergen et leur laisse reprendre la marche sur la Silésie ; enfin, après la sanglante bataille de Kunersdorf la situation de Frédéric II eut été des plus critiques si l'armée austro-russe avait montré dans la poursuite le même acharnement que pendant la bataille. Quelques escadrons autrichiens se lancèrent seuls à la poursuite du roi ; celui-ci put rassembler à la hâte les débris de son armée, les réorganiser, franchir l'Oder et se retirer sur Berlin. La bataille a eu lieu le 12 août ; l'armée victorieuse est restée inactive sur les bords de l'Oder jusqu'à la fin du mois.

Ainsi, du côté des Autrichiens et des Russes, comme du côté des Prussiens, les principes relatifs à la poursuite étaient ignorés ou méconnus, et c'est là un des traits qui caractérisent la tactique du XVIIIe siècle.

Explications données par Frédéric. — Voici comment Frédéric II s'exprimait en 1754 pour expliquer l'absence de poursuite après la guerre de la Succession d'Autriche :

« La vraie raison pour laquelle je n'ai pas suivi les ennemis, c'est que je ne me suis jamais trouvé des provisions assez abondantes pour marcher en avant. D'ailleurs, la première bataille que j'ai donnée est celle de Mollwitz. Il régnait dans nos troupes beaucoup de volonté, un grand fonds de discipline, mais peu avaient fait la guerre. J'étais absolument novice et le maréchal de Schwerin, le seul en état de me bien guider, était alors brouillé (avec moi) ; sans lui j'étais perdu ; lui seul a réparé les fautes et gagné la bataille. Nous étions cette fois trop heureux de n'être pas battus pour pousser au delà de notre ambition. A Czaslau, je suivis, autant que je pus, les ennemis avec mon infanterie sans vouloir la débander. A la vérité, si ma cavalerie n'eut pas été dans le désordre... je l'eusse poussée en avant, mais les têtes n'étaient pas assez rassises pour leur confier une pareille besogne.

« Il faut que je joigne toujours l'esprit de conservation à celui de conquête et que je ne hasarde jamais rien, n'étant pas, comme la France, en état de supporter de grandes pertes. Des places fortes en Flandre, le Rhin du côté de l'Alsace, les Alpes d'un autre, enfin les ressources infinies que fournit l'intérieur d'un État aussi puissant lui permettant de perdre des batailles et de courir des risques ; il n'en est pas de même de moi[1]. »

Résumé. — En résumé, Frédéric II a laissé des instructions très nettes sur la conduite à tenir après un succès et il a compris toute l'importance de la poursuite, mais il ne l'a jamais pratiquée à fond. Il faut en chercher la raison non seulement dans l'insuffisance de ses ressources et de ses moyens d'action, comme

---

[1] G. ROUSSET, *loc. cit.*

il l'explique lui-même, mais aussi dans le caractère particulier
des guerres de cette époque. Les hostilités s'éternisaient, les
campagnes succédaient aux campagnes, quelquefois même les
négociations continuaient pendant les opérations militaires. En
un mot, la guerre avait le caractère d'une querelle entre deux
chefs d'États, non celui d'un duel entre deux peuples ; après un
succès, le vainqueur réservait ses forces pour continuer les opérations et attendait que l'effet moral, produit par sa victoire,
déterminât son adversaire à renoncer, du moins provisoirement,
à la lutte.

Il faut remarquer aussi que l'armée vivait sur ses magasins et
ne pouvait s'en éloigner beaucoup, même après un succès. Enfin
le rôle considérable joué par la cavalerie sur le champ de bataille la mettait souvent dans un tel état d'épuisement qu'il devenait difficile de lui confier un rôle sérieux dans la poursuite.

CHAPITRE XIII.

SIÈGES ET BLOCUS.

> « De nos jours, les forteresses ne se prennent plus que par une nombreuse artillerie. »
>
> (FRÉDÉRIC II.)

L'art des sièges reste stationnaire. — Idées générales de Frédéric II; importance de la guerre de mines. — De l'attaque par surprise; attaque des petites places. — Supériorité des ingénieurs français : Gribeauval. — Principaux sièges et blocus de cette époque. En 1741 : prise de Breslau, Glogau et Ohlau. — Les Prussiens lèvent le siège de Neisse; reddition de Brieg et de Neisse. — En 1744, prise de Prague. — En 1745 : Kosel et Dresde; belle défense de Neustadt. — En 1756, Dresde ouvre ses portes. — En 1757 : blocus de Prague. — Les Autrichiens enlèvent Schweidnitz; perte et reprise de Breslau. — En 1758, reprise de Schweidnitz. — Siège d'Olmütz. — Levée des sièges de Neisse et de Dresde. — En 1759, Dresde capitule, perte et reprise de Torgau. — En 1760, perte de Glatz, tentative pour reprendre Dresde. — Sièges de Breslau, Torgau, Wittenberg et Colberg; prise de Berlin. — Prise et reprise de Schweidnitz en 1761 et en 1762.

L'art des sièges reste stationnaire. — A l'époque de Frédéric II, les armées vivaient principalement sur leurs magasins; elles étaient donc obligées de renouveler souvent leurs approvisionnements, de telle sorte que la présence d'une place forte ennemie sur leur ligne de communication devenait un véritable danger pour elles; d'où la nécessité d'assiéger ou tout au moins d'investir non seulement les places situées sur cette ligne de communication, mais aussi les places voisines d'où l'ennemi eût inquiété les convois de ravitaillement. Une fois maître de ces places, on y transportait les magasins qui se trouvaient ainsi à l'abri d'un coup de main. Aussi les Prussiens ont-ils eu à faire ou à subir sous Frédéric II de nombreux sièges, et cependant leurs ingénieurs militaires ont réalisé peu de progrès pendant cette période. On peut dire que cette branche de l'art militaire a été délaissée par le roi, dont le caractère actif et entreprenant s'accommodait mal des lenteurs d'un siège en règle. L'artillerie de siège, restée stationnaire, n'imposait d'ailleurs aucun progrès à la fortification.

Idées générales de Frédéric II; importance de la guerre de mines. — Les idées générales de Frédéric II sur l'état des sièges étaient celles de son temps; on verra toutefois par les lignes suivantes qu'il se rendait bien compte de l'importance de la guerre de mines et du rôle prépondérant de l'artillerie dans l'attaque des places :

« Les ingénieurs recommandent d'embrasser les ouvrages qu'on attaque, afin d'avoir la supériorité du feu sur celui de la place, de ricocher, d'enfiler les lignes de prolongation, de faire que votre première parallèle déborde de beaucoup les autres pour leur servir de base et d'appui, et de sortir de votre troisième parallèle par des boyaux, pour vous loger sur le chemin couvert. Vos deux lignes sont donc vos parallèles; du côté où vous voulez agir, vous soutenez par des batteries les colonnes d'attaque, comparables à ces boyaux de sape que l'on pousse sur les saillants des glacis.

« Les règles veulent qu'on embrasse, le plus qu'il est possible, les ouvrages et les polygones des places qu'on attaque.

« C'est surtout l'art des mines qui a fait les plus grands progrès », écrivait Frédéric II en retraçant l'état de l'Europe en 1740, « on étend les rameaux du chemin couvert à 30 toises du glacis; les places bien minées ont des galeries majeures et commandantes. Les rameaux sont à trois étages. Le mineur peut faire sauter le même point de défense jusqu'à sept fois. Pour les attaques, on a inventé les globes de compression qui, s'ils sont bien appliqués, ruinent toutes les mines de la place à une distance de 25 pas du foyer. C'est dans les mines que consiste à présent la véritable force des places, et par leur usage que les gouverneurs pourront le plus diriger la durée des sièges.

« De nos jours les forteresses ne se prennent plus que par une nombreuse artillerie. On compte trois pièces sur chaque batterie pour démonter un canon des ouvrages; on ajoute à de si nombreuses batteries celles de ricochet qui enfilent les lignes de prolongation, et à moins de 60 mortiers employés à ruiner les défenses, on ne se hasarde guère à assiéger une place forte. Les demi-sapes, les sapes ordinaires, les sapes tournantes, les places d'armes et les cavaliers de tranchée sont autant de nouvelles inventions dont on se sert pour les attaques, qui, en épargnant le monde, accélèrent la reddition des forteresses. »

Dé l'attaque par surprise. Attaque des petites places. — « Pour surprendre une ville, il faut qu'elle soit mal gardée et peu fortifiée ; encore ne pourrait-on la surprendre qu'en hiver et pendant la gelée, si elle a des fossés remplis d'eau.

« On surprend les villes avec toute une armée… ou après en avoir endormi la garnison par un blocus qui traîne en longueur.

« La règle principale est de bien connaître les fortifications et les intérieurs de la place pour diriger son attaque sur la situation locale.

« Si l'on veut prendre de petites places, on fait pétarder les portes. On envoie en même temps des détachements à toutes les autres pour empêcher que la garnison ne se sauve. Si l'on veut y employer du canon, il faut le placer de sorte que les canonniers ne soient pas exposés à la mousqueterie, autrement on risque de perdre le canon. »

Supériorité des ingénieurs français : Gribeauval. — Malgré son esprit de dénigrement systématique à l'égard de tout ce qui vient des Français, le roi rend justice à leur supériorité en cette matière.

« La force des armes françaises consiste dans les sièges ; ils sont les plus habiles ingénieurs de l'Europe.

« L'art de l'attaque et de la défense des places est encore dû aux Français. Vauban surtout perfectionna la fortification ; il rendit les ouvrages rasants et les couvrit tellement par le glacis que, pour établir des batteries de brèche, si l'on ne les place pas à présent sur la crête du chemin couvert, les boulets ne sauraient parvenir au cordon de la maçonnerie qu'ils doivent ruiner. Depuis Vauban, on a construit des chemins couverts maçonnés doubles, et peut-être a-t-on même trop multiplié les coupures. »

Frédéric reconnaît également la supériorité de Gribeauval qui défendit Schweidnitz contre les Prussiens en 1762 :

« Lefebvre faisait de la part des Prussiens les fonctions d'ingénieur en chef ; il avait en tête un des premiers ingénieurs du temps, nommé Gribeauval, qui défendait la place. Lefebvre voulut crever les mines des assiégés en faisant usage de la nouvelle invention du globe de compression. Gribeauval lui en éventa deux ; cela lui fit perdre la tramontane, et le roi fut obligé de se mêler du détail du siège et de la direction des travaux. »

Principaux sièges et blocus de cette époque. En 1741 : prise de Breslau, Glogau et Ohlau. — Nous allons jeter un rapide coup d'œil sur les principaux sièges et blocus de cette époque, afin de mettre en relief les procédés employés dans ce genre de guerre.

Au début des hostilités, pendant l'hiver de 1740-1741, Frédéric II se présente devant Breslau, principale place forte de la région. Le 1er janvier 1741, il s'empare des faubourgs sans résistance, jette des troupes sur la rive droite de l'Oder et fait sommer la ville. Celle-ci, peu disposée à se défendre, se rend à la suite d'un incident que le roi raconte ainsi :

« Le zèle de la religion luthérienne abrégea toutes les longueurs de cette négociation : un cordonnier enthousiaste subjugua le petit peuple, lui communiqua son fanatisme et le souleva au point d'obliger les magistrats à signer un acte de neutralité avec les Prussiens et à leur ouvrir les portes de la ville. »

Breslau allait devenir un point d'appui très important pour la conquête de la Silésie et la principale base d'opérations du roi dans les campagnes suivantes; plus tard, grâce à sa situation sur l'Oder, cette place devint le plus grand centre d'approvisionnements de toute la Silésie.

Les petites places, comme Glogau et Ohlau, n'offrirent pas de résistance sérieuse; la première avait « une enceinte médiocre, environnée d'un mauvais rempart dont la moindre partie était revêtue. Son fossé pouvait se passer en plusieurs endroits. »

« La cavalerie même franchit les remparts, tant les ouvrages étaient tombés en ruine. »

Quant à Ohlau, « elle était entourée d'un mauvais rempart à demi éboulé et d'un fossé sec; le château qui vaut un peu mieux, ne peut se prendre qu'avec du canon. Pendant qu'on se disposait à donner un assaut général, le commandant capitula. »

Les Prussiens lèvent le siège de Neisse; reddition de Brieg et de Neisse. — Neisse était mieux défendue; aussi le roi renonçat-il à en faire le siège en règle; la rigueur de la température lui servit de prétexte.

« La saison rigoureuse s'opposait aux opérations d'un siège formel; il ne restait donc, pour s'en emparer, que l'assaut, le bombardement ou le blocus. Roth[1] avait rendu l'assaut impraticable; il faisait arroser les remparts d'eau qui se gelait tout de suite; il avait meublé les bastions et les courtines de quantités de solives et de faux pour repousser les assaillants, ce qui fit renoncer à l'assaut. On essaya de bombarder la ville; on y jeta 1200 bombes et 3,000 boulets rouges, le tout en vain; la fermeté de ce commandant obligea les Prussiens d'abandonner cette entreprise et d'entrer en quartiers d'hiver. »

Voilà où en était l'art des sièges dans l'armée prussienne au début des guerres de Frédéric II.

A la suite de la bataille de Mollwitz, la petite place de Brieg capitule, huit jours après l'ouverture de la tranchée, lorsqu'il n'y avait encore aucune brèche aux ouvrages. Neisse capitule à son tour après un semblant de défense; l'armée autrichienne s'étant retirée en Moravie, le roi entreprend le siège de Neisse pour la forme et la place se rend au bout de douze jours. Les Prussiens la fortifient et en font un des boulevards de leur nouvelle frontière.

En 1744, prise de Prague. — Frédéric II envahit la Bohême en 1744 et investit Prague. La tranchée est ouverte le 10 septembre sur trois points différents; le 15, les écluses de la Moldau sont détruites par les bombes des assiégeants et la rivière devient guéable. Le 16, le général de Harsch, craignant un assaut, capitule avec 12,000 hommes de garnison. Telle avait été la faiblesse de la défense que les Prussiens perdirent seulement 40 morts et 80 blessés! Et cependant la possession de cette place était de la plus grande importance pour les Prussiens, auxquels elle fournissait un point d'appui solide pour leurs opérations ultérieures et un centre de ravitaillement de premier ordre.

Notons, en passant, que la garnison de Prague fut conduite en Silésie et répartie entre les places de cette province, c'est à

---

[1] Le gouverneur autrichien.

dire incorporée à l'armée prussienne ; le roi augmentait ainsi son armée des prisonniers faits à l'ennemi, lorsqu'il ne pouvait les échanger contre ses propres soldats.

En 1745 : Kosel et Dresde ; belle défense de Neustadt. — L'année suivante, la place de Kosel est enlevée par les Hongrois. Le roi attribue ce résultat à la trahison d'un officier de la garnison qui déserta : « Ce traître apprit aux ennemis que le fossé n'était pas perfectionné, et qu'il était guéable sur l'angle d'un bastion qu'il leur indiqua. »

Après la bataille de Kesselsdorf, Dresde ouvre ses portes aux Prussiens sans essayer de se défendre ; il faut chercher les motifs de cette conduite dans la lassitude générale et la probabilité d'une paix prochaine, pour laquelle des négociations étaient ouvertes depuis longtemps. Frédéric II tenait beaucoup à la possession de cette ville qu'il comptait annexer d'une façon définitive à son royaume ; nous verrons que cet espoir fut déçu et que la Saxe a pu échapper au sort réservé à la Silésie.

La même année, une petite place de Bohême, Neustadt, qui n'avait d'importance pour les Prussiens qu'au point de vue de leurs communications, s'est signalée par sa belle défense. Le commandant de la petite garnison prussienne, « M. de Tauentzien, enfermé dans une bicoque sans défense, dont la muraille était crevassée en beaucoup d'endroits, avait tenu cinq jours de tranchée ouverte contre 10,000 ennemis qui l'assiégeaient et qui, les deux derniers jours, lui avaient coupé les canaux qui portaient l'eau aux fontaines de la ville ; les murailles avaient été battues par 10 pièces d'artillerie qui en avaient abattu un morceau considérable. »

En 1756, Dresde ouvre ses portes. — Après la paix de Dresde, signée le 25 décembre 1745, Frédéric II a rendu cette place à l'Électeur de Saxe, roi de Pologne ; mais dès le début de la guerre de Sept ans, il envahit de nouveau la Saxe et force la petite armée saxonne à se retirer dans le camp de Pirna. Cette fois encore Dresde ouvre ses portes aux Prussiens sans essayer de se défendre.

« On apprit avec certitude que toutes les troupes saxonnes

s'étaient rendues à Pirna, que le roi [1] y était en personne, qu'il n'y avait point de garnison à Dresde, mais que la reine y était demeurée. Le roi fit complimenter la reine de Pologne et les troupes prussiennes entrèrent dans cette capitale, en observant une si exacte discipline que personne n'eut à s'en plaindre. »

En 1757, blocus de Prague. — Après la bataille de Prague, Frédéric investit la place par la rive droite de la Moldau et jette deux ponts, l'un en amont, l'autre en aval de la ville, pour établir ses communications avec le maréchal Keith qui observe la rive gauche ; plusieurs tentatives de sortie, dirigées par l'assiégé tantôt par une rive, tantôt par l'autre, échouent. D'un autre côté, tous les essais de bombardement tentés par les Prussiens restent sans résultats et Frédéric prend le parti d'attendre que la famine lui livre la place. Après six semaines de blocus, l'approche du maréchal Daun oblige le roi à lever le blocus et à marcher contre lui pour empêcher sa jonction avec l'armée du prince de Lorraine qui s'est retirée dans Prague.

La ville de Prague est dominée, à faible distance, par les collines sur lesquelles l'armée prussienne était campée ; il est donc surprenant que celle-ci n'ait pu réduire la ville pendant un investissement de six semaines, étant donné qu'elle disposait d'un nombre considérable de bouches à feu. Le roi paraît avoir eu principalement en vue de détruire les magasins des Autrichiens pour les affamer, mais ce moyen échoua complètement. « La ville avait des bastions casematés où les vivres trouvèrent un abri contre tous les efforts de l'artillerie prussienne. »

De son côté, le prince de Lorraine, renfermé dans la place avec des forces considérables, a montré peu d'énergie ; bloqué par une armée ennemie peu supérieure en nombre, qui était elle-même séparée en deux tronçons par la Moldau, il n'a fait que des sorties insuffisantes, il n'a pas tenté sérieusement de rompre l'investissement et il n'a dû son salut qu'à la victoire de Kolin.

Les Autrichiens enlèvent Schweidnitz. Perte et reprise de Breslau. — Au mois de novembre de la même année, la place

---

[1] Auguste III, électeur de Saxe et roi de Pologne.

de Schweidnitz est enlevée par les Autrichiens. La tranchée est ouverte le 27 octobre, la 3ᵉ parallèle achevée le 10 novembre, et l'assaut donné dans la nuit du 11 ; trois redoutes, dans lesquelles l'artillerie a fait brèche, sont enlevées, et la place capitule le lendemain. Cette opération, menée avec vigueur, fait honneur au général de Nadasty.

Frédéric prétend que le gouverneur prussien perdit la tête après l'enlèvement des redoutes ; en réalité, celles-ci constituaient la principale défense de la place ; elles étaient reliées entre elles par des ouvrages de moindre valeur, et un fossé entourait le tout. C'étaient des redoutes étoilées, se prêtant mal à la défense par suite du grand nombre de saillants et du défaut de flanquement ; Frédéric les avait fait construire après la guerre de la Succession d'Autriche pour défendre Schweidnitz qui s'étend en plaine à une faible distance des montagnes.

Après la bataille de Breslau, le gouverneur prussien de Breslau, M. de Lestwitz, demanda lui même à capituler « sans attendre que l'ennemi tirât un coup de canon contre les remparts ». La place fut reprise avec la même facilité après la bataille de Leuthen ; les assiégés se défendirent mollement, n'ayant aucun secours à attendre de l'armée impériale battue et en pleine retraite sur la Bohême.

En 1758, reprise de Schweidnitz. — La perte de Schweidnitz ouvrait la frontière de Silésie et donnait accès aux Autrichiens au cœur même de la province ; dès le mois d'avril 1758, cette place fut reprise par les Prussiens après quinze jours de tranchée.

« 24 canons, 20 mortiers et 16 obusiers furent mis en batterie... On occupa une flèche que l'ennemi fut obligé d'abandonner ; cette flèche, qui nous avançait à 100 pas du fort de la Potence, donna lieu au coup de main que l'on tenta sur cet ouvrage... On donna l'assaut à l'ouvrage le soir à minuit ; on le tourna par la gorge, et 1000 grenadiers l'emportèrent avec une perte si légère qu'elle ne mérite pas d'être rapportée. Le commandant, décontenancé par une action aussi vigoureuse, battit la chamade ; il se rendit prisonnier de guerre avec la garnison. »

Fidèle à ses principes, le roi incorpore les 5,000 prisonniers autrichiens dans son armée et les envoie dans les places de la Silésie et de la Marche.

Siège d'Olmütz. — L'opération la plus intéressante au point de vue qui nous occupe est sans contredit le siège d'Olmütz qui tint, pendant six semaines, les armées prussienne et autrichienne en présence, sous les murs de cette place forte, et se termina par la retraite des troupes prussiennes ; nous allons donc entrer dans quelques détails à ce sujet.

Au mois de mai 1758, Frédéric II débouche en Moravie par les défilés de la haute Silésie et met le siège devant Olmütz. Le 11 mai, le roi, avec le gros de ses forces, occupe Prosnitz et force le général autrichien Deville à se replier ; le prince Maurice s'établit au camp d'Achemeritz, près de Littau, et le margrave Charles à celui de Neustadt ; deux petits détachements sont envoyés à Sternberg et près de Starnau ; Fouquet, resté en observation dans le comté de Glatz, se met en marche sur Neisse le 1er mai, et arrive, le 16, sous les murs d'Olmütz, avec le matériel de siège qu'escortent 16 bataillons.

Le maréchal Daun, croyant à une invasion en Bohême, avait tout d'abord pris une position centrale à Scalitz, avec une réserve à Nachod, et tenait tous les débouchés des montagnes, depuis Trautenau jusqu'à Lewin et Grülich. Le 3 mai, il se décide enfin à marcher au secours de la Moravie, et se dirige, par Chotzen, sur Leutomischel, en couvrant son flanc gauche par le corps de Laudon ; celui-ci marche sur Reichenau, Wildenschwerdt et Hohenstadt, se tenant ainsi entre la colonne principale et les monts des Géants ; Kalnocki continue d'observer les défilés de la Silésie en face de Zieten, et Harsch pousse une pointe dans le comté de Glatz. Un adversaire plus entreprenant que le maréchal Daun se fût opposé à l'investissement d'Olmütz et eût attaqué l'armée prussienne au débouché des défilés ; peut-être même, prenant vigoureusement l'offensive par les monts des Géants, eût-il envahi la Silésie et forcé le roi à battre en retraite pour défendre ses États. Le maréchal n'y songea même pas et laissa l'armée prussienne procéder tranquillement à l'investissement d'Olmütz.

Le maréchal Keith prend la direction du siège et investit la place au sud ; son quartier général est à Schanebelin ; il appuie sa droite à la Morawa, au nord de Nimlau, et jette un pont sur la rivière pour communiquer avec les troupes postées près de Starnau. Une tentative combinée pour surprendre Laudon à Konitz, échoue (22 mai), et Daun, resté jusqu'alors immobile, se décide à se rapprocher de la place pour la secourir ; le 23 mai, il se porte à Zwittau, occupe, le 24, la bonne position de Gewitz et pousse son avant-garde à Konitz pour renforcer Laudon. Les autres corps autrichiens se rapprochent également de la place ; Deville se porte à Wischau d'où il se relie, par un poste jeté à Ptin, avec le gros de l'armée autrichienne ; enfin, à l'est, 6,000 Autrichiens occupent Prerau.

De son côté, Frédéric porte le général de Wedel avec trois bataillons et un régiment de cavalerie entre Namiest et Laskow pour assurer ses communications avec le camp de Littau ; les troupes prussiennes se trouvent donc réparties en quatre groupes principaux : l'un chargé du siège sous le maréchal Keith, les trois autres sous les ordres du roi, du prince Maurice et du margrave Charles, ont pour mission de couvrir le siège. Au commencement de juin, l'investissement est resserré sur la rive gauche de la Morawa par le margrave Charles, qui appuie sa droite au pont de Chomettau et sa gauche à celui de Holitz. L'intention du roi est de refuser tout combat isolé et, dans le cas d'une attaque sérieuse, de chercher à réunir les trois derniers groupes sur un point central, tel que Gross-Senitz. Quant au maréchal Daun, malgré sa supériorité numérique et l'avantage de pouvoir manœuvrer en conservant ses communications libres, il n'a en vue que de jeter des renforts dans la place et d'éviter tout engagement sérieux ; profitant de ce que son front est couvert, de Müglitz à Wischau, par un épais rideau de troupes légères, il forme le projet d'exécuter un mouvement de flanc sur Predlitz et Prerau pour jeter des renforts dans Olmütz par la rive gauche. Le 16 juin il part de Gewitz, campe le 17 auprès de Predlitz, où il rallie Deville, tandis que Harsch se porte de Müglitz sur Konitz. Ce mouvement oblige Frédéric II à se concentrer ; le prince Maurice lève le camp de Littau et rallie le roi à Prosnitz avec la plus grande partie de ses forces, le reste devant observer la direction de Konitz. Le 19 juin, Daun détache 1200 hommes sous les ordres de Bülow qui parvient à se jeter dans la place (22 juin), grâce à une démonstration dirigée de

Prerau sur Gross-Teinitz; tel est le mince résultat auquel aboutissent les efforts du maréchal pour secourir Olmütz. Enfin, la perte du convoi prussien à Domstadtel oblige Frédéric à lever le siège (30 juin). Daun, qui a établi son camp à Dobromielitz le 27 juin, se porte le 1er juillet à Gross-Teinitz, laissant ainsi toute grande ouverte la route de Bohême que l'armée prussienne va suivre sans être sérieusement inquiétée.

Ainsi, pendant deux mois, Daun est resté en présence de l'armée prussienne sans oser l'attaquer, et cependant celle-ci était scindée en trois ou quatre groupes distants de plusieurs lieues, une fraction était occupée à faire le siège d'Olmütz et l'armée tout entière ne conservait qu'à grand'peine ses communications par les défilés de la haute Silésie. La concentration de l'armée autrichienne, par exemple, sur les plateaux de Müglitz et dans les plaines de Neustadt, en menaçant l'unique et précaire ligne de communication du roi, eut forcé celui-ci à abandonner Prosnitz et à livrer combat dans de mauvaises conditions, au milieu des plaines marécageuses de la Morawa, avec la menace de voir sa ligne de retraite coupée. Il semble que le maréchal ait laissé au temps ou au hasard le soin d'amener une solution ; la seule tentative qu'il ait faite, pour jeter dans la place un renfort insignifiant en gagnant par le sud la rive gauche de la Morawa, a eu ce singulier résultat d'ouvrir à l'armée prussienne la route de Bohême au moment où elle se trouvait coupée de la haute Silésie.

En ce qui concerne Frédéric II, Napoléon a fait ressortir l'inutilité d'une attaque contre Olmütz et la faute commise par le roi en n'établissant ni lignes de circonvallation ni lignes de contrevallation, et en fractionnant son armée en présence d'un ennemi supérieur en nombre. Le but de la campagne ne pouvant être que de battre l'armée autrichienne, Frédéric aurait dû s'aider du terrain et de la fortification pour immobiliser devant la place le moins de troupes possible, et manœuvrer contre Daun avec la plus grande partie de ses forces : « Mais faire les trois choses à la fois : 1° le siège d'une forteresse et en contenir la garnison sous contrevallation ; 2° garder ses communications avec des places de dépôt situées à six journées de marche ; 3° contenir l'armée de secours sans être aidé d'aucun obstacle naturel ni de lignes de circonvallation, c'est une combinaison fausse et qui ne peut conduire qu'à des catastrophes, à moins d'avoir des forces doubles de celles de l'ennemi[1]. »

Nous passerons rapidement sur les autres sièges de cette époque qui, sauf celui de Schweidnitz en 1761, offrent peu d'intérêt au point de vue tactique.

Levée des sièges de Neisse et de Dresde. — Le siège de Neisse, commencé le 20 octobre 1758 par les Autrichiens, fut abandonné le mois suivant à l'approche de Frédéric II : « La seconde parallèle achevée se trouvait à 30 toises du chemin couvert, et toutes les batteries étaient montées ». Les Autrichiens n'attendirent pas l'arrivée du roi pour lever le siège ; une sortie des défenseurs, faite à propos, leur fit perdre 800 hommes et la plus grande partie de leurs approvisionnements de guerre qu'ils n'eurent pas le temps d'emporter.

La même année, pendant que le roi opère en Silésie, Daun pousse une pointe contre Dresde qu'il n'ose cependant attaquer à fond ; le commandant prussien, M. de Schmettau, met le feu au faubourg de Pirna et menace de se défendre dans toutes les rues et même dans le château de l'Électeur, allié de l'Autriche, dont la famille est restée à Dresde. Daun se contente de bloquer la place, et le retour de Frédéric le détermine à battre en retraite. Ainsi, des considérations étrangères à l'art militaire ont probablement sauvé la ville de Dresde en cette circonstance.

En 1759, Dresde capitule ; perte et reprise de Torgau. — L'année suivante, Dresde capitule au moment où le général Wunsch, envoyé par Frédéric II à son secours, arrive devant la place ; il n'y avait eu ni tranchée ouverte, ni brèche praticable. On peut juger combien ce coup fut sensible au roi qui comptait bien conserver cette belle cité et la riche province dont elle est la capitale ; aussi n'hésite-t-il pas à attribuer la reddition de la place à la trahison, sans en donner, du reste, aucune preuve. « Il serait, je pense, superflu de critiquer la conduite d'un homme qui rend une place sans qu'il y ait eu ni tranchée ouverte, ni brèche ; qui ne voit pas que des corruptions avaient

---

[1] Napoléon.

préparé d'avance une défense aussi molle et aussi lâche ? » Cependant, s'il faut en croire une autre version, le roi aurait écrit lui-même, après sa défaite à Kunersdorf, au général de Schmettau, qui commandait à Dresde et avait si bien défendu la ville l'année précédente, « pour le prévenir qu'il ne devait compter sur aucun secours et l'engager à se ménager une capitulation qui sauvât la garnison et vingt millions qui se trouvaient dans les caisses [1]. »

Le général Wunsch avait en chemin repris Torgau, mauvaise place défendue par un fossé et quelques parapets en terre et qui ne s'était rendue aux alliés, un mois auparavant, qu'après avoir repoussé quatre assauts dirigés par 15,000 à 18,000 hommes.

En 1760, perte de Glatz, tentative pour reprendre Dresde. — La prise de Glatz par Laudon, au mois de juillet 1760, est due à une telle négligence de la part des défenseurs que Frédéric II cette fois encore n'hésite pas à les accuser de trahison. Les Autrichiens ayant attaqué une flèche, les Prussiens surpris se sauvèrent dans la place et les assaillants les suivirent de si près qu'ils y entrèrent en même temps qu'eux. « Cet événement honteux et flétrissant pour les armes prussiennes fut la suite d'une négociation secrète que M. de Loudon avait préparée de longue main par le canal des jésuites, des moines et de toute la prétraille catholique. Il était parvenu par leur moyen à corrompre les officiers et beaucoup de soldats de la garnison. »

Comme on le voit, le cœur humain est le même à toutes les époques, et le vaincu est toujours prêt à crier à la trahison.

Cependant Frédéric II n'a pas perdu l'espoir de reprendre Dresde et il dirige contre cette place une tentative qui échoue; les moyens dont il dispose sont tout à fait insuffisants. « Tout ce qu'on put amasser à la hâte d'artillerie et de munitions pour entreprendre ce siège consistait en 12 mortiers, 1200 bombes, 20 pièces de 12 et 4,000 boulets ». C'est dans ces conditions que commença le bombardement, le 19 juillet; le général de Maguire se défendit bien et faillit même enlever le quartier général du roi dans la nuit du 20 juillet; Daun approchait avec son armée

---

[1] Jomini.

et, le 27, Frédéric dut lever le siège. La ville de Dresde était définitivement perdue pour la Prusse.

Le coup de main tenté sur Dresde pouvait-il réussir? Le roi en paraît convaincu, et il accuse de négligence ses propres généraux; cette fois ce n'est plus la trahison, c'est l'incapacité qui est cause de son insuccès : « Si le roi avait été bien servi en cette occasion, Dresde était à lui; mais les officiers, ingénieurs et artilleurs, s'empressèrent à qui ferait le plus de fautes. »

Sièges de Breslau, Torgau, Wittenberg et Colberg; prise de Berlin. — Pendant cette même année (1760) Breslau, attaquée par Laudon, se défend courageusement, et la place est délivrée par le prince Henri.

A la fin de septembre, Torgau se rend aux Impériaux sans se défendre; le mois suivant, Wittenberg succombe honorablement : « Le commandant se défendit avec valeur et fermeté. Les ennemis bombardèrent la place et en réduisirent les trois quarts en cendres. Les munitions lui manquèrent à la fin; il ne se rendit toutefois que le 14 octobre, après avoir fait tout ce qu'on devait attendre d'un homme d'honneur. »

Vers la même époque les Russes, qui assiègent Colberg (août-septembre), se retirent à l'approche d'un corps prussien envoyé au secours de la place.

Citons enfin la résistance honorable de Berlin, ville ouverte, à peine défendue par quelques ouvrages élevés rapidement devant les portes. N'ayant pour toute garnison que des invalides et des malades, bombardée par les Russes et les Autrichiens, la ville est défendue par Seydlitz, encore mal guéri des blessures qu'il a reçues à Kunersdorf; elle se rend, le 9 novembre, après une tentative du général de Hülsen pour la secourir. Elle est évacuée, le 12, à l'approche du roi.

Prise et reprise de Schweidnitz, en 1761 et en 1762. — En 1761, Schweidnitz est enlevée par Laudon à la suite d'un coup de main qui fait le plus grand honneur à ce hardi général; cette fois, Frédéric II attribue la réussite de l'opération non plus aux jésuites, mais à une entente entre Laudon et les prisonniers autrichiens enfermés dans la place.

Dans la nuit du 30 septembre au 1er octobre, les Autrichiens escaladèrent les murs à l'aide d'échelles et pénétrèrent dans la ville; la garnison avait pris les armes, mais le gouverneur fit preuve de mollesse et d'incapacité. « La garde de la porte de Striegau fut surprise; de là les ennemis pénétrèrent dans les ouvrages. Dans cette confusion, les prisonniers autrichiens levèrent le masque; ils s'emparèrent de la porte intérieure de la ville et l'ouvrirent. »

Voici le résumé des instructions données par Laudon aux troupes d'assaut :

1° L'attaque se fera à la baïonnette sans tirer un coup de fusil; 2° aussitôt que les bataillons de tête seront arrivés sur le glacis, ils s'élanceront dans le chemin couvert et dans le fossé, planteront les échelles et pénétreront vivement dans l'intérieur des ouvrages pour s'emparer des ponts-levis; 3° les troupes conserveront avec soin les échelles, afin que, après la prise des forts, on puisse s'en servir pour escalader la ville; 4° le bataillon de grenadiers attaché à chaque colonne fera seul l'attaque; il sera suivi d'un bataillon de fusiliers ; celui-ci emportera la courtine qui lie les forts avec les lunettes; les deux autres bataillons resteront en arrière avec les pièces d'artillerie jusqu'à ce qu'ils soient appelés; 5° aussitôt que les forts extérieurs seront enlevés, les bataillons de réserve, à chaque colonne, viendront en prendre possession; ceux qui auront exécuté l'attaque se remettront de suite en ordre pour emporter le corps de place [1].

L'attaque fut exécutée par quatre colonnes distinctes, ayant chacune pour objectif l'un des forts; elles étaient guidées par des officiers du génie et avaient à leur tête des canonniers, des sapeurs, des ouvriers munis de pelles, haches et pioches, et des hommes porteurs d'échelles, avec leur fusil en bandoulière. Grâce à ces excellentes dispositions, les assaillants eurent vite raison de la défense décousue que leur opposa la garnison.

Enfin, l'année suivante, la reprise de Schweidnitz par l'armée prussienne a été l'une des dernières opérations de cette longue guerre. Ce succès a été dû moins aux bonnes dispositions de l'armée assiégeante qu'à la mollesse du gouverneur autrichien, le général de Guasco; celui-ci capitula, malgré Gribeauval, avant

---

[1] D'après JOMINI.

que l'ennemi eut couronné le chemin couvert et fait la descente du fossé; l'explosion d'un magasin à poudre, qui avait détruit un bastion, servit de prétexte.

La belle défense dirigée par Gribeauval inspirait à Frédéric II une grande admiration; dans des lettres écrites pendant le siège, il s'exprimait sur son compte de la façon suivante : « Un certain Gribeauval, qui ne se mouche pas du pied (*sic*), et 10,000 Autrichiens nous ont arrêtés jusqu'à présent... Le génie de Gribeauval défend la place plus que la valeur des Autrichiens. Ce sont des chicanes toujours renaissantes qu'il nous fait de toutes les façons. »

CHAPITRE XIV.

> « Ces généraux, indignes du nom prus-
> sien, eurent la lâcheté de capituler avec l'en-
> nemi, et de mettre bas les armes. »
> (Frédéric II.)

Des capitulations en rase campagne. — Affaire de Maxen ; responsabilité du
roi dans cette affaire. — Les Saxons au camp de Pirna. — Conditions
stipulées par les capitulations. — Engagement de ne plus servir pendant
la guerre. — Les officiers saxons violent leur parole. — Un général
peut-il engager la parole de ses officiers ? — Principaux exemples de capitulations. — Faut-il prendre l'avis d'un conseil de guerre ?

Des capitulations en rase campagne. — Deux capitulations en
rase campagne ont attristé les longues guerres soutenues par
Frédéric II ; mais une seule, celle de Maxen, a réellement enta-
ché les armées prussiennes. L'affaire de Landshut[1], malheureuse
pour Fouquet et mal conduite, reste du moins honorable pour ce
général, puisque, blessé lui-même et cerné par des forces supérieures, il fut pris les armes à la main après s'être vaillamment
défendu.

Tout autre est l'affaire de Maxen que nous allons étudier. On
verra que Finck s'est conduit d'une façon indigne et a mis bas les
armes sans avoir fait tout ce que lui commandait l'honneur militaire. Frédéric a flétri avec raison le général coupable d'une
pareille faiblesse, et Napoléon a signalé les dangers d'une semblable conduite : « Les dangers d'autoriser les officiers et les
généraux à poser les armes, en vertu d'une capitulation particulière, dans une autre position que celle où ils forment la garnison d'une place forte, sont incontestables. C'est détruire l'esprit
militaire d'une nation, en affaiblir l'honneur, que d'ouvrir cette
porte aux lâches, aux hommes timides, ou même aux braves
égarés. » (Napoléon.)

---

[1] Voir 1re partie, chap. XIV.

Affaire de Maxen. — Après la malheureuse bataille de Kunersdorf (12 août 1759), Frédéric II bien secondé par son frère, le prince Henri, a été assez heureux pour empêcher la jonction des Russes et des Autrichiens : Soltykoff a repris le chemin de la Pologne, et Daun s'est dirigé sur Dresde. L'époque avancée de l'année ne permet plus guère de frapper de grands coups ; le roi voudrait bien reprendre Dresde, mais le maréchal l'occupe avec une armée supérieure en nombre. Tombé malade à Glogau, Frédéric a dû céder le commandement au général de Hülsen qu'il dirige sur la Saxe pour renforcer l'armée du prince Henri ; aussitôt rétabli, il rejoint l'armée le 13 novembre, arrive le 16 à Wildsruf et pousse son avant-garde, commandée par Lieten, jusqu'à Kesselsdorf. Mais le roi n'ose attaquer de front une place comme Dresde sous les murs de laquelle campent l'armée autrichienne et les contingents des Cercles ; il forme le projet de couper le maréchal Daun de ses communications avec la Bohême par la rive gauche de l'Elbe et il dirige à cet effet le corps du général Finck sur Maxen. Finck y arrive le 17 novembre et pousse le général Wunsch sur Dohna. La position de ce corps d'armée, à plus de 24 kilomètres de l'armée prussienne et sur les derrières de toute l'armée ennemie, était des plus aventurées ; cette pointe hardie ne pouvait avoir d'autre but que d'inquiéter le maréchal en coupant ses convois ; mais s'attarder dans cette position avec des forces peu considérables, c'était s'exposer soi-même à être coupé de l'armée royale et peut-être cerné ; c'est ce qui allait arriver.

Daun, enchanté de l'occasion qui s'offre à lui de combattre sans courir aucun risque sérieux, se dispose à surprendre Finck en tombant sur lui avec des forces considérables. Il renforce le corps du général Sincère, le porte à 30,000 hommes, en prend le commandement et le dirige, le 19 au matin, par la route de Dippoldiswalda pour couper Finck de ses communications avec le roi. En même temps l'armée des Cercles marche sur Dohna pour prendre le général prussien à revers, pendant qu'un troisième corps, sous les ordres de Brentano, l'attaquera de front. Finck n'a sous ses ordres que 18,000 hommes ; devant cette attaque concentrique, dirigée contre lui par des forces cinq fois plus nombreuses, il a encore le temps de se dérober. Les instructions qu'il a reçues du roi ne sont pas très claires, mais, en pareille circonstance, un général livré à lui-même s'inspire avant tout de l'intérêt de l'armée et de l'honneur de ses armes. Peut-être ne s'est-il pas rendu compte à ce moment du danger qui le menaçait et des forces énormes dirigées contre lui, bien qu'il eût pour s'éclairer trente-cinq escadrons? Il se décide donc à accepter le combat et, le 20 novembre, il est attaqué par trois corps ennemis qui débouchent sur le champ de bataille, cernent le faible corps prussien et le débordent de toutes parts; il ne lui reste plus qu'à tenter un suprême effort pour percer la ligne ennemie ou succomber les armes à la main. Finck préfère assembler séance tenante un conseil de guerre qui est d'avis de capituler; bien plus, le général Wunsch, séparé du corps principal, va tenter de se faire jour avec la cavalerie : il est compris dans la capitulation et reçoit l'ordre de déposer les armes; Wunsch revient avec ses troupes se constituer prisonnier. Seize bataillons, trente-cinq escadrons, avec leurs canons et leurs drapeaux, tombent au pouvoir des Autrichiens.

Cette affaire ne constituait, en somme, pour le maréchal Daun, qu'un succès des plus minces, étant donnée son énorme supériorité numérique; elle est restée sans grande influence sur le reste de la campagne, qui était déjà très avancée, mais elle a eu un caractère humiliant pour les armes prussiennes et a justement irrité le courroux de Frédéric. Le fait même de mettre bas les armes, pour avoir la vie sauve, dans une lutte en rase campagne et sans avoir tenté un suprême effort pour échapper aux étreintes de l'ennemi, a toujours été considéré à bon droit comme un acte de pusillanimité digne de toute la rigueur des lois militaires. « M. de Wunsch voulut percer avec la cavalerie; M. de Finck et ses collègues, plus attachés à leur bagage qu'à leur réputation, lui interdirent toute hostilité. Ces généraux, indignes du nom prussien, eurent la lâcheté de capituler avec l'ennemi et de mettre bas les armes ». Finck fut dégradé et puni de prison; il avait bien mérité ce châtiment.

Responsabilité du roi dans cette affaire. — On a reproché, peut-être un peu trop vivement, à Frédéric II d'avoir détaché Finck avec 18,000 hommes à 24 ou 25 kilomètres de lui, sur les derrières de l'armée ennemie et de l'avoir ainsi exposé à un désastre. Il est certain qu'un détachement moindre, composé de

cavalerie, eut suffi pour atteindre le but que se proposait le roi ;
il ne s'agissait en somme que de couper les convois et d'inquiéter
les derrières de l'armée autrichienne. Le roi ne pouvait se faire
illusion sur l'importance de cette opération, et un corps de cavalerie eut rempli cette mission sans courir aucun risque sérieux.
Mais c'est à cela que se bornent les torts de Frédéric II en cette
circonstance, et il nous semble injuste de le rendre responsable
des suites de cette aventure. On a voulu excuser Finck en allé-
guant que les instructions du roi n'étaient pas claires, que Frédéric paraissait tenir à cette position et que Finck crut de son
devoir de la défendre jusqu'à la dernière extrémité. Ces assertions
ne supportent pas l'examen. Un général qui reçoit une mission
doit provoquer de la part de son chef des indications précises sur
le but à atteindre ; quant à des ordres formels, la plupart du
temps ce chef lui-même ne pourra les lui donner, dans l'incerti-
tude où il se trouve des projets, de la force exacte, des mouvements de l'ennemi ; c'est au général, une fois ces instructions
reçues, à agir de sa propre initiative suivant les circonstances.
Dans le cas que nous étudions, Finck avait trente-cinq escadrons
pour s'éclairer et se tenir en communication avec le roi, dont il
était éloigné d'une journée de marche ; il pouvait donc être prévenu à temps du mouvement enveloppant qui le menaçait et
battre en retraite en informant le roi. Mais une fois la lutte
rendue inévitable, il avait le devoir de diriger toutes ses forces
contre l'un des groupes ennemis et de s'ouvrir un passage à tout
prix ; au pis aller, une partie de ses troupes eût succombé honorablement, et le reste aurait rejoint l'armée. Enfin le général
Wunsch avait, de son côté, le devoir de se soustraire à la capitulation ; il y a des circonstances extrêmes où un chef doit
s'élever au-dessus des règles ordinaires et ne s'inspirer que de
l'honneur de ses armes et du salut de ses troupes ; c'était le cas
de Wunsch à Maxen. Quant à Finck, il n'avait plus qualité pour
engager dans une capitulation des troupes déjà placées presque
en dehors de l'action de l'ennemi, et sa conduite est sans
excuse.

Les Saxons au camp de Pirna. — La reddition des Saxons
dans le camp de Pirna, en 1756, ne saurait être considérée
comme une capitulation en rase campagne ; ce camp était, en

effet, assimilable à une véritable place forte dans laquelle les 17,000 Saxons devaient tôt ou tard manquer de vivres et de munitions. Ceci posé, voyons quelle fut la conduite de Frédéric et celle des Saxons en cette circonstance.

Au début de la campagne de 1756, Frédéric II prend brusquement l'offensive, envahit la Saxe et laisse devant le camp de Pirna la moitié environ de ses forces pour bloquer la petite armée saxonne, tandis que lui-même s'avance au-devant de l'armée autrichienne du maréchal Browne qu'il arrête à Lowositz le 1er octobre. Après cette rencontre peu décisive, Browne reprend le projet de débloquer les Saxons en marchant par la rive droite de l'Elbe ; il franchit le fleuve à Raudnitz et se dirige par Neustadtel sur Ramburg, d'où il doit se rabattre sur l'Elbe pour prendre à revers le corps prussien posté sur la rive droite ; une sortie des Saxons facilitera sa tâche. Ceux-ci jettent, en effet, un pont sur l'Elbe, le 11 octobre, pour prendre pied sur la rive droite, vis-à-vis le Lilienstein ; mais le terrain est tellement raviné et les sentiers sont si mauvais que les Saxons abandonnent leur artillerie. L'attaque devait se produire le 12 au matin, mais le signal qu'attendent les Saxons n'est pas donné. Browne, resté sans nouvelles de ses alliés, et trouvant les Prussiens solidement retranchés derrière plusieurs lignes de redoutes et d'abatis, renonce à son projet et bat en retraite. Après cette tentative infructueuse, les Saxons capitulent. Frédéric trouve leur conduite toute naturelle ; il n'eut pas manqué de la flétrir énergiquement, et probablement de l'attribuer à la trahison, si ses propres troupes eussent été à la place des Saxons.

De leur côté, les troupes prussiennes, postées en face du camp de Pirna, se sont montrées fort peu entreprenantes. Le roi, pour expliquer cette conduite, représente la position comme absolument inattaquable ; ce n'est pas l'avis de Napoléon, qui n'hésite pas à condamner l'inaction des Prussiens : « Le roi ayant des forces quadruples et autant de grosse artillerie qu'il pouvait en désirer, puisque l'arsenal de Dresde était à sa disposition, devait en quatre jours forcer ce camp, faire mettre bas les armes aux Saxons, après quoi entrer en Bohême, laissant seulement une garnison de six bataillons et six escadrons dans Dresde ».

Conditions stipulées par les capitulations. — Les capitulations accordées à la suite de sièges ou blocus, stipulaient des conditions plus ou moins dures, suivant l'intérêt du vainqueur ou la résistance faite par la place. Ces conditions ne diffèrent guère de celles qui sont en usage de nos jours que sur un point : l'incorporation fréquente des troupes vaincues dans l'armée prussienne, mesure employée par Frédéric II sans que les contemporains aient songé à s'en étonner outre mesure. Ce trait montre bien la différence morale qui existe entre les armées de cette époque et celles de nos jours.

L'exemple le plus intéressant d'une mesure semblable nous est fourni par le corps saxon pris à Pirna. Ces 17,000 hommes furent immédiatement répartis en vingt nouveaux bataillons et incorporés dans l'armée prussienne; mais le roi « commit la faute de n'y point mêler de ses sujets, à l'exception des officiers qui étaient tous de ses États ; cette faute influa dans la suite sur le peu d'usage qu'on tira de ces régiments, et sur les mauvais services qu'ils rendirent ». Il est facile de deviner ce qui arriva : le plus grand nombre de ces soldats, prussiens malgré eux, désertèrent ; comme Frédéric le remarque avec raison, il eut été au moins prudent de les incorporer dans des régiments prussiens où ils eussent été l'objet d'une étroite surveillance.

Engagement de ne plus servir pendant la guerre. — Quant aux officiers saxons, ils « s'engagèrent sur l'honneur de ne plus servir contre les Prussiens durant cette guerre ; sur quoi, comptant sur leur parole, on les relâcha. »

On ne saurait trop s'élever contre de semblables agissements ; aucun officier fait prisonnier n'a le droit de se retirer volontairement de la lutte. Tant que la paix n'est pas signée, il peut espérer être l'objet d'un cartel d'échange qui lui permettra de se battre encore pour son pays [1].

Les engagements de cette nature n'étaient pas rares à cette

---

[1] Nous pensons que c'est à tort que l'article 6 de la convention de Genève et l'article additionnel 5 autorisent le renvoi dans leurs foyers des prisonniers de guerre blessés, capables encore de servir, sous la condition de ne pas reprendre les armes pendant toute la durée de la guerre ; l'article 5 du règlement français sur les prisonniers de guerre reproduit aussi cette disposition. En aucun cas, un militaire capable de porter les armes ne doit s'engager à ne plus servir pendant la durée de la guerre.

époque. C'est ainsi qu'en 1742 le comte de Ségur, bloqué dans Linz avec 10,000 hommes, avait obtenu pour lui et ses troupes de se retirer avec armes et bagages à la condition de ne plus servir contre l'Autriche jusqu'à la fin de l'année.

Une capitulation qui causa, vers la même époque, un véritable scandale dans les rangs de l'armée française, fut celle de la garnison de Minden, qui se rendit prisonnière de guerre le 14 mai 1758 ; les officiers conservèrent leurs bagages et, sur leur parole de ne plus servir pendant la guerre, ils furent autorisés à rentrer en France. Ainsi abandonnés, les soldats s'indignèrent. 1500 d'entre eux, conduits par un caporal de grenadiers, se firent jour et gagnèrent la campagne. Le caporal, connu sous le sobriquet de *La Jeunesse*, passa à l'état de héros dans toute l'armée ; on le rechercha pour le récompenser, mais ce fut en vain ; il avait probablement péri, pendant la retraite, dans quelque coin de la Westphalie ; il eut du moins l'honneur qu'on accordait, dans ce temps-là, à tout homme un instant célèbre, il fut chansonné. Quant aux officiers qui osèrent reparaître en France, ils furent renvoyés avec honte à leurs troupes ; les plus compromis furent cassés et mis en prison.

Les officiers saxons violent leur parole. — Dans l'affaire du camp de Pirna, Frédéric II tenait à ménager l'Électeur de Saxe, Auguste III, roi de Pologne, dans l'espoir de le ramener à son alliance. Aussi se montra-t-il très modéré ; il fit rendre « les drapeaux, les étendards et les timbales qui appartenaient à ses troupes ; il consentit aussi à accorder la neutralité à la forteresse de Kœnigstein ».

Ces avances restèrent sans résultats ; non seulement une bonne partie des troupes saxonnes, incorporées de force, désertèrent, mais les officiers saxons eux-mêmes violèrent leur parole, à l'instigation de la reine de Pologne, s'il faut en croire Frédéric : « Le dessein du roi de Pologne et de ses alliés était de rétablir ces corps en Hongrie, pour les mettre sur le pied où ils étaient avant que les Prussiens les prissent ; ils assemblèrent des soldats ; mais, manquant d'officiers, ils eurent recours à un moyen dont l'histoire ne fournit aucun exemple qu'il ait été pratiqué par les princes laïques : l'impératrice-reine et le roi très-chrétien dispensèrent les officiers saxons de la parole d'honneur qu'ils

avaient donnée aux Prussiens de ne plus servir contre eux, et
beaucoup d'officiers furent assez lâches pour obéir ».

Frédéric II n'eut peut-être pas hésité, le cas échéant, à agir
de même ; aussi sa vertueuse indignation fait-elle un peu sou-
rire ; mais si l'on juge le procédé en lui-même, il doit être condamné sévèrement. L'officier qui a engagé sa parole d'honneur,
doit tenir son serment. C'est à lui de juger, dans sa conscience,
s'il doit refuser de se constituer prisonnier sur parole, ou s'il est
préférable, dans l'intérêt de son pays, d'accepter cette situation.
Celle-ci lui ouvre la perspective d'être échangé et de servir de
nouveau sa patrie les armes à la main, tandis que le refus de
prêter serment entraîne pour lui la détention dans une forteresse
d'où il lui sera probablement impossible de s'évader. Quant au
serment de ne plus servir pendant la guerre, personne n'a le
droit de le prêter ; celui qui a commis cette faute doit se faire
relever de sa parole en se constituant lui-même prisonnier.

Un général peut-il engager la parole de ses officiers ? — La
question des capitulations sur parole soulève un autre point délicat. Un général en chef qui capitule a-t-il le droit d'engager la
parole de ses officiers ? En d'autres termes, peut-il stipuler
dans la capitulation que tous ses officiers seront prisonniers sur
parole ?

Il est incontestable qu'un chef peut ordonner à ses officiers de
se rendre prisonniers. Par cette mesure, dont il assume seul la
responsabilité, il peut espérer obtenir de l'ennemi des conditions moins dures pour ses troupes et peut-être plus avantageuses pour le pays. Mais si un officier refuse de se rendre prisonnier sur parole et cherche à s'échapper, il doit être considéré
par le vainqueur non comme un prisonnier qui viole son serment, mais comme un ennemi qui tente de s'évader sans être lié
par aucune parole d'honneur. Il appartient au vainqueur de
s'assurer matériellement la possession de l'officier jusqu'à ce que
celui-ci ait déclaré s'il entend, oui ou non, engager sa parole,
que personne n'a le droit de donner en son nom. Qu'en cherchant à s'échapper, l'officier désobéisse aux ordres de son chef,
c'est ce que l'ennemi n'a pas à juger ; il reste entendu toutefois
que quiconque essaie de s'évader après la signature de la capitulation renonce par cela même au bénéfice de celle-ci et doit

s'attendre à être traité en ennemi, mais en ennemi loyal, non en parjure.

La situation du général Wunsch à Maxen n'est pas sans analogie avec le cas que nous examinons. Englobé par son chef dans la capitulation du corps prussien, Wunsch, qui était sur le point d'échapper à l'ennemi, revint se constituer prisonnier, renonçant ainsi, par un scrupule à coup sûr exagéré, on pourrait même dire coupable, à tenter une évasion qui présentait des chances réelles de réussite. On dira, sans doute, que Wunsch n'a agi que par respect de la discipline; mais à la guerre une nécessité s'impose par-dessus tout, c'est de sauvegarder l'honneur des armes, qui représente à ce moment l'honneur de la patrie elle-même; c'est de veiller au salut du pays, qui se confond avec le salut de l'armée. Aucune considération ne peut prévaloir contre cette nécessité absolue.

Principaux exemples de capitulations. — Pour terminer ce sujet, jetons un coup d'œil sur les principales capitulations qui ont signalé les campagnes de Frédéric II.

Pendant la guerre de la Succession d'Autriche, la garnison autrichienne de Prague est faite prisonnière, en 1744; il en est de même des petites garnisons prussiennes du sud de la Bohême, Budweis, Tabor, Frauenberg, qui tombent entre les mains des Autrichiens après la retraite de Frédéric II. En 1745, Dresde ouvre ses portes à Frédéric qui *règle les conditions de la capitulation selon son bon plaisir : « La milice fut désarmée et servit à recruter les troupes. »*

Au début de la guerre de Sept ans, l'armée saxonne abandonne Dresde où les Prussiens entrent sans coup férir; il n'y eut pas de capitulation consentie, à proprement parler, et la ville fut plutôt traitée en territoire neutre qu'en ennemie. Toutefois, Frédéric s'empara des archives diplomatiques et fit publier les pièces dont il jugeait la divulgation utile à sa politique. Ayant *commencé les hostilités sans déclaration de guerre,* Frédéric II tenait à justifier sa conduite en prouvant aux puissances européennes que le roi de Pologne s'apprêtait lui-même à combattre la Prusse.

En 1757, la garnison prussienne de Schweidnitz est faite prisonnière de guerre. Le gouverneur de Breslau est plus heureux;

après la défaite de Breslau, la garnison de la place obtient la libre sortie avec armes et bagages. A la reprise de cette place par les Prussiens, après la victoire de Leuthen, la garnison autrichienne obtient les mêmes avantages; le roi, peu soucieux d'entreprendre un siège dans une saison aussi rigoureuse, accorde au gouverneur autrichien, M. de Bülow, la libre sortie pour ses troupes.

Nous avons vu que l'année suivante, à la reprise de Schweidnitz, la garnison autrichienne se rendit prisonnière et fut incorporée dans les troupes de garnison prussiennes.

Au mois d'août 1759, la petite place de Torgau, après une belle défense, ouvre ses portes, à la condition que la garnison prussienne sortira avec armes et bagages. Peu de temps après, cette place est reprise, ainsi que Wittenberg, par le général Wunsch, qui accorde également à la garnison autrichienne les honneurs de la guerre. Le général de Schmettau capitule dans Dresde aux mêmes conditions.

En 1760, Glatz, surprise par Laudon, se rend sans conditions. Les Austro-Russes occupent Berlin pendant quelques jours; la ville paye une somme de deux millions pour se racheter du pillage; néanmoins, plusieurs châteaux royaux sont dévastés.

Laudon enlève Schweidnitz, en 1761, et fait la garnison prisonnière; l'année suivante, la place étant sur le point de se rendre, le général autrichien de Guasco demande, comme condition de la capitulation, la sortie libre pour ses troupes. Mais Frédéric ne veut pas laisser échapper une garnison de 10,000 hommes; il traîne les négociations en longueur, sous prétexte que la cour de Vienne refuse de tenir sa promesse en ce qui concerne l'échange des prisonniers. Bientôt, le gouverneur capitule sans conditions, et toute la garnison est faite prisonnière.

Faut-il prendre l'avis d'un conseil de guerre? — Un général doit surtout prendre conseil de lui-même et ne pas chercher à rejeter sur un conseil de guerre la responsabilité qui lui incombe dans les moments critiques. C'est l'avis de Frédéric II :

« Le prince Eugène avait coutume de dire qu'un général, qui avait envie de ne rien entreprendre, n'avait qu'à tenir un conseil de guerre. Cela est d'autant plus vrai que les voix sont ordinairement pour la négative. Le secret même, qui est si nécessaire dans la guerre, n'y est pas observé. Un général... doit agir par lui-même, et la confiance que le souverain a mise dans ce général l'autorise à faire tout d'après ses lumières. »

Dans une lettre à son frère, le prince Henri de Prusse (11 mars 1758), le roi est encore plus affirmatif :

« Je défends expressément tout conseil de guerre pour vos opérations ; je vous donne plein pouvoir d'agir comme vous le trouverez bon, de vous battre, de ne point vous battre ; en un mot, de prendre en toutes les occasions le parti que vous croirez le plus avantageux et le plus conforme à l'honneur. »

CHAPITRE XV.

DES QUARTIERS D'HIVER.

> « Vous devez porter toute votre attention
> à avoir des quartiers d'hiver tranquilles. »
> (FRÉDÉRIC II.)

Leur emploi fréquent au XVIIIe siècle. — Prescriptions de Frédéric II. On utilise les obstacles naturels. — Emploi des forteresses et organisation de la ligne de surveillance. — Il faut se défier des montagnes. Positions à rechercher. — Evacuer au besoin le territoire ennemi. — Distribution des troupes dans les quartiers d'hiver. — Comment on utilise le temps en quartiers d'hiver. — Comment l'armée se recrute en pays ennemi. — Principaux exemples de quartiers d'hiver.

Leur emploi fréquent au XVIIIe siècle. — Les quartiers d'hiver consistaient dans l'établissement des troupes en cantonnements larges pendant la mauvaise saison ; elles attendaient ainsi la reprise des hostilités.

Cette mesure était appliquée d'une façon générale, ce qui s'explique par la longueur des guerres à cette époque. Sous Napoléon, elle s'imposait encore quelquefois ; aujourd'hui le caractère qu'affecte la guerre semble exclure la suspension des hostilités pendant la mauvaise saison ; aussi l'étude des quartiers d'hiver, tels que les concevait Frédéric II, n'offre-t-elle plus qu'un intérêt rétrospectif.

Les hostilités étaient suspendues soit d'un commun accord, à la suite d'une entente réciproque, soit sans négociations préalables et simplement par une sorte d'accord tacite, chacun des adversaires s'arrêtant sur place et couvrant ses cantonnements contre une surprise ; généralement Frédéric II regagnait ses États et disloquait son armée en quartiers sur la frontière même.

Quelquefois, au cours même de la campagne, lorsque les opérations se ralentissaient, ou bien quand on était assez éloigné de l'ennemi, ou séparé de lui par un obstacle sérieux, fleuve, chaîne de montagnes, etc., Frédéric donnait un peu de repos à ses troupes et les cantonnait pendant quelque temps ; c'est ce qu'il appelait des *quartiers de rafraîchissement*.

Prescriptions de Frédéric II. On utilise les obstacles naturels.
— Les prescriptions de Frédéric II relatives aux quartiers d'hiver
sont sages, bien conçues et présentent ce caractère pratique qui
distingue les idées émises par le roi.

« La campagne étant terminée, on songe aux quartiers
d'hiver. On en fait arrangement selon les circonstances où l'on
se trouve... Ils ont pour but le repos, le rétablissement de l'armée et ne se prennent qu'alors que l'on est certain que l'ennemi
s'est séparé.

« On couvre les quartiers d'hiver en utilisant les obstacles
naturels, cours d'eau, montagnes, bois, ainsi que les postes fortifiés.

« On commence par faire la chaîne des troupes qui couvriront
les quartiers. Les chaînes se forment de trois manières : ou
derrière une rivière, ou à la faveur des postes défendus par
des montagnes, ou sous la protection de quelques villes fortifiées.

« J'ajouterai ici qu'il ne faut jamais se fier aux rivières, puisqu'on peut les passer partout lorsqu'elles sont gelées. Vous aurez
la précaution de mettre, dans tous les endroits de la chaîne, des
hussards pour être attentifs à tous les mouvements de l'ennemi.
Ils feront des patrouilles fréquentes en avant pour savoir si l'ennemi est tranquille, ou s'il fait assembler des troupes. Il faut
encore que, de distance en distance, il y ait des brigades de cavalerie et d'infanterie pour être prêtes à donner du secours partout
où l'on en aura besoin. »

Nous avons vu [1] les prescriptions du roi relatives à la surveillance des cours d'eau. Ces mesures ne l'ont pas empêché d'être
surpris au mois de novembre 1744, lorsque son armée, canton-
née en quartiers de rafraîchissement, était séparée de l'ennemi
par le cours de l'Elbe.

*Emploi des forteresses et organisation de la ligne de surveil-
lance.* — Les forteresses constituent d'excellents points d'appui
pour les quartiers d'hiver; on surveille l'intervalle des places
fortes à l'aide de quelques postes retranchés placés sur les princi-

---

[1] 3e partie, chapitre X.

pales communications, on coupe les routes, on fait des abatis, etc. En arrière de cette ligne de surveillance se tiennent les troupes de réserve prêtes à intervenir.

« L'hiver de 1744 à 1745, nous formâmes la chaîne de nos quartiers tout le long des montagnes qui séparent la Silésie de la Bohême et nous gardâmes exactement les frontières de nos quartiers pour être en repos.

« Le lieutenant général de Truchses avait à observer la frontière de la Lusace jusqu'au comté de Glatz, la ville de Sagan et les postes de Schmiedberg à Friedland. Ce dernier endroit était fortifié par des redoutes. Il y eut encore quelques petits postes retranchés sur les chemins de Schatzlar, Liebau et Silberberg. Le général de Truchses s'était ménagé une réserve pour soutenir le premier de ces postes qui viendrait à être insulté par l'ennemi. Tous les détachements étaient couverts par des abatis faits dans les bois et tous les chemins menant en Bohême avaient été rendus impraticables. Chaque poste avait des hussards pour reconnaître. »

Il faut se défier des montagnes. Positions à rechercher. — Les montagnes offrent de bonnes positions défensives et peuvent, à ce point de vue, être utilisées pour la protection des quartiers d'hiver ; mais il ne faut pas perdre de vue que ces positions sont pour ainsi dire indépendantes les unes des autres, qu'elles peuvent être tournées par des partisans ou de petits corps d'infanterie, et qu'elles ne mettent pas toujours les cantonnements à l'abri d'un coup de main.

« J'avertirai ici qu'il ne faut jamais se fier aux montagnes, mais se souvenir toujours du proverbe qui dit que partout où passe une chèvre, un soldat passera. »

Il ne suffit pas que le front des cantonnements soit facile à surveiller et à défendre, il convient aussi d'avoir à sa disposition une bonne ligne de communication en arrière et à faible distance de ce front.

« Si l'on est maître d'une grande ville fortifiée, environnée de positions naturelles, dans le système desquelles on peut établir, comme bonne tête de quartiers, le tiers de l'armée ; si cette tête communique, par eau comme par terre, avec une grande rivière à une marche en arrière, le long de laquelle on peut établir à l'aise, entre deux postes fortifiés extrêmes, dans des villages riches et nombreux, le reste des troupes dominant le cours du fleuve, il faut passer l'hiver dans cette région conquise. »

Évacuer au besoin le territoire ennemi. — Il ne faut pas hésiter à prendre ses quartiers en dehors du territoire ennemi, si celui-ci n'offre pas une sécurité suffisante.

« Si, au contraire, l'ennemi, n'ayant pas été entamé sérieusement dans une bataille décisive, possède tous les avantages précédents ; s'il ne vous laisse que de mauvais villages écartés, un pays ruiné où vos troupes éparpillées ne présenteraient aucune tête et ne pourraient se ravitailler qu'avec des frais énormes, où votre armée, sans cesse inquiétée dans ses postes, serait ruinée pour le commencement de la campagne suivante, il ne faut pas hésiter à hiverner plus en arrière, quelque peu honorable qu'il soit d'évacuer un si grand pays conquis.

« J'établirai ici pour maxime qu'il ne faut pas s'opiniâtrer dans les quartiers d'hiver pour une seule ville, ou pour un poste, à moins que l'ennemi ne vous gène trop par eux. Vous devez porter toute votre attention à avoir des quartiers d'hiver tranquilles. »

Distribution des troupes dans les quartiers d'hiver. — On groupera autant que possible les troupes sous le commandement de leurs généraux, de telle sorte qu'elles puissent reprendre facilement leur ordre de bataille au début de la nouvelle campagne.

« Je trouve qu'il est très convenable de distribuer dans les cantonnements les troupes aux ordres des six premiers généraux. Que l'un, par exemple, commande toute la cavalerie de l'aile droite et l'autre celle de la gauche en première ligne ; les deux autres commanderont celle de la seconde ; de cette façon les ordres seront plus promptement expédiés, et les troupes se mettront plus facilement en colonnes pour rentrer au camp.

« Pour seconde maxime, j'ajouterai encore que la meilleure méthode est de distribuer les régiments par brigade dans leurs quartiers d'hiver, afin qu'ils soient toujours sous les yeux des généraux. Notre service exige aussi de placer, s'il est possible, les régiments avec les généraux qui en sont les chefs. Mais il y a des exceptions à cette règle ; le général d'armée jugera si cela pourra se faire. »

« A l'entrée de la campagne on changera les quartiers de cantonnements, et on les distribuera selon l'ordre de bataille ; savoir, la cavalerie aux ailes et l'infanterie au centre. Ces cantonnements ont ordinairement 9 à 10 lieues (4 à 5 milles) de front, sur 4 (2 milles) de profondeur, et lorsque vous devrez camper on les retrécira un peu ».

Comment on utilise le temps en quartiers d'hiver. — Le roi indique comment on utilise les quartiers d'hiver pour mettre l'armée en état de reprendre les hostilités ; il ne craint pas d'entrer à cet égard dans les plus grands détails.

« Comme le général en chef doit se mêler de toute cette économie, il aura soin que les chevaux d'artillerie et de vivres, qui sont un tribut du pays, soient fournis en nature ou en argent comptant. Il ne manquera pas non plus d'avoir soin que les contributions soient payées très exactement au trésor de l'armée. C'est aussi au pays ennemi à faire réparer, à ses dépens, tous les chariots d'équipages et tout ce qu'il faut pour l'apparat d'une armée.

« Le général portera toute son attention à ce que les officiers de cavalerie fassent réparer les selles, les brides, les étriers et les bottes, et que ceux d'infanterie se pourvoient de souliers, de bas, de chemises et de guêtres pour la campagne prochaine. Il faudra encore faire raccommoder les couvertures des soldats et leurs tentes ; que la cavalerie affile ses épées, que l'infanterie remette ses armes en bon état, et que l'artillerie prépare la quantité nécessaire de cartouches pour l'infanterie.

« Il reste encore au général à avoir soin que les troupes qui forment la chaîne soient suffisamment pourvues de poudre et de balles, et qu'il n'y ait rien qui manque dans toute l'armée. »

Comment l'armée se recrute en pays ennemi. — Terminons ce tableau par un trait relatif au recrutement de l'armée en quartiers d'hiver sur le territoire ennemi : c'est la population ennemie elle-même qui fait les frais de ce recrutement, et Frédéric II indique le mode de procéder à cet égard, comme s'il s'agissait d'une chose toute naturelle.

« Si l'armée est en quartiers dans le pays ennemi, c'est au général d'armée d'avoir soin que les recrues nécessaires lui soient fournies. Il distribuera les cercles de façon que trois régiments, par exemple, seront assignés à l'un et quatre à l'autre. Chaque cercle sera subdivisé en régiments, comme cela se fait dans les cantons d'enrôlement.

« Si les États du pays veulent eux-mêmes fournir les recrues, ce sera m eux. Sinon on y emploiera la force. Il faut qu'elles arrivent de bonne heure pour que l'officier ait le temps de les exercer et de les mettre en état de faire le service au printemps prochain. Mais cela n'empêchera pas les capitaines d'envoyer en recrutement. »

Principaux exemples de quartiers d'hiver. — Il nous reste à jeter un coup d'œil sur les quartiers d'hiver occupés par l'armée prussienne après chaque campagne, et à rechercher si le choix de ces quartiers a pu exercer quelque influence sur la suite des opérations.

Après la rapide conquête de la Silésie, pendant l'hiver de 1740 à 1741, le roi prend ses quartiers d'hiver dans la haute Silésie et cantonne même une partie de son armée jusque sur la rive gauche de l'Oppa. Nous avons déjà fait remarquer[1] combien cette mesure était dangereuse; c'est grâce à elle que les Autrichiens ont failli couper l'armée prussienne de ses communications avec Breslau à la reprise des hostilités.

Pendant l'hiver suivant, la situation était devenue meilleure pour Frédéric II. La victoire de Mollwitz, d'une part, la prise de Neisse, de l'autre, affermissaient sa conquête en Silésie et lui permettaient d'y prendre ses quartiers d'hiver sans redouter une surprise au printemps.

Pendant l'hiver de 1744 à 1745, le roi a cantonné le gros de son armée en Silésie et l'a réparti principalement entre les places de Breslau, Brieg, Schweidnitz, Glatz et Neisse, où des approvisionnements considérables étaient réunis en prévision de la prochaine campagne. Autour de ce noyau s'étendait une vaste ligne de surveillance divisée en trois secteurs : 10 bataillons et 10 es-

---

[1] 1re partie, chapitre VIII.

cadrons surveillaient la frontière depuis la Lusace jusqu'au comté de Glatz ; 10 bataillons et 500 hussards observaient la frontière du comté de Glatz ; enfin, 5 bataillons et 16 escadrons occupaient la rive droide de l'Oder.

Les cantonnements de l'armée prussienne, pendant l'hiver de 1756 à 1757 formaient une ligne mince autour des frontières de Bohême, depuis la Mulde jusqu'à la haute Silésie. Dans la situation où se trouvait la Prusse, avec la perspective assurée d'une guerre au printemps, cette disposition offrait de graves inconvénients ; les troupes prussiennes, dispersées sur un périmètre considérable, pouvaient être surprises avant leur concentration. Cette disposition en cordon a eu une influence directe sur le plan de campagne de Frédéric II ; c'est en partie par suite de ce dispositif que le roi s'est trouvé amené à envahir la Bohême par plusieurs lignes d'opérations et a renouvelé ainsi, en l'aggravant, la faute commise en 1756 au début de la guerre.

Après la belle campagne de 1757, terminée par la brillante victoire de Leuthen, Frédéric prend ses quartiers d'hiver sur la frontière de Silésie ; lui-même est à Breslau, à proximité de ses troupes. Les opérations de campagne de 1758 commencent de bonne heure ; dès le mois de janvier le roi détache, dans la haute Silésie, un corps de troupes qui occupe Jœgerndorf et Troppau et qui replie les Autrichiens en Moravie.

L'année 1758, marquée par l'échec de l'armée prussienne devant Olmütz, par la sanglante bataille de Zorndorf et par l'insuccès de Hochkirch, se termine cependant à l'avantage du roi, puisqu'il a maintenu ses frontières intactes. Les troupes prussiennes prennent enfin un repos bien mérité et ne sont pas inquiétées dans leurs quartiers d'hiver. Ceux-ci forment trois groupes : le principal est en Silésie, le deuxième en Saxe, sous le prince Henri, et le troisième en Poméranie, sous les ordres du comte de Dohna. Cet éparpillement des forces prussiennes, pendant l'hiver de 1758 à 1759, est peut-être une des causes de l'inaction, en apparence inexplicable au point de vue militaire et des hésitations de Frédéric II, jusqu'à la fin du mois de juillet 1759 ; il en est puni par la défaite de Kunersdorf.

Pendant l'hiver de 1759 à 1760, les quartiers de l'armée prussienne sont moins disséminés ; le gros cantonne en Saxe, à faible distance de l'armée ennemie ; le reste prend ses quartiers partie sur le Bober, partie sur la frontière de la Silésie et de la Bohême ; les deux groupes principaux sont reliés par des détachements cantonnés en Lusace.

La campagne de 1760, pendant laquelle Frédéric II lutte péniblement contre ses ennemis, se termine par la victoire peu décisive de Torgau. Un armistice conclu le 11 décembre, et prorogé jusqu'au 26 mai 1761, abandonne aux Prussiens la Saxe, sauf Dresde. Le roi établit son quartier général à Leipzig et cantonne le gros de ses troupes en Saxe, tandis que le général de Goltz prend ses quartiers en Silésie pour observer les Russes.

CHAPITRE XVI.

> « On se sert alternativement à la guerre
> de la peau du lion et de celle du renard. »
>
> (Frédéric II.)

Le nombre des ruses de guerre est infini. — Principaux stratagèmes pour
tromper l'ennemi. — Ruse de guerre avant la bataille de Hohenfriedberg.— Ce qu'il faut penser de la ruse de Frédéric II. — Autres prescriptions du roi. — Embuscade tendue à Laudon au passage de la
Mettau. —Autre embuscade près de Skalitz. — Ruse employée avant
Hennersdorf. — Ruse des Autrichiens pour surprendre Pardubitz. —
Surprise de nuit à Hochkirch. — Danger de prendre une position défectueuse pour tromper l'ennemi. — Incendies autour de Brünn.
Feux de bivouac. — Faux avis donnés aux Russes. — Danger d'employer des dépêches non chiffrées. — Les mannequins des grenadiers
prussiens à Schmirschitz. — Comment une avant-garde se fit attaquer
en 1758. — La reine de Pologne à Dresde. — Ruse de Seydlitz près
de Gotha, en 1757. — Des indices. — Finesse de Frédéric II dans les
négociations.

Le nombre des ruses de guerre est infini. — Les ruses et les
stratagèmes les plus divers ont été employés pendant les guerres
de Frédéric II; leur nombre est infini, mais leur but est toujours
le même : chercher à tromper l'ennemi.

« On se sert alternativement, à la guerre, de la peau du lion et
de celle du renard. La ruse réussit où la force échoue. Il est
donc absolument nécessaire de se servir de l'une et de l'autre,
puisque souvent la force est repoussée par la force, au lieu que
plusieurs fois la force est obligée de céder à la ruse.

« Le nombre des stratagèmes est infini. Je n'ai pas envie de
les citer ici. Ils ont tous le même but, qui est d'engager l'ennemi à faire les fausses démarches qu'on souhaite qu'il fasse.
On les emploie pour cacher le vrai dessein et pour lui faire illusion en affectant des vues qu'on n'a pas. »

Une des ruses les plus fréquentes consiste à répandre de faux
bruits pour exagérer la force de sa propre armée; c'est un
moyen qui a été employé à toutes les époques : « Encore une

fois, à la guerre, le moral et l'opinion sont plus de la moitié de la réalité. L'art des grands capitaines a toujours été de publier et de faire apparaître à l'ennemi leurs troupes comme très nombreuses, et à leur propre armée l'ennemi comme très inférieur ». (Napoléon.)

Principaux stratagèmes pour tromper l'ennemi. — Voici comment Frédéric II comprend l'emploi des stratagèmes en tactique :

« Quand les troupes sont à la veille de s'assembler, on leur fait faire plusieurs contremarches pour donner l'alarme à l'ennemi et pour lui cacher le point où l'on veut assembler l'armée et pénétrer.

« Si c'est dans un pays où il y a des forteresses, on va se camper dans un endroit qui menace deux ou trois places à la fois. Si l'ennemi jette des troupes dans toutes ces places, il s'affaiblit et vous profitez de ce temps pour lui tomber sur le corps ; mais s'il n'a eu cette précaution que pour une seule, on se tourne du côté où il n'a pas envoyé de secours et l'on en fait le siège.

« Si vous avez le dessein de vous rendre maître d'un poste considérable ou de passer une rivière, il faut que vous vous éloigniez du poste où vous voulez passer, pour attirer l'ennemi où vous êtes. Et quand vous aurez tout disposé et dérobé par une marche, vous tournerez tout d'un coup sur l'endroit projeté, pour vous en emparer.

« Si c'est pour combattre l'ennemi, et qu'il paraisse en éviter l'occasion, vous faites divulguer que votre armée est diminuée, ou vous faites semblant de craindre l'ennemi. Nous avons joué ce rôle avant la bataille de Hohenfriedberg. Je fis réparer les chemins, comme si j'avais dessein de marcher sur quatre colonnes à Breslau à l'approche du prince Charles ; son amour-propre me seconda pour l'attirer dans la plaine ; il y fut battu. »

Nous allons examiner la conduite tenue par Frédéric II en cette circonstance et chercher quelle part il faut attribuer à ce stratagème dans le succès qu'obtint le roi.

Ruse de guerre avant la bataille de Hohenfriedberg. — A la fin du mois de mai 1745, Frédéric II concentre le gros de ses forces en Silésie, près de Frankenstein ; il a en face de lui, en Bohême, l'armée du prince Charles de Lorraine, grossie du corps saxon,

qui marche de Trautenau sur Schatzlar pour envahir la Silésie.
Au lieu d'occuper dans les montagnes de la Silésie de fortes
positions pour arrêter l'ennemi et lui livrer bataille dans de
bonnes conditions, le roi forme le projet singulier d'attirer
l'armée autrichienne en Silésie par une feinte retraite et de
tomber brusquement sur cette armée au moment où elle s'avan-
cera en toute confiance. En conséquence, il fait réparer les chemins qui mènent à Breslau, répand le bruit de sa retraite sur
cette place forte, et emploie tous les moyens pour accréditer ce
bruit : fausses nouvelles, espions doubles, déserteurs, etc. Le
prince de Lorraine trouve les défilés libres et reçoit de toutes
parts la nouvelle que son adversaire se retire sous les murs de
Breslau pour s'y concentrer et livrer une bataille décisive ; il
s'avance sans défiance et débouche sur Reichenau et Hohen-Hen-
nersdorf ; les généraux de Wallis et de Nadasty sont avec l'avant-
garde sur les hauteurs de Freiburg.

Cependant, le roi a porté son avant-garde à hauteur de Striegau, sur la rive droite de la rivière de Striegau (1er juin) ; elle
est sous les ordres des généraux Du Moulin et Winterfelt ; le
corps du duc de Nassau garnit le Nonnenbusch au sud-est de
Striegau ; le reste de l'armée est massé entre Jauernick et
Schweidnitz. La majeure partie de l'armée prussienne se trouve
masquée par la région boisée du Nonnenwald « et par des ravins
derrière lesquels on s'était placé exprès pour tenir l'ennemi dans
l'ignorance des forces prussiennes et pour le confirmer dans
l'opinion où il était d'entrer dans un pays où il ne trouverait
aucune résistance ». C'était donc bien une véritable embuscade
dressée par toute une armée, dans l'espoir de surprendre l'ennemi en flagrant délit de marche.

Le 2 juin, le prince de Lorraine n'apercevant des hauteurs de
Hohenfriedberg que quelques détachements ennemis dans la
plaine, prend le parti d'aller camper le lendemain à Oelse et de
porter son avant-garde sur Schweidnitz, tandis que son aile
gauche, formée du corps saxon, marchera sur Striegau. Le lendemain, 3 juin, le roi aperçoit toute l'armée ennemie qui descend
dans la plaine sur huit colonnes ; la droite est vers Hohenfriedberg, le centre à Hausdorf et à Rohnstock, la gauche s'étend
jusqu'à Pilgramshain. Le roi prend aussitôt ses dispositions
pour l'attaquer ; il met son armée en marche à 8 heures du soir

dans le plus grand silence et la masse à minuit près des ponts de Striegau ; l'avant-garde franchit la rivière et prend position devant la ville.

Telles sont les mesures prises par Frédéric pour tromper l'armée autrichienne sur ses desseins et tomber sur elle à l'improviste. L'événement lui donne raison : le corps saxon, assailli au moment où il débouche paisiblement sur Striegau, est rejeté en désordre ; l'armée autrichienne pressée de front, puis débordée, se met elle-même en retraite sur les hauteurs de Hohenfriedberg, que les Prussiens n'osent attaquer.

Tels sont les faits ; il nous reste à apprécier la conduite de Frédéric II en cette circonstance et à rechercher ce qu'il faut penser de son stratagème.

Ce qu'il faut penser de la ruse de Frédéric II. — Après l'issue malheureuse de la campagne de 1744, il était naturel que Frédéric se tînt sur la défensive en Silésie. L'armée prussienne avait besoin de repos ; elle n'avait pris entièrement ses quartiers d'hiver qu'à la fin de février, et le roi ne pouvait guère songer à une nouvelle invasion en Bohême : « Il risquait plus en s'enfonçant dans ce royaume qu'en voyant venir l'ennemi à lui ». C'est alors qu'il forme le projet de tromper l'ennemi sur ses desseins en lui faisant croire qu'il bat en retraite : « Lorsque les nouvelles qu'on fait donner à l'ennemi flattent ses passions, on est presque sûr de l'entraîner dans le piège qu'on lui tend ». L'évacuation de la haute Silésie et des défilés du côté de Landshut donnait, en effet, de la vraisemblance à ce bruit.

Mais ce qui paraît vraiment extraordinaire, c'est que le prince de Lorraine soit resté sans nouvelles de l'ennemi, malgré sa nombreuse cavalerie et les rapports de ses espions, faciles à contrôler les uns par les autres ; il aurait pu aisément savoir que l'armée prussienne était, le 28 mai, près de Frankenstein, qu'elle marchait le lendemain sur Reichenbach ; il lui était encore plus facile de constater, le 1er juin, que toute cette armée était répartie sur un front très restreint au nord de Schweidnitz. Lui-même, le 2 juin, est sur les hauteurs de Hohenfriedberg, à quelques lieues seulement de l'armée prussienne, et il ignore entièrement la présence de celle-ci ; quant à son avant-garde, elle est sur les hauteurs de Freiburg et ne couvre nullement l'armée autrichienne du côté de la plaine où celle-ci va descendre pour marcher sur Oelse.

Même dans l'hypothèse d'une retraite de l'armée prussienne sur Breslau, le premier devoir du prince de Lorraine était de prendre le contact avec celle-ci et de ne s'aventurer lui-même qu'à bon escient; il n'ignorait pas que l'armée prussienne était forte de 60,000 hommes, qu'elle était intacte, bien commandée et dirigée par un chef qui l'avait plus d'une fois conduite à la victoire. Enfin, l'hypothèse même d'une retraite sous les murs de Breslau, quelque vraisemblance qu'elle offrît, était peu admissible, car le roi abandonnait ainsi d'excellentes positions, et une défaite sur l'Oder, c'était pour lui la perte de la Silésie, tandis qu'une bataille perdue sur la frontière de Bohême ne compromettait pas le sort de toute la campagne. La conduite plus que prudente du roi, alors que rien ne l'obligeait à une attitude aussi timorée, aurait dû donner l'éveil à son adversaire ; en tout cas, celui-ci avait assez de cavalerie pour s'éclairer à bonne distance. Mais telle était la conviction du prince de Lorraine que Frédéric II battait en retraite, qu'il annonçait ce fait comme ne faisant plus l'objet d'un doute, dans ses lettres à la cour de Vienne. Le stratagème de Frédéric avait donc réussi et le roi avait raison de dire : « J'ai ouvert les passages de la haute et de la basse Silésie. On ne peut pas prendre des souris sans ouvrir la souricière ; je me flatte et j'espère qu'ils y entreront ». Constatons seulement qu'il a fallu tout l'aveuglement et toute la négligence du prince de Lorraine pour qu'une ruse aussi grossière pût réussir.

Quant à la conduite de Frédéric II en cette circonstance, elle est contraire aux règles de la prudence la plus élémentaire. Celle-ci interdit d'escompter à la guerre les fautes que pourra commettre l'adversaire. Rien ne pouvait faire supposer que le prince de Lorraine s'avancerait sans s'éclairer et viendrait donner tête baissée dans le piège qui lui était tendu. Il suffisait, pour faire échouer la ruse de Frédéric, du rapport d'un espion ou d'un déserteur, d'une reconnaissance bien conduite, d'un hasard, enfin, comme il s'en produit à chaque instant en campagne. La journée de Hohenfriedberg perd donc les proportions d'une opération tactique remarquable et se réduit à une sorte d'embuscade bien préparée, mais qu'un peu de prudence eût suffi à éventer ; sa réussite dépendait uniquement du défaut de vigilance de l'ennemi, et c'est toujours un calcul dangereux de compter, pour battre son adversaire, sur la faute qu'il pourra commettre. Les éloges que l'on a adressés, à cette occasion, au roi de Prusse, nous paraissent donc peu mérités : « Les combinaisons de Frédéric pour la bataille de Hohenfriedberg sont, sans contredit, des plus savantes. On doit les plus grands éloges à l'habileté avec laquelle il sut choisir sa position afin d'attendre l'armée ennemie au débouché des gorges ». (JOMINI).

Ajoutons que le sort de la journée a été un instant indécis ; même après la défaite du corps saxon, l'armée autrichienne qui s'avançait sur huit colonnes de front a pu se déployer rapidement et s'est trouvée rangée en bataille sur un bon terrain, avec une ligne de retraite assurée sur les hauteurs de Hohenfriedberg. Sa position était meilleure que celle de l'armée prussienne à cheval sur la rivière de Striegau ; l'aile gauche de celle-ci s'est même trouvée en retard par suite de la rupture d'un pont sur cette rivière. Malgré l'avantage que lui donnait l'offensive, Frédéric a vu son succès compromis par un faux mouvement exécuté au début de l'action : « Le roi s'aperçut à temps de cette bévue et il la redressa avec promptitude. Si le prince de Lorraine avait profité de ce mouvement, il aurait pu prendre en flanc la gauche des Prussiens qui n'était pas encore appuyée au ruisseau de Striegau ; tant le sort des États et la réputation des généraux tient à peu de chose, un seul instant décide de la fortune ». C'est au courage de ses troupes plutôt qu'à sa bonne tactique que Frédéric dut la victoire : « La ruse prépara cette action et la valeur l'exécuta »

Concluons donc que la conduite de Frédéric II en cette circonstance n'est pas à imiter ; qu'il est toujours imprudent d'exploiter d'avance les fautes que l'on espère voir commettre par son adversaire, et que, s'il est de bonne guerre d'employer la ruse contre l'ennemi, il faut bien se garder de faire reposer sur une base aussi fragile tout un plan de campagne, sous peine de voir tout cet échafaudage s'écrouler peut-être au moment le plus critique.

Comme le dit Frédéric II avec raison : « Le hasard conserve toujours ses droits ».

Autres prescriptions du roi. — Les ruses dont l'emploi est conseillé par le roi consistent généralement en fausses nouvelles et en démonstrations qui ont pour objet de tromper l'ennemi ; elles constituent souvent de petites opérations tactiques dont le résultat exerce une influence assez grande sur le cours de la campagne ; on en trouve de nombreux exemples dans toutes les guerres de Frédéric II.

Voici les principales prescriptions du roi à cet égard :

« On rétrécit quelquefois le camp pour le faire paraître plus faible ; on fait de petits détachements qu'on annonce être considérables afin que l'ennemi méprise votre faiblesse et quitte son avantage.

« Si l'on n'a pas envie de combattre, on se dit plus fort qu'on est, et l'on fait bonne contenance.

« En vertu de votre contenance vous paraissez vouloir vous engager avec l'ennemi, vous faites répandre le bruit que vous avez les desseins les plus téméraires, et souvent l'ennemi croit qu'il n'aurait pas trop beau jeu si vous veniez et se tient lui aussi sur la défensive.

« Une autre ruse de guerre est celle de présenter un grand front à l'ennemi ; s'il prend la fausse attaque pour la véritable, il est perdu.

« Par des ruses on oblige encore l'ennemi à faire des détachements, et, quand ils sont partis, on marche à lui.

« Le meilleur stratagème est que, dans le temps où les troupes sont prêtes à se séparer pour entrer en quartiers d'hiver, on sache endormir son ennemi et qu'on se retire pour mieux avancer. Dans cette vue, on distribue ses troupes de manière qu'on puisse les assembler promptement pour forcer les quartiers ennemis. Si vous réussissez à cela, vous réparez en quinze jours tous les malheurs de la campagne. Lisez les deux dernières campagnes de Turenne et étudiez-les souvent. Ce sont des chefs-d'œuvres de stratagèmes de notre temps.

« Les ruses dont se servaient les Anciens à la guerre sont aujourd'hui le partage des troupes légères ; elles dressent des embuscades et tâchent d'attirer l'ennemi par une fuite dissimulée dans un défilé pour le sabrer après. Présentement, il y a fort peu de généraux assez maladroits pour donner dans ces sortes d'embuscades. »

Embuscade tendue à Laudon au passage de la Mettau. — Malgré cette assertion, ce stratagème a souvent réussi à Frédéric II et à ses lieutenants, même vis-à-vis de généraux expérimentés comme Laudon ; la meilleure manière d'arrêter la poursuite de l'ennemi quand on bat en retraite, c'est de lui tendre une embuscade.

En 1758, après la levée du siège d'Olmütz, Laudon suit l'armée prussienne en Bohême pour inquiéter sa retraite :

« *Pour faire passer à l'ennemi l'envie de harceler les arrière-gardes, on prépara le lendemain une embuscade : ce fut au passage de la Mettau ; on occupa avec 10 bataillons et 20 escadrons un bois qui se trouve sur le chemin et qui tire de Jaromircz à la Mettau ; après quoi, l'armée se mit en marche et ne présenta à l'ennemi qu'une faible arrière-garde de hussards ; M. de Laudon, qui s'échauffait facilement, voulut donner dessus ; alors la cavalerie, en sortant de l'embuscade, le prit à dos, à revers, dans tous les sens ; il fut fort maltraité... Après cette petite action, l'armée du roi poursuivit paisiblement sa marche.* »

Autre embuscade près de Skalitz. — Quelques jours après, l'armée prussienne campe à Skalitz ; Laudon se laisse encore prendre à un stratagème du même genre :

« *Dans l'emplacement où l'armée était campée, il se trouvait une hauteur sur la droite, dont il fallait nécessairement être en possession ; le roi y plaça les volontaires de Le Noble, comme un appât qu'il présentait à l'ennemi, et six bataillons, campés dans une espèce de ravin, avaient ordre de soutenir ce poste en cas d'attaque. Ce qu'on avait prévu arriva : M. de Laudon vint de nuit pour surprendre Le Noble ; il fut reçu d'une façon différente qu'il ne s'y attendait ; on le mit en fuite.* »

Ruse employée avant Hennersdorf. — Au mois de novembre 1745, avant l'affaire de Hennersdorf, le roi emploie avec succès la même ruse qu'à la bataille de Hohenfriedberg.

« *La situation du roi était à peu près semblable à celle où il se vit avant la bataille de Hohenfriedberg ; il eut recours aux mêmes ruses pour attirer les ennemis dans les mêmes pièges. On affecta de respecter scrupuleusement les frontières de la Saxe et de borner son attention à gagner Crossen avant le prince de*

Lorraine ; pour fortifier cette opinion... on prépara des chemins à Crossen, on amassa des vivres sur la route, si bien que les gens du pays, qu'il faut toujours tromper les premiers, crurent bonnement qu'on n'avait aucun autre projet. Le prince de Lorraine... s'endormit dans une dangereuse sécurité, et ce même stratagème réussit pour la seconde fois. Pour empêcher, autant qu'il était possible, que les Autrichiens ne fussent instruits des mouvements de l'armée, le roi avait fait border trois rivières qu'il avait devant lui : le Queiss, la Wuthende-Neisse et le Bober. Tout ce qui venait de la Lusace avait le passage libre, mais il était interdit à tous ceux qui voulaient passer ces rivières pour aller en Saxe ; de sorte qu'on se procurait des nouvelles et qu'on empêchait l'ennemi d'en recevoir. »

Ruse des Autrichiens pour surprendre Pardubitz. — De leur côté, les Autrichiens avaient aussi recours à la ruse contre leurs adversaires. En 1744, ils faillirent surprendre la ville de Pardubitz où les Prussiens avaient établi un magasin sous la garde d'un régiment.

« Un détachement de 1500 grenadiers et 600 hussards, venus de la Moravie, se déguisèrent en paysans et, sous prétexte de livrer au magasin, ils essayèrent de s'introduire dans la ville au moyen de leurs chariots. La trame fut découverte par un Autrichien qui lâcha imprudemment un coup de pistolet ; les gardes des postes et des ravelins firent feu sur cette troupe. »

Surprise de nuit à Hochkirch. — A la bataille de Hochkirch, les Autrichiens voulant surprendre de nuit l'armée prussienne, laissent leurs tentes dressées et font entretenir les feux par quelques hommes ; ils construisent dans la forêt un grand nombre d'abatis en faisant beaucoup de bruit afin que l'ennemi ne puisse entendre leurs colonnes en marche. Des chemins avaient été préparés d'avance dans la forêt, et les Pandours avaient habitué les Prussiens à des tirailleries continuelles ; aussi ces derniers crurent-ils, au début de l'attaque, à une simple affaire d'avant-postes.

Danger de prendre une position défectueuse pour tromper l'ennemi. — A cette même bataille de Hochkirch, Frédéric II occupait une position des plus défectueuses, à proximité des hauteurs que tenait l'armée autrichienne. Il explique sa conduite par le désir de tromper le maréchal Daun sur ses intentions, de lui faire croire à une attaque dans la direction de Lœbau, tandis qu'en réalité il marcherait par Weissenberg sur Gœrlitz : « Le projet du roi était, en prenant le camp de Hochkirch, de cacher aux Autrichiens son véritable dessein, qui était de se joindre à M. de Retzow, posté à notre flanc gauche, et de tomber conjointement sur le prince de Durlach ».

Cette fois, le stratagème n'a pas réussi, car Daun, prenant franchement l'offensive, est tombé sur l'armée prussienne placée sur une ligne trop étendue, l'a surprise en pleine nuit et l'a battue.

Incendies autour de Brünn. Feux de bivouac. — En 1742, le gouverneur de la place de Brünn, cerné par les troupes prussiennes et saxonnes, fait incendier les villages occupés par l'ennemi.

« Le commandant de cette place était un homme intelligent. Il envoyait des gens déguisés pour mettre le feu aux villages que les troupes occupaient. Toutes les nuits il y eut des incendies ; on compta plus de seize bourgs, villages ou hameaux qui périrent par les flammes. »

Les feux de bivouac servaient fréquemment à dissimuler le départ des troupes la nuit ; nous venons de voir qu'à Hochkirch les Autrichiens ont employé ce moyen pour tromper la surveillance des avant-postes prussiens ; ils firent entretenir les feux de bivouac toute la nuit, pendant que l'armée autrichienne se portait contre l'aile droite de la position prussienne. C'est un procédé que Frédéric a souvent employé lui-même. Avant la bataille de Liegnitz, le roi exécute coup sur coup deux marches de nuit pour quitter une position dangereuse et venir se former sur le plateau de Pfaffendorf ; chaque fois il laisse en arrière des groupes de cavaliers chargés d'entretenir les feux et de faire des patrouilles pour tromper l'ennemi et lui persuader que les Prussiens occupent toujours le même camp ; ces cavaliers se dérobent rapidement au petit jour et rejoignent l'armée.

Cet exemple nous montre qu'il est nécessaire de pousser de temps en temps des reconnaissances au delà des sentinelles ennemis, afin de s'assurer que derrière cette mince ligne de surveillance l'ennemi n'exécute pas de mouvement important.

Faux avis donnés aux Russes. — Une ruse qu'employait bien souvent le roi, consistait à faire saisir par l'ennemi une lettre contenant de faux renseignements. Après la bataille de Liegnitz, Frédéric, en marche sur Breslau, craint d'être devancé par l'armée autrichienne et d'être coupé de cette place par l'armée russe ; malgré le succès inespéré qu'il vient de remporter sur une partie de l'armée autrichienne, le danger était grand : « Il fallut tenter tous les moyens pour se débarrasser d'un ennemi (les Russes) qu'on n'avait aucune envie de combattre. On eut recours à la ruse. Pour cet effet, le roi écrivit au prince, son frère. Cette lettre, pleine d'enflure, portait qu'il venait de battre les Autrichiens à plate couture ; qu'il faisait construire un pont actuellement pour passer l'Oder, afin de faire un traitement pareil aux Russes ; qu'il comptait d'attaquer M. de Soltykoff, et qu'il priait le prince de faire alors de son côté les mouvements dont on était convenu. On chargea un paysan de cette lettre, et on lui promit de grosses récompenses pour que, le moment même, il partît, qu'il se laissât prendre par les postes avancés de M. de Czernischew, et qu'il lui remît cette lettre comme si la peur de quelque châtiment l'y portait ».

C'est là un stratagème bien rudimentaire, car les dépêches de cette importance sont ordinairement chiffrées ; en outre, le roi se trouvait à la merci d'un paysan qui pouvait se laisser arracher la vérité.

Danger d'employer des dépêches non chiffrées. — Il est toujours dangereux, excepté dans le cas précédent, d'employer des dépêches non chiffrées ; le porteur ne pouvant pas toujours les faire disparaître à temps, s'il vient à être pris.

Au commencement du mois d'août de l'année 1760, Frédéric II se porte de Saxe en Silésie, suivi de près par l'armée autrichienne : « Comme l'armée se trouvait immédiatement entre le maréchal Daun et Lacy, un aide de camp du maréchal, chargé de lettres pour ce dernier, fut pris. On trouva dans son paquet les nouvelles ultérieures de ce qui s'était passé en Silésie ; on y voyait de plus les desseins que le maréchal formait pour la campagne, qu'il développait nettement et sur lesquels il consultait M. de Lacy ».

Les mannequins des grenadiers prussiens à Schmirschitz. — Frédéric II nous a conservé le souvenir de ruses parfois enfantines; nous allons en citer quelques-unes qui ne manquent pas d'originalité.

Pendant la campagne de 1745, en Bohême, « il y avait un poste détaché à Schmirschitz, qui mit un nouveau stratagème en usage pour intimider les Hongrois, qui venaient souvent tirer sur une redoute et sur une sentinelle placée proche du pont de l'Elbe ; c'est une plaisanterie qui délassera le lecteur de la gravité des matières qu'il a sous les yeux. Quelques sentinelles ayant été blessées par des pandours, les grenadiers de Kalckstein s'avisèrent de faire un mannequin, de l'habiller en grenadier et de le placer à l'endroit où était la sentinelle ; ils remuaient cette poupée par le moyen de cordes, de sorte qu'à une certaine distance on la prenait pour un homme ; ils s'embusquèrent en même temps dans les broussailles voisines. Les pandours arrivent et tirent ; le mannequin tombe, les voilà qui veulent se jeter dessus ; en même temps, part un feu très vif des broussailles ; les grenadiers se jettent sur eux et font prisonniers tous ceux qu'ils avaient blessés ; depuis ce temps-là ce poste fut tranquille ».

On trouverait dans les campagnes modernes, notamment dans celle de Crimée (1854-1855), des exemples de ruses semblables, tant il est vrai qu'au fond les procédés varient peu à la guerre

Comment une avant-garde se fit attaquer en 1758. — Pendant la marche du roi sur Neisse, après la bataille de Hochkirch (1758), une avant-garde prussienne employa un moyen singulier pour se faire attaquer et entraîner l'ennemi sur un terrain défavorable.

« L'avant-garde trouva un corps de cavalerie posté derrière un défilé du côté de Rauschwalda ; il n'était pas possible de l'attaquer dans cette position avantageuse ; on fit, en escarmouchant, ce que l'on put pour l'engager à combattre, mais inutilement. On apprit enfin par un transfuge que c'était le corps de carabiniers et grenadiers à cheval, commandé par un général espagnol nommé d'Ayasassa, et, sur cet éclaircissement, on résolut de choquer la fierté espagnole *pour engager ce général à passer le défilé et à se laisser battre; pour cet effet, des hussards lui montrèrent, en se tournant, des parties que la bienséance demande que l'on cache devant le public. A peine quelques hussards eurent-ils présenté ce spectacle que, ne pouvant plus y tenir, il passa le défilé en fureur et fondit sur ceux dont il se croyait insulté. Aussitôt, les dragons le chargèrent et culbutèrent sa troupe dans le même défilé qu'il avait passé avec tant d'imprudence.* »

La reine de Pologne à Dresde. — Une des ruses les plus singulières est celle dont fit usage la reine de Pologne, restée à Dresde, en 1756, pendant l'occupation prussienne. Voici le moyen qu'elle employait pour recevoir des nouvelles de l'extérieur en déjouant la surveillance des Prussiens :

« Cette princesse... entretenait des intelligences secrètes avec les généraux autrichiens et les avertissait de toutes les choses qu'elle était à portée d'apprendre. Ces menées extraordinaires donnèrent lieu aux précautions que l'on prit pour découvrir cette correspondance. Comme on fouillait exactement aux portes tous les ballots, les marchandises et les paquets qui venaient de Bohême, on ouvrit un jour une caisse de boudins adressée à la grande-maîtresse de la reine, *qui avait des terres aux environs* de Leitmeritz; en examinant ces boudins, on les trouva tout farcis de lettres. Cette découverte rendit la cour plus retenue dans ses correspondances. »

Ruse de Seydlitz près de Gotha, en 1757. — Citons encore un stratagème employé avec un plein succès par Seydlitz, en 1757, et resté légendaire en Allemagne.

Nous avons vu [1], qu'avant la bataille de Rosbach, Seydlitz, à la tête de 20 escadrons, surprit, aux environs de Gotha, un corps français aux ordres du prince de Soubise ; celui-ci battit précipitamment en retraite, croyant avoir devant lui toute l'armée prussienne. Voici le récit de cet incident [2] :

---

[1] 2e partie, chapitre II.

[2] D'après le général DE BRACK, *Seydlitz ou la Cavalerie prussienne sous Frédéric le Grand.*

« Frédéric ayant pris position près d'Erfurt, avait poussé Seydlitz jusqu'à Gotha avec 10 escadrons de hussards de Szekely, 5 de dragons de Katt et 5 de dragons de Meinecke. L'armée franco-impériale occupait les environs d'Isenach.

« Seydlitz avait fait camper ses 10 escadrons de hussards en avant de la ville, ses dragons de Meinecke dans la ville, et ses dragons de Katt à Gumbstadt. Le 19, les avant-postes lui signalent l'approche d'un corps ennemi considérable ; il se retire lentement au travers de Gotha et rallie toutes ses troupes sur les hauteurs de Sebelen. Là, il les déploie sur un seul rang, laissant entre ses fronts d'escadrons de grands intervalles, et les dispositions sont si bien prises que l'ennemi peut apercevoir ses masses, mais sans en apprécier la profondeur. Aussitôt qu'il sait la ville occupée par l'ennemi, il fait partir un dragon qui doit se dire déserteur et rapporter que Frédéric est en marche avec toute son armée, et que les Prussiens n'attendent que sa très prochaine arrivée pour attaquer.

« Le rapport obtient prompt et plein succès, et parvient aux oreilles du général prince de Soubise à l'instant où, dans le palais du duc, il va se mettre à table. Aussitôt une reconnaissance est ordonnée, l'état-major la compose. Arrivée à une certaine distance, elle voit, en effet, le large front prussien et prend pour de l'infanterie des hussards à pied que Seydlitz a placés dans les doubles intervalles de ses escadrons. Il n'y a plus de doute ! Frédéric est présent ! et Soubise, ordonnant la retraite, renonce à son dîner et sort en hâte de la ville avec un corps d'armée composé de 33 compagnies de grenadiers, un détachement de Croates, 2 régiments de hussards, 2,000 chevaux impériaux, 1000 dragons français et 4 bouches à feu ; en tout 6,000 hommes d'infanterie et 4,000 cavaliers. Aussitôt en plaine, il forme ses troupes en un grand carré défensif et se retire vers Isenach, avec les précautions tactiques les plus minutieuses. Sa cavalerie est à l'arrière-garde.

« Seydlitz, voyant le succès de sa ruse, se précipite aussitôt dans la ville avec ses hussards et charge cette arrière-garde, qui se retire avec pertes sur le carré ; puis il prend position et se rend avec ses officiers au palais ducal, où il mange l'excellent dîner du prince de Soubise, dont le cuisinier est encore cité sur toutes les cartes de nos restaurateurs. »

Seydlitz renvoya au prince de Soubise la cohue des laquais, valets de chambre, cuisiniers, perruquiers, coiffeurs, acteurs, etc., faits prisonniers dans la ville.

Tel fut ce coup de main de Gotha. Cet exemple fait ressortir non seulement l'incapacité du chef de la reconnaissance française, qui se laisse prendre à une ruse aussi grossière, mais aussi la naïveté de Soubise qui ajoute créance au dire du premier déserteur venu et qui montre ainsi combien il a peu le sens de la guerre.

Des indices. — Nous dirons ici quelques mots des indices, dont l'étude se rattache indirectement à celle des stratagèmes et des ruses de guerre.

Frédéric II prescrit d'étudier avec soin les habitudes de l'ennemi et sa façon d'agir dans les diverses circonstances, afin d'en déduire quelle sera sa conduite dans des cas semblables.

« Si l'ennemi vous oppose toujours le même général, vous pourrez apprendre ses manières et découvrir ses desseins par sa façon d'agir.

« Le plus sûr moyen de découvrir les desseins de l'ennemi, avant l'entrée de la campagne, est l'endroit qu'il choisit pour le dépôt de ses vivres.

« La première chose dont il faudra s'informer est de quel côté, dans quels endroits l'ennemi y établira ses magasins.

« Lorsque les Autrichiens seront campés, on devinera les jours qu'ils marcheront, par ce fait que c'est un usage chez eux de faire cuire aux soldats les jours de marche. Si vous apercevez donc, à 8 ou 9 heures du matin, beaucoup de fumée, vous pouvez hardiment croire qu'ils feront un mouvement ce jour-là.

« Toutes les fois que les Autrichiens ont intention de combattre, ils font rentrer au camp tous leurs gros détachements de troupes légères. Quand vous remarquerez cela, vous n'avez qu'à vous tenir sur vos gardes.

« Si vous attaquez un poste de troupes hongroises et qu'elles tiennent ferme, vous devez être persuadé que leur armée est à portée pour le soutenir.

« Si leurs troupes légères viennent se placer entre votre armée et le corps que vous avez détaché, vous pourrez en conclure que l'ennemi a formé un dessein sur ce détachement. C'est à vous alors à prendre vos mesures. »

Enfin, Frédéric II fait remarquer judicieusement qu'on aura un premier indice des projets de l'ennemi en étudiant sa propre situation et en cherchant le point faible que l'ennemi, s'il est adroit, ne manquera pas d'attaquer.

« Après avoir bien réfléchi sur le pays où est le théâtre de la guerre, sur l'armée que vous commandez, sur la sûreté de vos dépôts de vivres, sur la force des places de guerre et sur les moyens que l'ennemi peut avoir pour s'en emparer, sur le dommage que ses troupes légères vous causeraient si elles venaient se poster sur vos flancs, sur vos derrières et autre part, ou si l'ennemi s'en servait pour faire une diversion ; après avoir bien réfléchi, dis-je, sur tous ces points, vous pourrez compter qu'un ennemi savant fera précisément ce qui vous nuira le plus ; que c'est au moins son intention, et qu'il faut, par conséquent, s'y opposer tant qu'il sera possible. »

Finesse de Frédéric II dans les négociations. — Terminons par un trait qui montre avec quelle finesse, exempte de préjugés, le roi traitait les affaires.

En 1741, il signe une trêve avec l'Autriche, qui lui accorde la Silésie pour prix de sa neutralité ; mais il veut en même temps se réserver un prétexte pour reprendre les armes, s'il y trouve son intérêt. Pour obtenir ce double résultat, il se décide à traiter lui-même et se rend, de sa personne, accompagné par un seul officier, à Ober-Schnellendorf, où sont réunis le maréchal de Neuperg, commandant en chef l'armée autrichienne, et lord Hyndford, représentant de l'Angleterre. Le but de Frédéric est de conclure une convention dont les termes lui permettront de reprendre les hostilités quand bon lui semblera, tout en conservant, bien entendu, la Silésie. Il obtient ce résultat en exigeant, comme condition *sine quâ non*, que les clauses de l'engagement ne seront pas divulguées. « Le roi était bien sûr que cela ne manquerait pas d'arriver », ajoute-t-il. Grâce à cette ruse, il resta en possession de la Silésie et reprit les armes l'année suivante, lorsque l'occasion lui parut favorable.

CHAPITRE XVII

> « En payant les espions, il faut être géné-
> reux et même prodigue. »
>
> (Frédéric II.)

Emploi fréquent des espions. — Leur classification d'après Frédéric II :
1° Espions ordinaires. — 2° Espions doubles. — 3° Espions de conséquence. — 4° Espions malgré eux. — Intelligences à entretenir avant
les hostilités. — Emploi d'un espion double avant Hohenfriedberg.
— Offici rs et soldats déguisés; exemple, en 1761.— Comment on utilise les espions ennemis. — Renseignements obtenus d'officiers prisonniers ; exemples. — Renseignements fournis par les déserteurs. — Il
ne faut pas accorder trop de créance aux espions. — Espions diplomatiques. — Il faut bien payer les espions.

Emploi fréquent des espions. — L'utilité des espions a été re-
connue de tout temps ; elle découle de la nécessité de se procurer des nouvelles de l'ennemi.

« Si l'on savait toujours d'avance les desseins de l'ennemi, on
ne manquerait jamais de lui être supérieur avec une armée inférieure. Tous les généraux qui commandent des armées tâchent
de se procurer cet avantage ; mais il y en a guère qui réussissent. »

L'usage des espions était très répandu dans l'armée prussienne au temps de Frédéric II ; le roi s'en servait constamment
et trouvait que l'argent dépensé de cette façon était mieux
employé qu'à entretenir un train de maison luxueux : « M. de
Soubise a vingt cuisiniers et pas un espion ; j'ai vingt espions et
un seul cuisinier ».

Au reste, Frédéric est d'avis qu'avec de l'argent on trouvera
toujours des espions.

« Comme il n'est point de ville imprenable où l'on ne puisse
introduire un mulet chargé d'or, il n'est guère d'armée où l'on
ne trouve d'âme lâche et vénale[1]. »

---

[1] Cette maxime rappelle le mot de Philippe de Macédoine : « Il n'y a pas
de ville imprenable quand on peut y faire entrer un mulet chargé d'or .»

Leur classification d'après Frédéric II : 1º espions ordinaires.
— Frédéric classe les espions en quatre catégories.

La première catégorie comprend « les gens ordinaires qui se
mêlent de ce métier », comme les paysans, les bourgeois, etc.
On ne peut guère les employer que pour savoir d'eux où est l'ennemi ; « la plupart de leurs rapports sont si embrouillés ou si
obscurs qu'ils ajoutent aux incertitudes où l'on est ».

Les déserteurs, qui font partie de la même catégorie, ne fournissent que des renseignements insuffisants : « Les rapports des
déserteurs ne valent ordinairement pas mieux. Le soldat sait
bien ce qui se passe dans le régiment où il est, mais rien de
plus. Les hussards étant la plupart du temps absents de l'armée
et détachés en avant, ne savent souvent de quel côté elle est
campée. Malgré tout cela, on fait coucher leur rapport par écrit ;
c'est le seul moyen d'en tirer quelque chose ».

2º *Espions doubles.* — Les espions doubles forment la deuxième
catégorie. Leurs rapports peuvent être très utiles, car ils ont
accès dans les deux camps. Mais ils trompent l'un des deux
partis, quelquefois les deux ; on n'est donc jamais complètement
sûr d'un espion double.

Le roi les employait souvent à donner de fausses nouvelles à
l'ennemi.

« On se sert des espions doubles pour donner de fausses nouvelles à l'ennemi. Il y eut un Italien, à Schmiedberg, qui faisait
l'espion chez les Autrichiens, à qui l'on fit croire que nous nous
retirerions à Breslau lorsque l'ennemi s'en approcherait ; il en
donna avis au prince Charles de Lorraine, qui fut trompé
par là. »

3º *Espions de conséquence.* — Les espions de conséquence,
comme les appelle Frédéric, forment la troisième catégorie. Ce
sont, la plupart du temps, des officiers déguisés. A cette époque,
l'espionnage n'était pas considéré en Prusse comme une action
basse, mais au contraire comme un acte méritoire, digne d'en-
couragements et fertile en résultats précieux. Il en est encore de
même aujourd'hui, car ces idées ont été entretenues avec soin
en Allemagne où l'espionnage, exercé de toutes façons, est considéré comme un acte patriotique ; on peut dire, sans être taxé
d'exagération, que tout Prussien est doublé d'un espion.

Frédéric II espérait même se procurer des espions parmi les officiers de hussards autrichiens qui étaient souvent en contact avec les troupes prussiennes :

« Leurs troupes légères, qui environnent l'armée comme un nuage, ne laissent passer personne sans le fouiller. C'est ce qui m'a donné l'idée qu'il faudrait gagner quelques officiers de leurs hussards par lesquels on pourrait entretenir la correspondance à peu près de la manière suivante : L'usage est que les hussards, quand ils ont escarmouché ensemble, font une espèce de suspension d'armes entre eux ; on peut se servir de ce temps pour se donner des lettres. »

Bien que l'idée de patriotisme n'eût pas, à cette époque, tout à fait la même signification qu'aujourd'hui, rien ne permet de supposer que les officiers autrichiens, et en particulier ceux des hussards, méritassent un pareil soupçon.

4° *Espions malgré eux.* — La quatrième catégorie d'espions comprend « ceux qu'on force à ce malheureux métier ». Voici comment Frédéric II comprend l'emploi de ces espions malgré eux :

« Si l'on ne peut trouver aucun moyen dans le pays de l'ennemi pour avoir de ses nouvelles, il y a un autre expédient, quoique dur et cruel. On choisit un riche bourgeois qui a des fonds de terre et une femme et des enfants ; on lui donne un seul homme travesti en domestique qui possède la langue du pays. On force alors ce bourgeois d'emmener ledit homme avec lui comme son valet ou son cocher et d'aller au camp ennemi, sous prétexte d'avoir à se plaindre de violences qui lui ont été fiates, et on le menace en même temps très sévèrement que s'il ne ramène pas avec lui son homme, après qu'il se sera assez longtemps arrêté au camp, *sa femme et ses enfants seront hachés en pièces* [1] et ses maisons brûlées. Je fus contraint d'avoir recours à ce moyen..., et il réussit. »

---

[1] L'expression *hachés en pièces* se trouve dans la 1re édition (1761) de *l'Instruction militaire du roi de Prusse pour ses généraux,* traduite par le lieutenant-colonel saxon Faesch (Francfort et Leipsig) ; dans les éditions suivantes cette expression a été quelque peu adoucie.

C'est le système des otages appliqué aux femmes et aux enfants, c'est-à-dire dans tout ce qu'il a de plus odieux.

Intelligences à entretenir avant les hostilités. — Pour avoir des renseignements sûrs au début des hostilités, on entretiendra des intelligences dans le pays avant la guerre.

« Engager, en temps de paix, quelques-uns des habitants qui aient une intelligence entière du pays à envahir ; ceux-là sont sûrs et par eux on peut gagner, en entrant dans cette province, d'autres gens qui vous faciliteront la besogne par le détail du local dont ils vous procurent les connaissances. »

L'espionnage fait partie du service des renseignements. Celui-ci est centralisé entre les mains d'un officier chargé de coordonner les renseignements fournis par les gens du pays et les espions de toute sorte : « Il réunira les gens du pays pour en tirer les notions qui lui sont nécessaires, tenant compte des appréciations différentes de chacun, selon son métier et les rectifiant par des discussions. »

Emploi d'un espion double avant Hohenfriedberg. — Un des exemples les plus remarquables des avantages que peut produire un bon emploi des espions nous est fourni par la surprise de Hohenfriedberg. Nous avons vu [1] comment le roi était parvenu à dérober à l'ennemi l'emplacement exact qu'il occupait derrière la rivière de Striegau, afin d'assaillir à l'improviste les Autrichiens à leur descente des montagnes.

« Il était nécessaire d'inspirer de la sécurité aux ennemis pour que leur présomption les rendît négligents dans l'expédition qu'ils méditaient. A ce dessein, le roi se servit d'un homme de Schœnberg, qui était un double espion ; il le fit largement payer, après quoi il lui dit que le plus grand service qu'il pût lui rendre serait de l'avertir à temps de la marche du prince de Lorraine pour qu'il pût se retirer à Breslau. L'espion promit tout... et s'empressa de rejoindre le prince de Lorraine pour lui apprendre que tout le monde s'en allait et qu'il ne trouverait plus d'ennemis à combattre. »

---

[1] IIIᵉ partie, chapitre XVI.

Telle est la manière dont il faut agir avec les espions doubles ;
on les trompe sur ses propres intentions et on les expédie ensuite à l'ennemi ; à leur retour, on cherche à tirer d'eux la
vérité, ce qui est moins facile. L'espion double, lorsqu'il favorise
un parti au détriment de l'autre, ce qui est le cas général, est
très difficile à prendre en défaut.

Officiers et soldats déguisés ; exemple, en 1761. — Frédéric II
se servait fréquemment d'officiers ou de soldats déguisés en
paysans, quelquefois même en soldats ennemis. Leur tâche était
d'autant plus facile que les deux partis parlaient la même
langue, sauf les Russes ; ils pénétraient sous ce déguisement
dans le camp de l'adversaire et en rapportaient de précieux renseignements, tout en répandant de faux bruits sur l'armée prussienne.

« Quand on veut donner de fausses nouvelles à l'ennemi ou
avoir des siennes, on se sert d'un soldat affidé qu'on fait passer
du camp à celui de l'ennemi et qui lui rapporte tout ce qu'on
veut lui faire croire ; on fait aussi courir par lui des billets pour
exciter les troupes à la désertion. L'émissaire rentre alors par un
détour dans votre camp. »

En 1761, l'armée prussienne manœuvre en Silésie entre les
Russes et les Autrichiens, dont la jonction est imminente :

« Le lendemain, un nouveau camp se présenta derrière Jauer.
Il ne suffisait pas de savoir si c'étaient des Autrichiens, il fallait
pénétrer dans quel but ce corps s'était tourné de ce côté. Pour
cet effet, ou déguisa un officier et trois hussards, qui savaient un
peu de russe, en cosaques, et ils se glissèrent de grand matin
dans le camp de Jauer, sous prétexte qu'ils s'étaient égarés à la
reconnaissance, faute de bien savoir les chemins. L'officier autrichien qui était de garde, leur fit toutes sortes de civilités et leur
dit qu'ils étaient d'un détachement de 6,000 hommes sous les
ordres de M. de Brentano, commandés pour couvrir l'armée autrichienne que M. de Laudon avait fait avancer en ce lieu, pour
l'avoir plus à portée de s'en servir, au cas que les Prussiens atta-
quassent les Russes. »

Ces renseignements rapportés au roi lui sont d'une très grande
utilité ; remarquons en passant, combien la conduite de l'officier autrichien était répréhensible ; à la guerre, tout le monde

doit être sobre de paroles, surtout à l'égard de personnes qui sont inconnues. Le devoir de cet officier était de maintenir en arrestation la fausse patrouille russe, jusqu'à ce que son cas eût été tiré au clair.

Comment on utilise les espions ennemis. — Les lois de la guerre sont formelles à l'égard des espions ennemis faits prisonniers ; ils doivent être passés par les armes. Mais le roi utilisait quelquefois les espions ennemis bien connus qui se trouvaient à son armée ; il rusait avec eux et les laissait rejoindre l'armée ennemie, les transformant ainsi à leur insu en espions doubles.

En août 1761, après la prise de Schweidnitz, Frédéric est réduit à la défensive et, pour masquer sa faiblesse, il s'efforce de persuader aux Austro-Russes qu'il va les attaquer :

« Pour mieux déguiser ses intentions, le roi donna des ordres à l'armée pour que les troupes se préparassent au combat, qu'on rechargeât les fusils, qu'on aiguisât les lames des épées et qu'on distribuât des munitions suffisantes à l'artillerie ; enfin, on ne parlait que de grands préparatifs et de grands projets. Des espions autrichiens connus, qui étaient dans l'armée, partirent sur-le-champ pour en instruire M. de Laudon. »

Renseignements obtenus d'officiers prisonniers ; exemples. — Nous pouvons juger des mœurs militaires de cette époque par la facilité avec laquelle les officiers, tombés au pouvoir de l'ennemi, dévoilaient ce qu'ils pouvaient savoir du plan de leur général.

Une fois, c'est un officier russe fait prisonnier qui s'empresse de donner tous les éclaircissements qu'on lui demande. Au camp de Bunzelwitz, en 1761, « on prit, peu après l'arrivée de M. de Buturlin, un officier russe qui s'était égaré la nuit et qui, croyant approcher des gardes de son camp, se trouva au milieu de celles des Prussiens. Cet homme, qui n'était pas fin, dit ingénument que les généraux avaient résolu d'attaquer les retranchements du roi le 1er de septembre ».

Une autre fois, c'est un officier autrichien qui déserte et qui fait des révélations importantes. La veille de la bataille de Liegnitz, les Prussiens se portent par une marche de nuit sur les hauteurs de Pfaffendorf :

« On amena, en marche, au roi, un officier déserteur des Autrichiens, Irlandais de nation ; il était si plein de vin qu'il ne pouvait dire qu'en balbutiant qu'il avait un secret important à révéler. Après lui avoir fait avaler quelques mesures d'eau tiède et après quelques évacuations, il dit, ce qu'on avait deviné d'avance, que le maréchal Daun voulait ce jour même attaquer le roi. »

Cette anecdote nous montre avec quel soin un général doit cacher ses projets à l'égard de ses propres troupes.

Renseignements fournis par les déserteurs. — Quant aux soldats ennemis, qui désertaient souvent en grand nombre, Frédéric en tirait le plus de renseignements possible, et il s'est trouvé plusieurs fois dans la nécessité de prendre une décision d'après ces données, quelque incertaines qu'elles fussent.

Au début de la campagne de 1741, l'armée prussienne, qui opère dans la haute Silésie, a franchi la Neisse et s'avance imprudemment vers le Sud ; le roi, arrivé à Jœgerndorf, est indécis, il hésite à s'aventurer plus avant et n'a que des renseignements vagues sur les positions occupées par l'ennemi ; le 2 avril « sept dragons autrichiens arrivèrent ; on apprit de ces déserteurs qu'ils avaient quitté l'armée à Freudenthal (qui n'est qu'à un mille et demi de Jœgerndorf), que la cavalerie y campait et qu'elle y attendait l'arrivée de leur infanterie et du canon pour traverser les quartiers prussiens et les obliger à lever le blocus de Neisse ». Ainsi renseigné, le roi n'hésite plus ; il concentre ses troupes et rétrograde sur Neustadt et Steinau dans le but de franchir la basse Neisse.

Le 5 avril, « des déserteurs de l'armée autrichienne arrivèrent à Steinau ; ils déposèrent que le général Lentulus avait joint, le même jour, le maréchal Neipperg, auprès de Neisse. Sur cette nouvelle, les quartiers prussiens furent resserrés à l'instant autour de Steinau, et le roi choisit un poste où il pût recevoir l'ennemi, au cas qu'il voulût se porter sur les Prussiens ».

Le 7 avril, l'armée prussienne a franchi la Neisse et marche sur Grottkau ; le roi apprend que cette ville est tombée au pouvoir de l'ennemi : « Les déserteurs déposèrent de plus que le lendemain l'ennemi marcherait à Ohlau, pour y prendre la grosse artillerie que le roi y avait mise en dépôt. Sur cette nouvelle, les différentes colonnes de l'armée, qui étaient toutes en marche, furent aussitôt assemblées ». Trois jours plus tard, les deux armées en venaient aux mains à Mollwitz.

Ainsi, dans ces trois circonstances, Frédéric II, mal renseigné et mal éclairé, a été mis au courant des projets de l'ennemi par les rapports des déserteurs ; il a pu prendre ses mesures à temps pour battre en retraite sans être coupé de ses communications et se concentrer pour livrer bataille.

Il ne faut pas accorder trop de créance aux espions. — Mais si le roi a été bien servi en cette occasion, il n'en faut pas moins accepter avec beaucoup de circonspection les rapports des espions et des déserteurs ; il peut arriver même que des guides ou des espions de bonne foi donnent de fausses nouvelles.

Pendant l'expédition de Frédéric II dans le sud de la Bohême, en 1744, l'armée prussienne se décide à passer la Moldau et à camper sur les hauteurs de Wodnian, sur l'avis, donné par un espion, que le prince de Lorraine est à Protiwin. A peine arrivé à Wodnian, on apprend que ce renseignement est faux, que l'armée du prince de Lorraine est établie fortement derrière la Wottawa et s'apprête à couper les Prussiens de leurs communications avec la Sazawa et l'Elbe ; Frédéric rétrograde à la hâte sur Tabor.

Après la défaite de Kolin, les Prussiens évacuent la Bohême en formant deux colonnes principales ; l'une d'elles, sous les ordres du prince Henri, arrivée à Leipa, est sur le point de s'engager sur la grande route de Leipa à Romburg. Sur l'avis, donné par un officier de confiance, que l'ennemi est à cheval sur cette route avec 40 pièces de canon, le prince Henri abandonne ce projet ; or, ce renseignement était faux et provenait d'un paysan qui avait peut-être été gagné par les Autrichiens. La colonne prussienne abandonne la route de Romburg, se jette dans des chemins difficiles par Kamnitz et Kreiwitz, et y perd une grande partie de son artillerie, de ses pontons et de ses bagages.

Espions diplomatiques. — Un des moyens les plus sûrs de se procurer des renseignements consiste à entretenir des relations dans les chancelleries mêmes. Frédéric II n'y a pas manqué. En 1755, il avait gagné le secrétaire du ministre autrichien à Berlin, et ce secrétaire lui donnait connaissance de la correspondance secrète entretenue par son maître avec les cours de Vienne et de Saint-Pétersbourg. En outre, un commis de la chancellerie de Dresde lui remettait, toutes les semaines, les dépêches que sa cour recevait de Saint-Pétersbourg et de Vienne et la copie des traités existants dans les archives du roi de Pologne. Ainsi prévenu de ce qui se tramait contre lui, Frédéric prévint ses adversaires et prit l'offensive contre eux au printemps de 1756.

Il faut bien payer les espions. — Terminons par un sage conseil de Frédéric : c'est de bien payer les espions :

« J'ajouterai à tout ceci qu'en payant les espions il faut être généreux et même prodigue. Un homme qui, pour votre service, risque la corde, mérite bien d'en être récompensé. »

CHAPITRE XVIII.

BATAILLES ET COMBATS AU POINT DE VUE TACTIQUE.

> « Si vous voulez livrer bataille, rassem-
> blez le plus de troupes que vous pourrez ; on
> ne saurait les employer plus utilement. »
>
> (Frédéric II.)

Observations tactiques sur les batailles et combats livrés par Frédéric II.— Bataille de Mollwitz. — Bataille de Czaslau : danger des attaques d'aile.
— Surprise de Hohenfriedberg. — Changement de front de l'armée prussienne à la bataille de Soor. — Résultat indécis de la bataille de Lowositz. — Combat de Reichenberg. — Défense passive des Autrichiens à la
bataille de Prague. — Pourquoi Frédéric II a été battu à Kolin. — Bataille de Rosbach : Frédéric met à profit les fautes de son adversaire.
— Etude de la bataille de Leuthen : attaque contre l'aile gauche de
l'armée autrichienne. — Marche de flanc de l'armée prussienne. — Enseignements à tirer de cette bataille. — Bataille de Zorndorf : rôle de la
cavalerie. — Frédéric est surpris et battu à Hochkirch : Hochkirch et
Bautzen. — Défaite de Kunersdorf. — Surprise de nuit à Liegnitz. —
Etude de la bataille de Torgau. — Combat de Peilau.

*Observations tactiques sur les batailles et combats livrés par
Frédéric II.* — Nous avons indiqué [1] les conditions stratégiques
dans lesquelles se sont livrées les principales batailles auxquelles
Frédéric a pris part ; il nous reste à étudier la manière dont ces
divers engagements ont été conduits et à faire ressortir les enseignements tactiques qui s'en dégagent. Une partie des faits
ayant déjà été exposée dans le cours de cette étude, notamment
au chapitre intitulé : *Tactique de combat,* nous nous contenterons
ici de présenter pour chaque bataille un tableau d'ensemble et
nous insisterons seulement sur les points qui offrent un intérêt
particulier au point de vue tactique.

Bataille de Mollwitz. — La journée de Mollwitz, qui marque

---

[1] Ire partie, chapitre XVII.

les débuts de Frédéric II, est une bataille de rencontre ; l'armée autrichienne, mal éclairée, ignore la présence de l'armée royale ; les troupes autrichiennes, cantonnées à Mollwitz, sont surprises par l'avant-garde prussienne et se forment en désordre sous le canon ennemi ; grâce à la cavalerie autrichienne, qui charge l'aile droite ennemie près de Hermsdorf, le maréchal de Neuperg parvient tant bien que mal à prendre son ordre de bataille ; enfin, l'attaque d'infanterie, dirigée par le maréchal de Schwerin contre le flanc droit des Autrichiens, décide du sort de la journée.

Au point de vue tactique, il faut signaler la faute commise par le roi, qui a déployé son armée prématurément à 1500 mètres environ de Mollwitz sans qu'on aperçût l'ennemi, donnant ainsi le temps à l'armée autrichienne de prendre sa formation. Signalons aussi une pratique défectueuse à laquelle le roi renonça dans la suite : pour obvier à son infériorité en cavalerie, il avait placé entre les escadrons de chaque aile deux bataillons de grenadiers. Ce mélange d'infanterie et de cavalerie ne peut que nuire à l'action de chacune de ces deux armes, et s'il convient, dans certains cas, d'appuyer par de l'infanterie une cavalerie trop faible ou un peu aventurée, c'est à la condition que les deux armes resteront distinctes et conserveront leur mode d'action particulier.

Remarquons, dès cette première rencontre, l'importance excessive de la cavalerie sur le champ de bataille, importance qui ne fera que s'accroître dans les campagnes suivantes. La journée de Mollwitz a été surtout un engagement de cavalerie : les escadrons autrichiens ont failli un instant culbuter l'aile droite prussienne et décider la victoire ; la cavalerie du roi était rompue et débandée, et, sans quelques bataillons qui tinrent bon à l'aile droite, la journée était perdue pour Frédéric. Le maréchal de Schwerin, en choisissant le moment propice pour porter son infanterie en avant et prendre en flanc la cavalerie autrichienne, a seul, dans cette journée, fait preuve de sang-froid et d'à-propos. Frédéric II lui a pleinement rendu justice : « Il n'y avait dans son armée que le maréchal de Schwerin qui fût un homme de tête et un général expérimenté... Mollwitz fut l'école du roi et de ses troupes ». Frédéric II sut profiter de la leçon ; il ne négligea rien pour rendre sa cavalerie plus manœuvrière et pour lui inspirer pleine confiance en elle-même. Grâce à ses efforts, il eut bientôt une cavalerie bien instruite, audacieuse et pleine d'entrain, capable d'affronter avec succès la bonne cavalerie autrichienne et hongroise.

Bataille de Czaslau : danger des attaques d'aile. — A Czaslau, l'armée autrichienne du maréchal de Kœnigseck s'est formée en bataille en face des Prussiens, entre Czaslau et Chotusitz, sur deux lignes, la cavalerie aux ailes; son aile gauche était dominée par le mamelon de Saint-Boniface, occupé par les Prussiens. Frédéric tire parti de cette circonstance pour tenter de déborder l'aile gauche autrichienne, la refouler sur le centre et rejeter toute l'armée sur le ruisseau de la Dobrawa, encaissé et difficile à franchir. La cavalerie du maréchal de Buddenbrock attaque, en effet, les escadrons autrichiens qui forment l'aile gauche de la ligne ennemie, et les culbute; mais l'apparition d'un régiment de hussards prussiens de nouvelle formation, dont l'uniforme leur est inconnu et qu'ils prennent pour l'ennemi, arrête les escadrons prussiens et donne le temps à leurs adversaires de se dégager. Au centre, le village de Chotusitz, mal occupé par les Prussiens, est enlevé par l'infanterie autrichienne; mais le roi saisit le moment favorable et lance sa cavalerie contre le flanc gauche de cette infanterie, qui plie et entraîne avec elle toute la ligne. L'armée autrichienne perd 5,600 hommes, 1200 prisonniers, 17 canons et un drapeau. Les Prussiens ont 3,600 hommes hors de combat.

Nous avons déjà signalé la défense insuffisante du village de Chotusitz. On a prétendu que le temps avait fait défaut. Le prince François aurait pu utiliser les premières heures de la journée pour faire retrancher le village, mais il ne croyait pas la bataille si proche, bien que les troupes légères autrichiennes eussent escarmouché toute la journée précédente avec ses avant-postes.

L'action elle-même n'a duré que trois heures, mais ce qui la rend intéressante, c'est la manœuvre exécutée par le roi pour déborder l'aile gauche du prince de Lorraine et l'acculer à un mauvais terrain. Cette tactique était judicieuse, étant donnée la configuration du champ de bataille, mais elle demandait comme corollaire que l'aile gauche du roi fût organisée assez solidement pour résister elle-même à une attaque directe ou à un mouvement enveloppant. La journée du 17 mai 1742 présente, en effet, cette particularité que chacune des deux armées a fait des progrès par son aile droite, de manière à exécuter un changement de front sur le centre; le camp prussien a même été pillé en arrière de Chotusitz par la cavalerie autrichienne. Si les Autrichiens, au lieu de mettre le feu à Chotusitz, s'étaient fortement établis dans ce village et en avaient fait un point d'appui pour marcher contre l'infanterie prussienne, le sort de la journée eut peut-être tourné en leur faveur.

En résumé, la bataille de Czaslau nous fournit un enseignement important qui peut s'énoncer ainsi : l'attaque sur une aile n'est susceptible de procurer le succès qu'à la condition de garantir soi-même l'aile opposée contre un mouvement de même nature que pourrait tenter l'ennemi.

Il convient d'ajouter quelques observations de détail concernant le danger d'uniformes difficiles à reconnaître sur le champ de bataille, surtout pour la cavalerie dont les apparitions sont brusques et rapides; la nécessité d'organiser rapidement la défense de tous les obstacles du terrain qui doivent être utilisés comme points d'appui; enfin le danger d'engager une des ailes en deux fractions successives qui ne peuvent se soutenir, comme la cavalerie de l'aile gauche prussienne sur la rive droite du ruisseau de Chotusitz.

Surprise de Hohenfriedberg. — La bataille de Hohenfriedberg a eu le caractère d'une surprise et offre peu d'intérêt au point de vue tactique. L'armée autrichienne, ayant franchi les défilés qui conduisent de Bohême en Silésie, descend dans une plaine sur huit colonnes de front; le corps saxon est en pointe à l'extrême gauche. L'armée prussienne franchit la rivière de Striegau dans la nuit du 4 juin 1745 et attaque brusquement les Saxons qui sont culbutés et mis en pleine retraite.

Pendant ce temps, le prince de Lorraine forme rapidement son armée et fait avancer son infanterie entre la rivière de Striegau et les bosquets de Rohnstock; elle est assaillie de front par le margrave Charles et le prince de Prusse et plie déjà sous le feu, lorsque l'aile droite prussienne, qui a mis en fuite les Saxons, se rabat sur l'aile gauche des Autrichiens et menace de a prendre à revers. Mais à l'aile gauche des Prussiens le succès est un moment indécis : la *rupture du pont de Striegau* retarde l'arrivée de la cavalerie prussienne; Zieten accourt avec la réserve de cavalerie et donne le temps au prince de Nassau, qui commande l'aile gauche, de passer la rivière à gué. Dès lors, l'armée autrichienne, pressée vivement de front et sur son aile droite, débordée sur son aile gauche, se rompt et s'enfuit en désordre vers les montagnes; la retraite est couverte par les troupes des généraux de Wallis et de Nadasty qui prennent position sur les hauteurs.

Il ressort de ces faits qu'il ne faut jamais négliger de s'éclairer avec le plus grand soin, même lorsqu'on a toute espèce de raison de croire l'ennemi très éloigné et en pleine retraite; que l'armée prussienne, ayant à traverser la rivière de Striegau pour tomber à l'improviste sur les Autrichiens, aurait dû reconnaître les points de passage et préparer les moyens de franchir cet obstacle, même de nuit; enfin que le terrain a été utilisé avec intelligence par les Autrichiens pour couvrir leur retraite; la poursuite a pris fin sur les collines de Kander où les Prussiens n'ont pas osé inquiéter les débris de l'armée vaincue. Quant à l'action elle-même, elle a consisté dans une attaque de front contre l'armée autrichienne, précédée d'une attaque contre l'aile gauche formée par le corps saxon; remarquons enfin que l'armée autrichienne, quoique complètement surprise, a pu se former en bataille et faire bonne contenance, grâce à son ordre de marche sur huit colonnes parallèles qui s'avançaient à la même hauteur sur un terrain permettant leur déploiement rapide et simultané; si cette armée eut été en marche sur une ou deux colonnes seulement, elle eût eu le sort de l'armée combinée à Rosbach. D'où l'on peut conclure que toute armée en marche à proximité de l'ennemi doit chercher à utiliser toutes les routes dans la direction de son mouvement et sur un front égal à celui qu'elle occuperait en bataille.

Changement de front de l'armée prussienne à la bataille de Soor. — Le trait saillant de la bataille de Soor consiste dans le changement de front que Frédéric II fait exécuter à son armée au début de l'engagement. Nous avons déjà indiqué cette manœuvre [1] ; il nous reste à présenter ici quelques observations de détail sur cette question et sur l'ensemble de l'engagement.

La situation de l'armée royale le 30 septembre 1745 était des plus critiques ; elle occupait en arrière de Staudenz et face au sud-ouest une position forte au centre et bien appuyée vers la gauche à un ravin du côté de Ratsch ; mais son aile droite, placée en arrière de Burkersdorf et vers la route de Trautenau, était en l'air. Le village de Burkersdorf, situé en contrebas, n'était pas occupé et l'armée autrichienne, en débouchant précisément sur cette partie du champ de bataille, prenait l'aile droite prussienne en flanc, presque à revers. Tout semblait donc favoriser le prince de Lorraine qui croyait n'avoir à livrer qu'un combat d'arrière-garde, puisque l'adversaire battait en retraite pour regagner ses États ; mais Frédéric II, au lieu de se dérober devant cette attaque, prend le parti de marcher hardiment à l'ennemi suivant sa maxime : « Le moyen le plus sûr pour remporter la victoire est de marcher fièrement et en ordre à l'ennemi et de gagner toujours du terrain ». En conséquence, il se décide à pivoter autour de son aile droite pour exécuter un changement de front en avant et pour marcher droit à l'armée autrichienne. Ce mouvement, exécuté avec un plein succès, oblige le prince de Lorraine à livrer bataille sur un terrain désavantageux, qui présente une profondeur insuffisante pour que les trois lignes de son armée y puissent trouver place et qui est adossé à un ravin où la cavalerie ne peut se former.

Frédéric a donc fait preuve en cette circonstance de beaucoup de fermeté et de présence d'esprit ; sa résolution de prendre l'offensive, téméraire à première vue, était celle qui offrait le plus de chances de succès, à la condition que l'aile droite prussienne, pivot de ce mouvement de conversion, pût tenir assez longtemps pour permettre à l'armée d'achever cette dangereuse manœuvre en face d'un ennemi supérieur en nombre. Le sort de la journée dépendait donc surtout du succès de l'aile droite prussienne : aussi la cavalerie de M. de Buddenbrock se jette-t-elle résolument sur les escadrons autrichiens placés à l'aile gauche du prince de Lorraine et protégés par deux batteries de 28 pièces.

---

[1] II⁰ partie, chapitre IV.

La cavalerie autrichienne ne peut se déployer sur un terrain trop étroit ; elle est rompue, et l'infanterie prussienne, après un premier échec, enlève les deux batteries. Une tentative des Autrichiens contre Burkersdorf pouvait encore arrêter les progrès de leurs adversaires ; mais cette attaque est menée mollement, et l'infanterie prussienne a le temps d'accourir et d'occuper solidement le village ; dès lors, la bataille est perdue pour le prince de Lorraine.

En résumé, Frédéric II s'est éclairé d'une façon insuffisante avant la bataille de Soor et il a pris une position défectueuse près de Staudenz, en appuyant mal son aile droite qui était le point faible de sa ligne de bataille ; la reconnaissance dirigée la veille de l'engagement vers Arnau et Kœnigssaal montre bien que le roi considérait son flanc droit comme le plus exposé ; la nature du terrain, dans cette région boisée, facilitait encore les entreprises de l'ennemi. Ceci posé, sans revenir sur la faute commise par le roi en affaiblissant outre mesure son armée par des détachements, on doit louer Frédéric d'avoir pris franchement l'offensive tactique à Soor et d'avoir exécuté avec autant de décision que d'adresse une manœuvre aussi délicate qu'un changement de front en présence de l'ennemi ; ajoutons que l'attaque des Autrichiens a été molle, et que le terrain de leur côté se prêtait mal à l'action de la cavalerie, ce qui rendait inutile leur supériorité numérique ; enfin la reconnaissance imparfaite du champ de bataille par les Autrichiens a été pour beaucoup dans leur défaite.

Résultat indécis de la bataille de Lowositz. — Lowositz a été aussi une bataille de rencontre : aucun des deux adversaires ne s'éclairait à bonne distance et ne se doutait que l'armée ennemie tout entière fût dans le voisinage de ses positions ; aussi l'action s'engage-t-elle d'une façon tout à fait décousue, et ce n'est que fort tard, vers midi, après plus de cinq heures de combat et plusieurs charges infructueuses, que Frédéric I s'aperçoit enfin qu'il a devant lui toute l'armée du maréchal Browne.

Aussitôt le combat orienté, l'effort principal des deux armées se porte sur le mont Lobosch, puis sur la ville de Lowositz ; les tentatives des Prussiens contre Sulowitz et les efforts des Autrichiens pour déboucher de ce village ayant échoué, c'est en définitive à Lowositz que s'est décidé le sort de la journée. Or, la prise de Lowositz avait pour effet de refouler l'aile droite autrichienne derrière le Mohrel, dans la direction même de sa ligne de retraite, et ne pouvait guère produire de résultat décisif. A la fin de la journée, en effet, Browne occupait encore une très forte position ; établi solidement sur la rive droite du Mohrel, avec sa droite repliée vers Lukowitz, son centre intact à Sulowitz et son aile gauche appuyée à Tchischkowitz, il conservait sa ligne de retraite assurée sur Budin et pouvait recommencer la lutte le lendemain. L'affaire n'était donc pas décidée, mais la retraite volontaire du maréchal Browne équivalait à un aveu d'impuissance ; en fait, le roi avait obtenu le résultat stratégique qu'il cherchait : empêcher l'armée autrichienne de marcher par la rive gauche de l'Elbe sur le camp de Pirna pour donner la main aux Saxons; il pouvait donc, à bon droit, s'attribuer la victoire.

L'armée autrichienne, au début de l'engagement, s'appuyait à droite à l'Elbe et à la petite ville de Lowositz, et une forte avant-ligne occupait le Loboschberg ; son centre était également très fort, défendu par le village de Sulowitz, par des étangs, des fossés, et renforcé par l'artillerie en position sur la rive droite du ruisseau. La gauche, au contraire, s'étendait assez loin, au sud, au delà de Tchischkowitz, et constituait le point faible de la ligne autrichienne ; une attaque de ce côté, en menaçant de déborder cette aile gauche, acculait l'armée autrichienne à l'Elbe et compromettait sa ligne de retraite.

En réalité, Frédéric a ignoré l'emplacement exact de l'aile gauche autrichienne et ne s'est préoccupé que d'attaquer le centre et l'aile droite. Il a déployé son armée entre les monts Lobosch et Radostitz pour tenter une attaque contre le village de Sulowitz en pivotant autour de sa gauche. Cette attaque ayant échoué et son aile gauche ayant, au contraire, gagné du terrain, l'armée prussienne a exécuté, en réalité, une conversion à droite; mais ce succès partiel n'a pu amener de résultat décisif, l'attaque n'ayant pas été dirigée contre le point faible de la ligne ennemie. Ce qui achève de le démontrer, c'est la tentative faite au dernier moment par une partie du corps du duc de Bevern contre Tchischkowitz, tentative qui décide le maréchal autrichien à se retirer sur Budin, bien qu'elle n'ait constitué qu'une démonstration et non une attaque à fond.

En résumé, la bataille de Lowositz a été livrée de part et d'autre à l'aveugle, sans une reconnaissance approfondie des positions de l'adversaire, sans l'application d'une idée tactique bien nette.

Combat de Reichenberg. — Bien qu'ayant eu peu d'importance stratégique, le combat de Reichenberg offre quelque intérêt au point de vue tactique et mérite à ce titre de n'être pas entièrement passé sous silence.

Le duc de Bevern, qui forme le centre de l'armée prussienne d'invasion en 1757, pénètre en Bohême par les monts de Lusace et se heurte, le 21 avril, au comte de Kœnigseck qui occupe, avec 28,000 hommes, une forte position à Reichenberg. Le corps autrichien est déployé sur la rive gauche de la Neisse, un peu en aval de Reichenberg ; son aile droite, appuyée à la rivière, est fortement retranchée sur une chaîne de collines ; sa gauche s'appuie à un petit ravin et occupe un bois dont la lisière est renforcée par des abatis ; la cavalerie, formée sur trois lignes, couvre la trouée entre les deux ailes, et un détachement protège la ville sur la rive droite de la Neisse.

Le duc de Bevern porte le général de Lestwitz sur Rosenthal pour tenter une diversion par la rive droite, et il lance sa cavalerie au centre contre celle des Autrichiens. Après plusieurs charges infructueuses, il prend le parti de tourner l'aile gauche autrichienne en utilisant les couverts du terrain. Chassés de la forêt par des forces supérieures, menacés d'être débordés sur leur gauche et coupés de leur ligne de retraite sur Liebenau, les Autrichiens se retirent en bon ordre sous la protection de leur aile droite qui n'a pas donné.

Cet épisode nous montre, aussi bien qu'une grande bataille, le danger de la défensive passive en tactique : les Autrichiens immobilisent une grande partie de leurs forces sur un terrain très fort par lui-même où l'ennemi ne les attaque pas et où elles restent inactives, tandis que l'aile opposée est tournée. C'est la même faute que l'armée du prince de Lorraine va commettre, sur une plus grande échelle, à la bataille de Prague.

Défense passive des Autrichiens à la bataille de Prague. — La rive droite de la Moldau, à hauteur de Prague, dessine un vaste bastion d'environ 10 kilomètres de saillie, dont le fossé est re-présenté, au nord et à l'est, par un ruisseau qui forme un cha-pelet d'étangs ; une ligne de crêtes s'abaisse depuis le mont Cziska, situé près de la rivière, jusqu'au village de Hortlorzes, et forme la face nord du bastion ; la face est, entre Hortlorzes et Sterboholy, présente de larges ondulations dont les pentes vont en s'abaissant au sud vers Hostiworz et Micholup, et offrent de ce côté un champ d'action à la cavalerie.

C'est sur ce terrain que le prince de Lorraine, décidé à rece-voir le combat, commet la faute de ranger son armée en bataille, permettant ainsi à Frédéric II d'étudier la position de son ad-versaire et de rechercher son point faible. L'armée autrichienne s'établit sur la ligne de crêtes entre le mont Cziska et Kyge, la cavalerie aux ailes, l'infanterie au centre sur deux lignes, l'ar-tillerie sur les crêtes. A l'approche de l'armée prussienne, le 6 mai 1757, le prince de Lorraine porte une partie de ses troupes sur les collines, au sud de Kyge, pour former un crochet défensif face à l'est ; la cavalerie occupe l'extrémité de ce crochet vers Sterboholy et Micholup ; enfin la nouvelle aile droite ainsi consti-tuée est renforcée par de l'artillerie, et quelques retranchements sont même ébauchés.

Frédéric prend aussitôt son parti. Avec le gros de ses forces il se portera contre l'aile droite autrichienne qu'il attaquera en même temps de front et à revers, afin de menacer la retraite de l'armée autrichienne sur Prague. Ce plan était hardi et bien conçu, mais l'exécution en était délicate, car elle nécessitait une marche de flanc à faible portée de l'armée ennemie, et, en cas de revers, la ligne de retraite de l'armée prussienne pouvait elle-même se trouver compromise.

Cette tactique était d'autant plus hardie que le roi ne dispo-sait pas de forces supérieures à celles de l'ennemi ; qu'il ne s'a-gissait pas de masquer ce mouvement par une attaque de front pendant qu'une partie de l'armée prussienne opérerait cette dangereuse manœuvre, mais bien d'exécuter avec toute l'armée une véritable marche de flanc à une faible distance de l'ennemi ; que cette manœuvre éloignait, en outre, Frédéric des ponts jetés sur la Moldau en aval de Prague, ponts par lesquels il commu-niquait avec le corps de Keith posté sur la rive gauche, et, qu'enfin, elle l'éloignait également de sa nouvelle ligne de communication par Brandeis, sur la Lusace, au moment même où le maréchal Daun réunissait une nouvelle armée, à quelques journées de marche du champ de bataille de Prague, sur la rive gauche de l'Elbe. Dans ces conditions, la manœuvre tentée par Frédéric II était certainement des plus hardies, mais cette audace constituait le caractère principal du génie de ce prince et c'est elle qui lui a valu ses plus beaux succès ; en face d'un ennemi plus entreprenant et plus habile, et d'une armée ennemie plus manœuvrière, elle lui eût peut-être attiré quelques sanglantes défaites.

Napoléon a indiqué quelle eût dû être la conduite du prince de Lorraine en face des dispositions prises par son adversaire : « Enfin, ayant fait la faute de paralyser sa gauche, il la devait mettre en action en la faisant marcher au secours de la hauteur près de Gebel, ce qui eût arrêté net le mouvement du roi qui, lui-même, eût eu sa droite débordée, elle était en l'air ».

Ceci nous montre une fois de plus que la condition essentielle, pour la réussite d'une semblable manœuvre, est que le pivot autour duquel le mouvement s'exécute soit solidement renforcé. En débouchant en forces par la trouée entre Hloupetin et Kyge, pendant que les Prussiens se prolongeaient dans la direction du sud pour gagner son aile droite, le prince de Lorraine menaçait leur ligne de retraite, et, en cas de succès, les rejetait sur le maréchal Daun en les coupant de l'Elbe. Du mont Cziska à Hortlorzes la distance n'est que de 5 kilomètres ; les Prussiens ont commencé leur mouvement à 9 heures du matin, et l'action ne s'est engagée sérieusement qu'entre midi et une heure ; le prince de Lorraine avait donc le temps nécessaire pour exécuter l'opération indiquée par Napoléon, mais il fallait manœuvrer, ne pas rester sur la défensive passive, ne pas maintenir toute l'armée autrichienne inerte sur ses positions.

Il est juste d'ajouter qu'une fois l'action engagée, le courage et la ténacité de l'infanterie du roi, la bouillante ardeur de sa cavalerie ont contribué largement au succès.

Pourquoi Frédéric II a été battu à Kolin. — On a vu [1] qu'à

---

[1] II⁰ partie, chapitre IV.

Kolin le roi s'est trouvé entraîné malgré lui à livrer un combat
de front dont l'issue ne pouvait être douteuse, étant données son
infériorité numérique et la force de la position occupée par
l'armée autrichienne. Son intention était de livrer bataille en
portant son aile gauche en avant et en refusant son aile droite,
afin de prendre une formation en ordre oblique et d'exécuter
une attaque d'aile ; cette tactique, qui devait lui valoir, quelques
mois plus tard à Leuthen, une de ses plus belles victoires, a
complètement échoué, le 18 juin, à Kolin ; il est intéressant d'en
rechercher les motifs.

Rappelons d'abord succinctement les faits.

Après la bataille de Prague, Frédéric II marche contre le
maréchal Daun, qui est aux environs de Kolin. Le 17 juin, le
maréchal occupe les hauteurs de Krichenau face à l'ouest ; le roi
est établi vis-à-vis l'armée autrichienne, sa gauche en arrière
de Planian, sa droite vers Kaurschim. Mais, dans la nuit du 17
au 18, Daun change de position et fait face au nord, la droite à
Krezor, le centre en arrière de Chotzemitz, la gauche à Brezan ;
ces trois villages sont retranchés et défendus par de l'artillerie ;
les hauteurs sont occupées par deux lignes, l'une à mi-côte,
l'autre sur les crêtes ; la cavalerie, sous les ordres de Nadasty,
couvre l'aile droite que protège encore, en arrière, le bois de
Radowenitz fortement occupé par de l'infanterie. Cette position
est très forte de front et sur son aile droite, mais son aile gauche
est en l'air et exposée aux entreprises de l'armée prussienne,
qui se trouve placée précisément sur une ligne à peu près per-
pendiculaire au nouveau front de l'armée autrichienne. Mais
Frédéric est mal renseigné, sa cavalerie l'éclaire mal ; lui-même
paraît être devenu hésitant ; il n'a amené avec lui que des
forces insuffisantes qui, jointes à celles du duc de Bevern, ne
s'élèvent qu'à 30,000 hommes, tandis que l'armée autrichienne
en compte 50,000 (le roi l'estime à 60,000). Cependant, la faute
commise par le maréchal Daun lui offre une occasion favorable ;
au lieu de reconnaître avec soin la position des Autrichiens et
de marcher contre leur flanc gauche, Frédéric exécute, le 18 juin,
à la pointe du jour, une marche de flanc qui l'amène en face de
l'armée autrichienne, et il se porte à l'attaque de ses positions.
La cavalerie prussienne se heurte à celle du général de Nadasty,
qui est mise hors de combat, mais le feu de l'infanterie autri-

chienne l'oblige à son tour à rétrograder. Pendant ce temps, l'aile gauche des Prussiens s'empare avec peine de Krezor et demande des renforts ; Frédéric n'a pas de réserve ; son centre et son aile droite, qui devaient former échelon en arrière, se sont engagés dans un combat de front, et cette lutte inégale se termine bientôt par la défaite complète du roi. Il perd la moitié de son armée : 15,000 hommes, dont 6,000 prisonniers, et 200 pièces de canon.

La cause principale de l'insuccès de Frédéric II doit être attribuée à l'attaque dirigée contre l'aile droite autrichienne, manœuvre que l'infériorité numérique de l'armée prussienne rendait encore plus dangereuse. La marche de flanc exécutée à partir de Planian, à faible distance des positions autrichiennes, était pleine de dangers et contraire aux principes de l'art militaire. Si le maréchal Daun a laissé ce mouvement s'achever sans encombre sous ses yeux, à moins de 2 kilomètres de son front de bataille, c'est un exemple de plus des dangers de la défensive passive qui rive au sol l'armée qui a commis la faute d'adopter cette tactique. Les Autrichiens se sont contentés de fournir contre les colonnes prussiennes en marche « un feu d'artillerie très nourri, mais sans effet, à cause du trop grand éloignement ». (JOMINI.) On peut donc dire qu'à cette bataille les deux adversaires ont lutté à qui commettrait le plus de fautes tactiques.

Une fois sa marche de flanc accomplie sans encombre, et étant admis son plan d'attaque contre l'aile droite ennemie, Frédéric a pris des dispositions de combat qui étaient de nature à compenser en partie son infériorité numérique. En se formant en bataille obliquement par rapport à l'ennemi, il pouvait espérer écraser l'aile droite autrichienne par une série d'efforts successifs dirigés contre cette aile. Grâce à l'entrain de ses troupes, le roi comptait décider du sort de la journée sur le plateau de Krezor avant que Daun eut eu le temps de renforcer sa droite. Il pensait bien, du reste, que le maréchal ne prendrait pas l'offensive, et il avait recommandé à son centre de ne pas s'engager sans son ordre. On sait que cette prescription n'a pas été observée, soit par la faute d'un de ses lieutenants, soit tout simplement parce que les troupes prussiennes recevant des coups de fusil ont répondu au feu de l'ennemi et se sont trouvées engagées peu à peu et, pour ainsi dire, sans s'en apercevoir.

Quoi qu'il en soit, que le centre et l'aile droite prussiens aient été engagés par la faute d'un chef en sous-ordre ou par la force des choses, il faut reconnaître que le plan de Frédéric était défectueux et difficilement réalisable, et c'est à cette cause principale qu'il faut attribuer l'échec complet que l'armée prussienne a subi à Kolin.

Bataille de Rosbach : Frédéric met à profit les fautes de son adversaire. — La plupart des historiens ont complètement dénaturé le récit de la bataille de Rosbach ; nous avons déjà fait voir [1] que la responsabilité de ce désastre ne remonte pas à Soubise ; il nous reste à étudier la bataille au point de vue tactique et à faire ressortir le rôle joué par chaque parti en cette circonstance. La conclusion se dégagera d'elle-même de cette étude.

Le 5 novembre 1757, l'armée prussienne occupe entre Bedra et Leiba une position d'attente, massée sur trois lignes à l'abri des vues de son adversaire, dont elle épie les mouvements, et prête à profiter de la moindre faute. L'armée combinée, formée des contingents des Cercles et du corps du prince de Soubise, sous le commandement en chef du prince de Saxe-Hildburghausen, campe entre Micheln et Brauderode dans une bonne position, couverte sur son front par le détachement du comte de Saint-Germain près de Grest. Le prince de Saxe, sur les instances de la cour de Vienne, se décide à marcher en avant pour menacer la retraite de l'armée prussienne et gagner son flanc gauche. A 11 heures, l'armée combinée tout entière, sauf le corps de Saint-Germain, se met en marche par le flanc droit et se prolonge à peu près parallèlement à l'aile gauche de l'armée prussienne, dont elle est séparée par une distance de 2,000 mètres environ. En tête se trouve la cavalerie impériale, puis l'infanterie allemande ; l'infanterie et la cavalerie françaises ferment la marche. Toutes ces troupes forment une longue colonne et s'avancent lentement à cause des chemins étroits qui les obligent fréquemment à se rompre. Le comte de Saint-Germain reste avec deux brigades et un peu de cavalerie pour surveiller le camp ennemi ; c'est à tort qu'on a dit : « Le comte de Saint-Germain

---

[1] Ire partie, chapitre XVII.

fut détaché avec un corps considérable pour amuser l'ennemi et protéger la marche de l'armée française ». (Jomini.) Quant à Frédéric, il prit ce corps pour une arrière-garde et ne s'en préoccupa point.

Cette marche de flanc, en présence de l'armée prussienne concentrée et comme invisible, s'exécute sans éclaireurs, sans avant-garde ni flanqueurs, sans qu'aucun parti de cavalerie fouille le terrain et surveille l'ennemi. Cette violation des règles les plus élémentaires de la tactique en face d'un ennemi aussi vigilant que Frédéric II ne pouvait amener qu'un désastre. Les généraux français, qui ont déjà cherché à dissuader le généralissime d'entreprendre cette marche dangereuse, interviennent de nouveau. Soubise et de Broglie profitent d'un temps d'arrêt, qui se produit à hauteur de la gauche prussienne, pour proposer de remettre l'affaire, mais le prince de Saxe décide de continuer la marche dans l'espoir de surprendre le roi, de déborder son aile gauche, de le couper des ponts de la Saale. La cavalerie française reçoit l'ordre de rejoindre la cavalerie allemande, et la marche continue.

La conduite du roi de Prusse était donc toute tracée : tomber brusquement sur cette armée en marche et y jeter le désordre pour l'empêcher de se former ; telle est la manœuvre qu'il exécute avec une vigueur et une habileté remarquables. Utilisant les couverts du terrain pour masquer son mouvement, il fait rompre par la gauche les escadrons qui forment sa troisième ligne, leur fait faire tête de colonne à gauche et dirige leur marche parallèlement à l'armée ennemie. Seydlitz marche en tête ; il a ordre de se glisser dans les bas-fonds pour tourner la cavalerie de l'adversaire et fondre sur ses têtes de colonnes avant qu'il ait pu se former. Les deux armées s'approchaient de plus en plus l'une de l'autre en se côtoyant. La tête de la cavalerie franco-impériale était arrivée au nord de Reichertswerben ; le prince de Saxe ne pouvait plus ignorer le mouvement des Prussiens, mais il crut à un commencement de retraite et pensa n'avoir devant lui qu'un rideau de cavalerie destiné à masquer cette retraite. Il fit donc accélérer la marche, laissant ainsi un intervalle assez grand entre la cavalerie et l'infanterie qui la suivait.

Tout à coup, la cavalerie prussienne déborde la tête des colonnes ennemies, se forme rapidement en ligne par une con-

version à droite et charge la cavalerie impériale avec impétuosité. Celle-ci, attaquée en tête et sur son flanc droit, est rejetée
sur la cavalerie française qui, dirigée par MM. de Broglie et de
Castries, essaie de se former en potence sur la droite pour
arrêter l'attaque de revers des escadrons prussiens; mais tandis
que ceux-ci chargent en muraille, nos lignes étaient formées
« tant pleines que vides, qui est l'ordre le plus faible qu'on
puisse avoir ». (DE CASTRIES.) Enfin l'artillerie prussienne, établie sur le mont Janus, prend en flanc la cavalerie franco-
allemande qui se débande.

Pendant ce temps, le reste de l'armée prussienne couronne
les collines au nord du champ de bataille et foudroie nos bataillons qui essaient de se former en ligne. L'artillerie de l'armée
combinée, en batterie dans un bas-fond, tire sans produire d'effet
et elle est bientôt démontée. L'infanterie du prince Henri, qui
formait la première ligne de l'armée prussienne, commence à
arriver sur le champ de bataille; après avoir rompu en colonne
par la gauche et suivi l'artillerie, elle vient se former sur le flanc
de l'infanterie ennemie par un mouvement oblique, et son feu
porte le désordre parmi celle-ci. Formée de bataillons les uns en
colonne, les autres déployés, enchevêtrés les uns dans les autres,
pressée de front et de flanc et surprise par la soudaineté de l'attaque, l'infanterie franco-allemande se débande à son tour.
L'armée des Cercles s'ébranle la première et cède le terrain, l'infanterie française la suit, malgré les efforts de ses généraux.
Bientôt toute l'armée se disperse dans le plus grand désordre et
avec une telle rapidité que la première ligne prussienne n'a pas
le temps d'achever son déploiement; une partie seulement avait
été engagée. Frédéric exagère peut-être un peu quand il écrit le
jour même : « C'était une bataille en douceur. Grâce à Dieu, je
n'ai pas eu 100 hommes de morts ». (Lettre à la margrave de
Bayreuth.) A 2 heures, l'armée prussienne avait abattu ses
tentes; à 6 heures, l'action était terminée; l'engagement propre-
prement dit n'avait pas duré plus d'une heure et demie.

Telle fut la surprise de Rosbach qui coûta à l'armée franco-
impériale 800 morts, 6,000 prisonniers, 63 canons et 15 étendards; dans ce nombre, la perte du contingent français ne
dépassait pas 2,500 hommes, y compris les prisonniers. Malgré
le chiffre relativement peu élevé de ces pertes, le résultat de cette

rencontre fut considérable et son retentissement énorme; c'est le cas de répéter ici le mot de Voltaire : « Ce n'est pas le nombre des morts, c'est l'épouvante de ceux qui survivent qui fait perdre les batailles ». (*Siècle de Louis XIV.*) Cette épouvante a dû être grande dans l'armée combinée, car rarement on a vu une troupe, surprise sur le champ de bataille, s'enfuir avec cette rapidité et, au lieu de chercher à se rallier, se livrer à la maraude, piller et saccager le pays. Ce qui a fait de cette journée un souvenir humiliant, c'est que l'armée franco-impériale s'est débandée sans avoir, pour ainsi dire, combattu et, par conséquent, sans avoir sauvé l'honneur des armes. La responsabilité de ce désastre remonte au prince de Saxe-Hildburghausen seul; les généraux français ont fait leur possible pour empêcher la catastrophe. Une fois l'action engagée, les troupes françaises ont été entraînées dans la débâcle et, une fois débandées, elles se sont abandonnées à cet instinct de maraude et de pillage qui animait souvent le soldat français à cette époque lorsqu'il n'était plus retenu par les liens de la discipline. Un seul corps, celui du comte de Saint-Germain, a fait bravement son devoir et a sauvé l'armée d'une ruine complète; livrée à elle-même et laissée en arrière sans une mission bien définie, cette troupe échappait à la néfaste influence du prince de Saxe, et sa belle conduite montre bien le parti qu'on eût pu tirer dans cette journée d'une armée française dirigée uniquement par ses chefs. Il nous reste à relater la conduite du comte de Saint-Germain qui est de nature à nous consoler du spectacle navrant que présente le champ de bataille de Rosbach :

« Saint-Germain n'avait attendu, pour se porter en avant, ni le premier coup de canon ni l'ordre du prince de Saxe. Dès qu'il avait vu le roi de Prusse faire plier ses tentes et commencer son changement de front, prévoyant le désastre, il avait marché au secours du gros de l'armée. Mais nos colonnes s'étaient prolongées si avant sur la gauche prussienne et l'attaque avait été si soudaine que la débâcle était complète quand il déboucha sur le champ de bataille. A l'arrivée de ses deux brigades qui se déploient en bon ordre, l'armée prussienne s'arrêta court. Les régiments suisses et les dragons d'Apchon la continrent avec une grande fermeté jusqu'à la nuit et permirent à Saint-Germain de s'assurer du débouché de Freiburg, seule voie de salut qui restât à la cohue des fuyards. Il demeura presque toute la nuit à la garde du pont sur l'Unstrutt et le fit brûler quand son arrière-garde l'eût franchi[1] ».

Ni les lettres du prince de Soubise ni les relations officielles n'ont fait allusion au rôle capital joué par le comte de Saint-Germain à la bataille de Rosbach ; il en faut sans doute chercher le motif dans la jalousie qu'excitait ce dernier et surtout dans ce fait qu'il était impopulaire à la cour. Grâce à sa belle conduite, la journée de Rosbach, où nos généraux étaient, du reste, en sous-ordre, n'a pas été humiliante pour nos armes, contrairement aux assertions de l'unanimité des historiens, et celles de nos troupes qui ont pu combattre ont fait vaillamment leur devoir.

Il y aurait encore beaucoup à dire sur cette journée ; nous nous contenterons de faire remarquer que la position de l'armée prussienne se prêtait plutôt à un mouvement tournant dirigé contre son aile droite que contre son aile gauche. Dans la première hypothèse, l'armée combinée conservait, en cas d'échec, sa retraite au nord-ouest sur l'armée de Richelieu, qui n'était qu'à six journées de marche ; l'attaque contre l'aile droite prussienne menaçait directement la ligne de retraite de Frédéric, qui passait par Merseburg, et ne lui laissait que le mauvais pont de Weissenfels. Au contraire, en opérant contre l'aile gauche du roi, le prince de Saxe acculait sa propre armée à la boucle formée par la Saale et l'Unstrutt ; l'armée combinée avait donc tout intérêt à abandonner la ligne d'opérations passant par Freiburg pour prendre une nouvelle ligne par Micheln sur la Thuringe et le Brunswig où était l'armée de Richelieu.

Nous terminerons ces considérations en citant le jugement de Napoléon qui est resté comme le verdict de l'histoire sur la triste journée de Rosbach :

« La manœuvre du roi de Prusse est naturelle et mérite moins d'éloges que l'ennemi ne mérite de blâme, car elle lui a été dictée par cette marche imprudente, faite sans être ni protégée par un corps d'observation en position, ni éclairée par des flanqueurs et une avant-garde, de manière à être à l'abri de toute

---

[1] MENTION, *loc. cit.*

surprise dans un pays de mamelons et dans une saison brumeuse. ».

Étude de la bataille de Leuthen ; attaque contre l'aile gauche de l'armée autrichienne. — De toutes les batailles livrées par Frédéric II, Leuthen est celle qui présente le plus d'intérêt au point de vue tactique. Nous allons entrer dans quelques développements à ce sujet et examiner les principales questions que soulève l'étude de cette journée célèbre. Nous ne raconterons pas, par le menu, l'engagement lui-même, dont les détails sont bien connus et ne prêtent à aucune controverse.

Ce qui frappe tout d'abord, dans cette rencontre, c'est ce fait d'une armée occupant une bonne position et battue par une armée ennemie dont l'effectif est moitié moindre. Les deux fautes commises par le maréchal Daun, en ne s'éclairant pas et en restant sur la défensive passive expliquent déjà en grande partie l'insuccès de l'armée autrichienne.

Ceci posé, la première question à examiner est celle-ci : où était le point faible de la position autrichienne ?

Voyons d'abord quels sont les arguments de Frédéric II.

Après l'engagement d'avant-garde, à Borna, dans la matinée du 5 décembre 1757, le roi découvre la position occupée par l'ennemi : « A la première inspection de ces troupes, a-t-il écrit, on jugeait par le terrain qu'il fallait porter les grands coups à l'aile gauche de cette armée ; elle était étendue sur un tertre chargé de sapins, mais mal appuyée. Dès qu'on avait forcé ce poste, on gagnait l'avantage du terrain pour le reste de la bataille parce que de là il va toujours en descendant et en baissant vers Nippern ; au lieu qu'en s'attachant au centre, les troupes de l'aile droite autrichienne auraient pu, traversant le bois de Lissa, tomber en flanc des assaillants et qu'il aurait fallu toutefois finir par l'attaque de ce tertre qui dominait sur toute la plaine. Ç'aurait été réserver la besogne la plus dure et la plus difficile pour la fin. »

Tels sont les motifs allégués par le roi ; quant au double danger d'exécuter une marche de flanc à proximité de l'ennemi (mouvement qui était la conséquence du choix de ce point d'attaque) et de s'éloigner de sa ligne de communication sur Neumark et la Silésie, il n'en est même pas question.

Or, le champ de bataille de Leuthen est accidenté et couvert d'obstacles : bois, ruisseaux, étangs, mais les mouvements de terrain ont peu de relief et constituent de simples tertres, comme le dit Frédéric : on chercherait en vain, à l'aile gauche autrichienne, une position dominante, difficile à aborder, ni même un plateau nettement figuré. De plus, cette aile était parfaitement appuyée à la Weistritz, qui n'est pas guéable en ce point, aux étangs de Klein-Gohlau, aux bois et au village de Sachsütz. En attaquant l'aile gauche, les Prussiens avaient à franchir presque perpendiculairement les nombreux ruisseaux encaissés et bordés de bois qui débouchent dans la Weistritz, entre Klein-Gohlau et Lissa ; au contraire, en enfonçant d'abord l'aile droite des Autrichiens, le roi tenait la tête de ces petites vallées et le terrain s'abaissait devant lui jusqu'à la rivière. L'attaque contre l'aile gauche du maréchal laissait disponibles la majeure partie des forces autrichiennes qui pouvaient se rabattre dans le flanc gauche de l'armée assaillante et l'acculer à la Weistritz.

L'armée prussienne débouchant de Borna sur Heyda se trouvait dans la direction même des ponts de Lissa, qui constituaient les derrières de l'armée autrichienne et sa principale communication avec la place forte de Breslau. Le roi avait donc tout intérêt à prononcer son attaque contre l'aile droite ennemie en la masquant par une démonstration contre la ligne Leuthen—Frobelwitz. Le bois de Nypern, ou de Lissa, lui aurait permis de dérober la marche de son aile gauche aux vues de l'ennemi pendant qu'il aurait abordé Frobelwitz en forces et qu'il se serait ainsi ouvert un passage dans la direction de Lissa, sur la principale ligne de communication des Autrichiens avec Breslau.

Ce qui démontre que l'aile gauche n'était pas le point le plus vulnérable de la ligne ennemie, c'est qu'après l'enlèvement de Sachsütz la lutte, loin d'être terminée, se circonscrit autour du centre autrichien qui occupe le village de Leuthen ; la journée reste un moment indécise. Mais, dès le début de l'engagement, le maréchal a porté sa réserve à son aile droite, trompé par la démonstration que l'avant-garde prussienne a dirigée contre cette aile ; tandis que Frédéric a mis toutes ses troupes en ligne, la réserve et l'aile droite autrichiennes sont encore intactes, mais soit que le maréchal ne sache pas les utiliser, soit qu'il ne les croie pas assez manœuvrières pour tomber dans le flanc des

Prussiens à travers un terrain coupé et difficile, ces troupes restent inactives pendant que le dernier acte de la journée se joue devant le village de Leuthen. L'attaque contre l'aile gauche autrichienne a eu pour résultat de rejeter celle-ci sur son centre et d'amener la concentration d'une partie notable des forces autrichiennes sur un point du champ de bataille dont la possession pouvait décider du sort de la journée et sauver l'armée du maréchal en lui donnant le temps de faire entrer en ligne sa droite et sa réserve ; tandis que l'attaque principale portée sur Frobelwitz et conduite avec cette vigueur que le roi savait si bien déployer à l'occasion, prenait à dos la position de Leuthen et la faisait tomber.

Marche de flanc de l'armée prussienne. — Abordons maintenant la deuxième question, celle de la marche de flanc exécutée par l'armée prussienne.

Lorsque le roi a reconnu la position des Autrichiens et pris le parti d'attaquer leur aile gauche, ses têtes de colonnes sont parvenues vers Borna, c'est-à-dire à environ une lieue de la ligne ennemie ; son avant-garde est au delà de Heyda, en vue des Autrichiens. L'armée prussienne est partie de Neumark avant l'aube ; de Neumark à Borna la distance est de 10 kilotres ; l'engagement de Borna ayant été une surprise d'avant-garde, on voit que dès 9 heures du matin le roi était en mesure de commencer l'affaire avec toute son armée dans la main. Or, la bataille n'a été réellement engagée qu'à une heure ; on peut donc dire que toute l'armée autrichienne est restée l'arme au pied pendant quatre heures, attendant passivement l'attaque des Prussiens, sans s'éclairer, même à quelques kilomètres de son front, et sans se douter de la manœuvre qui s'accomplissait si près d'elle. Elle s'en doutait si peu que le maréchal Daun, trompé par la présence, devant son aile droite, d'une partie de l'avant-garde prussienne, porte sa réserve du côté de cette aile dès le début de l'engagement et se prive ainsi de sa dernière ressource au moment critique. L'inertie de l'armée autrichienne a donc permis à Frédéric d'achever sans encombre une manœuvre qui eut été pleine de périls en présence d'un ennemi plus vigilant et plus actif ; peut-être ne l'eut-il pas entreprise devant un adversaire moins lent et plus manœuvrier que le

maréchal, et il faut le louer d'avoir montré en cette occasion
autant de perspicacité que d'audace. Bien qu'au point de vue
théorique, et quoi qu'on ait pu dire, cette manœuvre constitue
bel et bien une marche de flanc à proximité de l'ennemi, le mérite de Frédéric II a été de bien saisir les défauts de ses adversaires et d'en tirer parti pour les battre. Sa situation, du reste,
se prêtait à un coup d'audace ; la défaite du duc de Bevern sous
les murs de Breslau et la perte de cette place forte, capitale de
la Silésie, compromettaient la possession de cette province tout
entière, et un coup d'éclat pouvait seul rétablir les affaires du
roi ; il fallait donc brusquer la victoire et achever ce qui avait
été commencé à Rosbach. Au point de vue tactique, Leuthen est
la contre-partie de Rosbach ; autant le mouvement de l'armée
franco-impériale avait été imprudent à Rosbach, autant celui de
l'armée prussienne à Leuthen était audacieux et avait des
chances de réussite, bien que contraire aux règles de la tactique.

Ajoutons que Frédéric a su prendre toutes les mesures de
détail propres à lui assurer le succès. Son ordre de marche à
partir de Borna lui permet de se former rapidement en bataille
face à gauche par un mouvement de conversion simultané de
toutes les subdivisions, et de présenter ainsi, dans le cas d'une
brusque attaque, son armée déployée sur deux lignes, avec l'infanterie au centre et la cavalerie aux ailes ; une diversion dirigée
contre l'aile droite autrichienne par une partie de l'avant-garde
du roi, doit tromper le maréchal sur le véritable point d'attaque
choisi par Frédéric ; enfin, une ligne de flanqueurs couvre la
marche de l'armée prussienne sur sa gauche, c'est-à-dire du
côté de l'ennemi. Ces dispositions étaient excellentes et de nature
à remédier en grande partie aux dangers inhérents à toute
marche de flanc entreprise à portée de l'ennemi.

Les deux autres questions principales que soulève l'étude de
la bataille de Leuthen sont relatives à l'emploi de l'ordre oblique
et au changement de ligne d'opérations, exécuté par Frédéric
sur le champ de bataille même, par suite de la marche de flanc
et de l'attaque contre l'aile gauche ennemie. Nous avons déjà
traité ces deux questions [1] ; nous n'y reviendrons pas ici et il

---

[1] Voir II⁰ partie, chapitre IV, et 1ʳᵉ partie, chapitre XII.

nous reste à résumer les enseignements à tirer de la bataille de Leuthen.

Enseignements à tirer de cette bataille. — Les enseignements qui se dégagent pour nous de la journée du 5 décembre 1757 sont les suivants :

En ce qui concerne les Autrichiens, c'est toujours une faute grave de déployer d'avance son armée et d'attendre le choc de son adversaire en se réduisant volontairement à la défensive. Ce rôle convenait d'autant moins au maréchal Daun qu'il avait une grande supériorité numérique sur son adversaire. C'est probablement la certitude de cette défensive passive qui a inspiré à Frédéric l'idée hardie d'aller l'attaquer sur le point où il devait le moins s'attendre à l'être, c'est-à-dire à son aile gauche. En admettant même qu'il voulût livrer une bataille défensive, le maréchal aurait dû éclairer tout le front de son armée et ses ailes, surtout en présence d'un adversaire tel que Frédéric II qui, dans une rencontre précédente, à Kolin, avait déjà tenté, sans succès, il est vrai, une manœuvre des plus hardies. Enfin, la résolution prise par le maréchal Daun de porter, dès le début de l'action, sa réserve à l'aile droite, n'est pas le moins du monde justifiée par la tournure que prit l'engagement. Il faut savoir résister aux demandes de renforts, quand ils sont adressés prématurément, et conserver sous la main le plus longtemps possible une réserve suffisante ; cette nécessité s'impose encore davantage au parti qui reste sur la défensive, puisqu'il ignore, jusqu'au dernier moment, les surprises que lui réserve l'assaillant.

Du côté de l'armée prussienne, le mouvement de flanc exécuté à faible distance d'un ennemi en position et supérieur en nombre, est contraire aux règles de la tactique ; il n'a pleinement réussi que grâce à l'inertie absolue de l'ennemi. Ce n'est donc pas ce mouvement lui-même qu'il faut admirer, mais bien la hardiesse de Frédéric II qui a osé l'entreprendre, sachant, mieux que tout autre, à quel danger il s'exposait, lui qui avait été battu à Kolin après la même manœuvre, et qui, un mois auparavant, jour pour jour, avait fait payer cher à l'armée franco-impériale une manœuvre à peu près semblable. Outre le danger immédiat que lui faisait courir cette marche de flanc, elle pouvait encore, en cas

d'échec, compromettre sa ligne de retraite, **puisqu'il risquait**
d'être rejeté sur la haute Silésie et coupé du centre de ses États.

En second lieu, le choix de l'aile gauche comme point d'attaque
n'est justifié ni au point de vue topographique, ni au point de
vue tactique; la défaite même de l'aile gauche autrichienne
n'entraînait pas la perte du champ de bataille, et Daun, en jetant
des renforts suffisants à Leuthen, pouvait encore arrêter les progrès des Prussiens. En choisissant, au contraire, pour point
d'attaque l'aile droite autrichienne, et en agissant vigoureusement, comme il savait si bien le faire, avec toute son armée dans
la main, le roi pouvait s'emparer de Frobelwitz, prendre Leuthen
à revers et menacer les ponts de la Weistritz; il conservait, en
cas d'insuccès, la retraite sur Neumark et la basse Silésie.

Ajoutons qu'une fois l'action engagée, Frédéric a fait preuve
d'habileté et d'énergie; ses dispositions sur le champ de bataille,
le bon emploi de son artillerie, l'excellent parti qu'il sut tirer de
sa cavalerie et aussi la belle conduite de ses troupes ont puis-
samment aidé au succès.

Nous admirerons donc les grandes qualités dont le roi de
Prusse a fait preuve en cette journée, son audace, la vigueur de
son attaque, son coup d'œil sur le champ de bataille, l'énergie
dont il sut animer ses soldats, enfin les bonnes dispositions
prises en poussant ses troupes obliquement et par échelons pour
enfoncer l'aile ennemie; mais nous conclurons que la bataille
de Leuthen n'est pas à proposer comme modèle aux hommes de
guerre qui comptent moins sur la fortune que sur la sage application des principes de l'art militaire.

Bataille de Zorndorf; rôle de la cavalerie. — Dans la nuit du
24 au 25 août 1758, l'armée russe, sous les ordres du général
de Fermor, prend position près de Custrin sur le plateau de
Quartschen, face au sud; elle forme une ligne fermée qui con-
tourne le plateau de manière à en garnir les crêtes dans toutes
les directions, bien que ses derrières soient appuyés au ruisseau
de la Mitzel, petit affluent de l'Oder. L'armée russe présente
ainsi la forme d'un trapèze ayant un angle aigu dans la direction
sud est; le côté principal fait face au village de Zorndorf. Cette
formation bizarre, qui s'explique par l'habitude de combattre
les armées turques, n'est nullement appropriée aux circon=

stances; la face nord du carré devient inutile, de telle sorte que, malgré sa supériorité numérique, le général de Fermor a moins de troupes engagées que le roi.

L'armée prussienne passe l'Oder en aval des Russes et remonte la rive droite du fleuve en exécutant autour de l'armée ennemie une vaste conversion qui l'amène entre les Russes et la Wartha, près des villages de Zorndorf et de Wilkersdorf. Frédéric prononce alors son attaque contre la face sud du carré; cette direction offre plusieurs avantages au point de l'offensive; les terrains au nord de Zorndorf sont favorables à l'action de la cavalerie, le roi conserve sa retraite assurée sur Custrin et, en cas de succès, il accule l'armée russe à la Mitzel. Mais la face sud du carré est la partie la plus forte de la position russe, tandis que l'angle aigu, formé au sud-est du plateau par les troupes russes, favorise une attaque enveloppante; le terrain, quoique plus coupé que du côté de Zorndorf, s'y prête encore à l'action de la cavalerie, et le roi conserve aussi sa ligne de retraite sur Custrin en cas de revers, comme il peut espérer, en cas de succès, culbuter l'armée russe dans les bas-fonds marécageux de la Mitzel.

Suivant son habitude, Frédéric exécute lui-même la reconnaissance du terrain pendant la marche et arrête ses dispositions de combat; il ordonne à la cavalerie de l'aile gauche de s'abriter en se tenant prête à intervenir et prescrit à l'avant-garde d'attaquer l'aile droite ennemie, tandis que la première ligne d'infanterie suivra hors de portée du feu en refusant son aile droite. Mais, après avoir dépassé Zorndorf, l'avant-garde converse insensiblement à droite et présente ainsi le flanc gauche à la cavalerie russe qui la charge et la ramène en désordre jusqu'au village; en même temps, l'infanterie russe se porte en avant en jetant de grands cris. C'est alors qu'apparaît la cavalerie de Seydlitz; elle charge les escadrons russes, les disperse et se rabat sur l'infanterie ennemie qui est rejetée en partie dans les marais de Quartschen, en partie sur la deuxième ligne russe.

Pendant que, à l'aile gauche de l'armée prussienne, l'infanterie du roi se remet en ordre, l'aile droite restée en arrière prend à son tour l'offensive; une batterie et un bataillon qui couvrent cette attaque à l'extrême droite sont enveloppés par les escadrons russes, mais la cavalerie prussienne de l'aile droite accourt, charge les Russes, les rejette dans les marais de Hof-Bruch et permet ainsi à l'infanterie prussienne de reprendre sa marche contre l'angle sud-est du carré ; les cosaques mettent le feu au village de Zicher.

L'infanterie de l'aile gauche, attaquée de nouveau par les Russes, est forcée de céder le terrain et de se replier en désordre ; pour la troisième fois, la cavalerie du roi intervient vigoureusement et sauve la situation ; Seydlitz se jette avec ses escadrons sur la cavalerie russe et la ramène en désordre dans le carré ; puis, conversant à gauche, il tombe dans le flanc des bataillons russes qui défendent l'angle sud-est du carré contre les progrès de l'aile droite prussienne et qui reculent en désordre. Toute l'armée russe lâche pied, abandonne une partie du trésor et des bagages contenus dans le carré et cherche à se reformer sur la partie ouest du plateau, la gauche appuyée au village de Quartschen, la droite vers Zorndorf ; l'armée prussienne, par suite des progrès de son aile droite et de la résistance rencontrée à son aile gauche, a donc exécuté un changement de front à gauche et occupe la partie est du plateau de Quartschen. Les deux armées emploient la nuit à remettre un peu d'ordre dans leurs rangs et passent toute la journée du 26 août en face l'une de l'autre ; enfin les Russes se mettent en retraite dans la nuit du 26 au 27 sans être inquiétés par l'armée prussienne.

Il résulte de ces faits que le roi a d'abord prononcé contre l'aile droite du carré russe une attaque de front avec des fractions disposées en échelons les unes derrière les autres ; ce procédé offre des dangers en face d'un ennemi vigoureux qui prend à son tour l'offensive, comme le cas s'est présenté à Zorndorf, car ces fractions peuvent être débordées du côté opposé aux échelons et prises elles-mêmes en flanc. La situation n'était plus la même qu'à Leuthen, où l'aile formée en échelons était couverte par la Weistritz et ne pouvait être débordée du côté extérieur ; la formation en échelons n'offre donc d'avantages réels qu'au cas où le flanc du côté opposé aux échelons est lui-même couvert par un obstacle ou protégé par une autre fraction de troupes. On a voulu voir également dans le dispositif de l'aile gauche prussienne à Zorndorf une application de l'ordre oblique, mais il n'y a aucune assimilation à établir entre cet ordre de combat et celui adopté à Leuthen, par exemple. A cette dernière bataille,

l'armée prussienne occupait un front oblique par rapport à celui
de l'armée autrichienne et sa droite était appuyée à une rivière;
à Zorndorf, l'aile gauche n'était appuyée à aucun obstacle et
s'est engagée dans une lutte de front contre la partie la plus forte
de la position ennemie. Cette aile n'a dû son succès qu'à la
valeur de la cavalerie prussienne. Au reste, Zorndorf a été surtout un combat de cavalerie; c'est cette arme qui a joué le rôle
principal à l'aile gauche comme à l'aile droite et qui a décidé le
succès. Les Russes, de leur côté, se sont battus avec intrépidité
et ont fait preuve de coup d'œil et d'esprit d'offensive, bien que
l'instruction de leurs troupes fût des plus rudimentaires; ils ont
profité habilement du décousu de l'attaque prononcée contre leur
aile droite pour se jeter sur l'aile gauche prussienne et la
déborder; sans l'intrépidité de Seydlitz, le roi allait payer cher
la faute commise en attaquant le côté fort de la position russe.

La bataille de Zorndorf nous montre donc, d'une façon sai-
sissante, quelle était la tactique à employer contre Frédéric II ;
elle se résume en un mot : prendre l'offensive contre lui au moment où il cherchait à gagner l'une des ailes de son adversaire
pour accabler celle-ci avec toutes ses forces. Mais pour appliquer cette tactique avec succès, il fallait une armée manœuvrière
et bien instruite, ce qui n'était pas le cas de l'armée russe. Ainsi
il ne suffisait pas de prendre résolument l'offensive contre l'aile
gauche prussienne, comme l'ont fait les Russes, « mais ce mouvement aurait dû être fait régulièrement par échelons et en ligne,
soutenu par la cavalerie. L'armée russe était alors bien loin
d'être assez instruite pour exécuter une pareille manœuvre ;
aussi fut-elle prise en flanc par la cavalerie prussienne ».

Frédéric est surpris et battu à Hochkirch. — Le village de
Hochkirch, construit sur une petite éminence, au pied du Hochkirchberg, est entièrement dominé par les hauteurs boisées qui
s'élèvent au sud ; il est entouré de terrains accessibles et décou-
verts, principalement au nord et à l'ouest ; les collines s'abais-
sent vers le sud-est et présentent de belles positions, notamment
le Stromberg.

L'armée autrichienne, maîtresse de ces hauteurs, s'étendait
de Nostitz à Lehna ; tous les villages situés sur ce front étaient
occupés par ses troupes légères. A l'aile droite, cinq bataillons

et de l'artillerie étaient postés sur le Stromberg, face à Weissenberg, où était le général prussien Retzow ; à l'aile gauche, Laudon occupait le Hochkirchberg, les pentes nord, les bois et les villages voisins. C'était une armée de 60,000 hommes qui barrait à Frédéric II la route de la Silésie.

L'intention du roi est de marcher sur Weissenberg, en tournant l'aile droite des Autrichiens, pour gagner la route de la Silésie ; il déploie son armée dans la plaine, espérant tromper l'ennemi et lui faire croire à une attaque de front contre ses positions ; il attendra ainsi le ravitaillement qu'il doit recevoir de Bautzen et qui lui permettra de reprendre sa marche ; il compte alors se dérober par une marche de nuit et gagner Gœrlitz pour se diriger sur la Silésie, mais, dans la nuit du 13 au 14 octobre (1758), il est attaqué par les Autrichiens et battu.

L'armée prussienne est déployée la droite à Hochkirch, formant un crochet défensif au sud de ce village et face au Hochkirchberg ; le centre entre le village et Rodewitz ; la gauche dessinant un angle saillant pour occuper les mamelons au sud-ouest de Lauske, sous la protection d'une grosse batterie de 22 pièces. Hochkirch, qui forme le point d'appui de droite, est défendu par 6 bataillons et une batterie de 15 canons ; 3 bataillons occupent la lisière sud du village, les abords en sont gardés par des bataillons francs, par les hussards de Zieten et les dragons de Normann ; 4 régiments de cuirassiers sont au centre de cette première ligne, forte de 26 bataillons et 50 escadrons. A 400 mètres en arrière, une deuxième ligne, composée de 4 bataillons et 35 escadrons, est en position devant les villages de Pomritz et de Wawitz ; un détachement d'infanterie et quelques escadrons relient l'aile gauche au corps de Retzow, aventuré sur la rive droite de la rivière de Loebau. Le total de ces forces est d'environ 30,000 hommes.

Le maréchal Daun, prenant cette fois franchement l'offensive, tourne l'aile droite prussienne à la faveur de la nuit, en utilisant les nombreux couverts du terrain, et attaque en même temps l'aile gauche du roi pour l'empêcher de marcher au secours de la droite. Dans la nuit du 13 au 14 octobre, il dirige 4 bataillons et 15 escadrons au sud des hauteurs, par Halben et Dœhlen pour renforcer Laudon. Celui-ci marche sur Soritz et s'établit face à Steindorfel, prenant ainsi à revers l'aile droite prussienne ; en même temps, 36 bataillons et un nombre égal d'escadrons, pris dans le centre de l'armée autrichienne, exécutent en pleine nuit une marche de flanc à travers un terrain boisé dans lequel le maréchal a fait préparer des passages, et viennent se former entre Sornnsig et Wuischka, face à Hochkirch. Le duc d'Arenberg, avec l'aile droite, doit prendre l'offensive de son côté, en débouchant au nord du Stromberg, et détacher 10 bataillons entre Serka et Tschorna ; au centre, 8 bataillons et 5 escadrons marcheront sur Kohlwesa, et un détachement occupera Plötzen ; enfin, à l'extrême droite, le prince de Durlach, qui opère sur la rive droite de la rivière, se dirigera sur Weissenberg pour attaquer Retzow. Toute l'armée autrichienne va donc marcher à l'assaut des positions que les Prussiens occupent sur une ligne mince et trop étendue.

Le résultat ne pouvait être douteux. Malgré des efforts héroïques, Frédéric est obligé d'abandonner Hochkirch, mais il se replie en bon ordre sur les collines, au nord de Pomritz, où Daun n'ose l'attaquer. Celui-ci attend des nouvelles de son aile droite qui a agi séparément pendant toute la matinée. De ce côté, le duc d'Arenberg, renforcé par sept bataillons du prince de Durlach, avait ordre de ne prononcer son attaque qu'au moment où l'aile droite prussienne serait complètement engagée contre Laudon ; aussi n'attaque-t-il qu'à 8 heures du matin, lorsque la violence du combat lui fait juger que Hochkirch est enlevé. Il dirige alors deux colonnes sur Koditz et Lauske et refoule sans difficulté l'aile gauche prussienne encore affaiblie par les emprunts que le roi a dû lui faire. Un bataillon prussien est cerné et pris à Koditz, les autres abandonnent le mamelon de Lauske et la batterie de 22 pièces. Mais après ce facile succès, le duc d'Arenberg reste immobile, sans songer à prendre à revers l'aile gauche qui est en pleine retraite. Enfin, le prince de Durlach, à l'extrême droite, prononce son attaque sur Krischau au moment où Retzow reçoit l'ordre de se replier en toute hâte ; celui-ci parvient à se dégager, passe la rivière près de Graditz et rejoint le roi par Nechern et Wurschen. Frédéric II achève sa retraite sans se laisser entamer et prend son camp sur la hauteur de Spitzberg, sur la rive gauche de la Sprée.

La bataille de Hochkirch fait ressortir la faute commise par l'armée prussienne qui a occupé, pendant plusieurs jours, une position défectueuse, dominée par les hauteurs voisines au pouvoir de l'ennemi ; cette armée, déjà très inférieure en nombre, était répartie sur un front beaucoup trop étendu et le détachement de Weissenberg était trop éloigné. L'occupation du Hochkirchberg et du Stromberg par les Autrichiens créait un danger d'autant plus grand pour les flancs de l'armée royale, que cette région boisée donnait toutes facilités au maréchal pour masser une grande partie de ses forces contre l'une des ailes de son adversaire à l'insu de celui-ci.

La surprise de nuit tentée par le maréchal Daun a été bien conduite et a entièrement réussi. Il est surprenant que la vigilance du roi ait été trompée par des stratagèmes comme ceux que son adversaire a mis en jeu : feux restés allumés sur le front des troupes autrichiennes, bruit entretenu dans les bois par quelques hommes pour faire croire à la présence des troupes, attaques fréquentes des troupes légères autrichiennes pour habituer les Prussiens à des alertes sans importance, etc. Mais il faut admirer le sang-froid dont Frédéric a fait preuve en cette circonstance : il a su retirer ses troupes de la mêlée sanglante dont le village de Hochkirch et ses abords étaient le théâtre, il les a remises en ordre et les a portées sur une nouvelle position où leur belle contenance a arrêté les progrès de l'ennemi ; c'est à son intervention personnelle, à ses propres efforts que ce résultat a été dû ; lui-même a placé son artillerie, indiqué à ses troupes leur nouvel emplacement, etc.

Du côté des Autrichiens, nous remarquerons que le duc d'Arenberg aurait dû attaquer dès la pointe du jour les hauteurs de Lauske, et même engager de ce côté un combat de tirailleurs avant le lever du soleil pour détourner l'attention de Frédéric, l'empêcher de renforcer sa droite qui était l'objectif principal du maréchal Daun. Le devoir du duc d'Arenberg était de poursuivre vigoureusement l'aile gauche prussienne, au lieu de rester passivement sur ses positions en attendant des ordres. Enfin, la direction suivie par le prince de Durlach pour attaquer Retzow était trop excentrique et ne lui permettait pas de lier ses opérations à celles du centre autrichien. Du reste, l'armée autrichienne a opéré sur un front trop considérable, qui dépassait 16 kilomètres ; encore laissons-nous de côté le corps de Durlach, chargé d'une mission spéciale. Quant à la poursuite, elle a été nulle, et Daun a ainsi perdu tous les fruits de sa victoire : « Si Daun eût poursuivi ses premiers succès, le roi ne se serait pas rallié ; il méritait de perdre toute son armée ». (Napoléon.)

Hochkirch et Bautzen. — L'étude de la bataille de Hochkirch évoque naturellement le souvenir de la journée de Bautzen : le rôle joué par le duc d'Arenberg à Hochkirch n'est pas sans analogie avec celui de Ney à Bautzen. Celui-ci devait passer la Sprée à l'extrême gauche des Français et marcher sur Preititz pour prendre à revers l'aile droite des Alliés, tandis que l'Empereur prononcerait contre eux une attaque de front ; comme d'Arenberg, Ney livré à lui-même remplit timidement sa mission et la journée du 21 mai 1813, qui aurait pu être un désastre pour les Alliés, ne fut pour eux qu'une défaite honorable. Contrairement à la tactique suivie par le maréchal Daun, Napoléon se garda bien de prononcer son attaque avec vigueur avant que Ney fût entré en scène, et il attendit l'arrivée de celui-ci sur le flanc de l'armée alliée pour s'engager lui-même à fond.

Concluons donc que les mouvements tournants, exécutés dans un grand rayon en dehors des vues et de l'action du général en chef, constituent toujours des manœuvres très délicates qui ne peuvent être confiées qu'à des chefs doués d'initiative, à des hommes de tête. Celui qui reçoit une semblable mission doit être décidé à aller de l'avant sans attendre de nouveaux ordres, à résoudre lui-même et promptement les difficultés qui peuvent surgir, enfin, à ne se laisser influencer ni par le bruit du canon sur ses derrières, ni par la crainte d'être coupé du gros de l'armée. De semblables hommes sont rares.

Ajoutons, enfin, que si le mouvement tournant bien exécuté peut produire les plus beaux résultats, il présente deux graves dangers : en premier lieu, il affaiblit l'armée au moment le plus critique ; en second lieu, il expose le détachement qui exécute cette manœuvre à être battu, peut-être détruit, si le reste de l'armée est lui-même battu ou seulement tenu en échec.

Défaite de Kunersdorf. — La première rencontre de Frédéric II avec l'armée russe a été pour lui une victoire indécise et chèrement achetée ; la seconde va être une défaite complète.

Au mois d'août 1759, le roi part de Muhlrose pour marcher
contre l'armée russe campée près de Francfort ; il franchit l'Oder

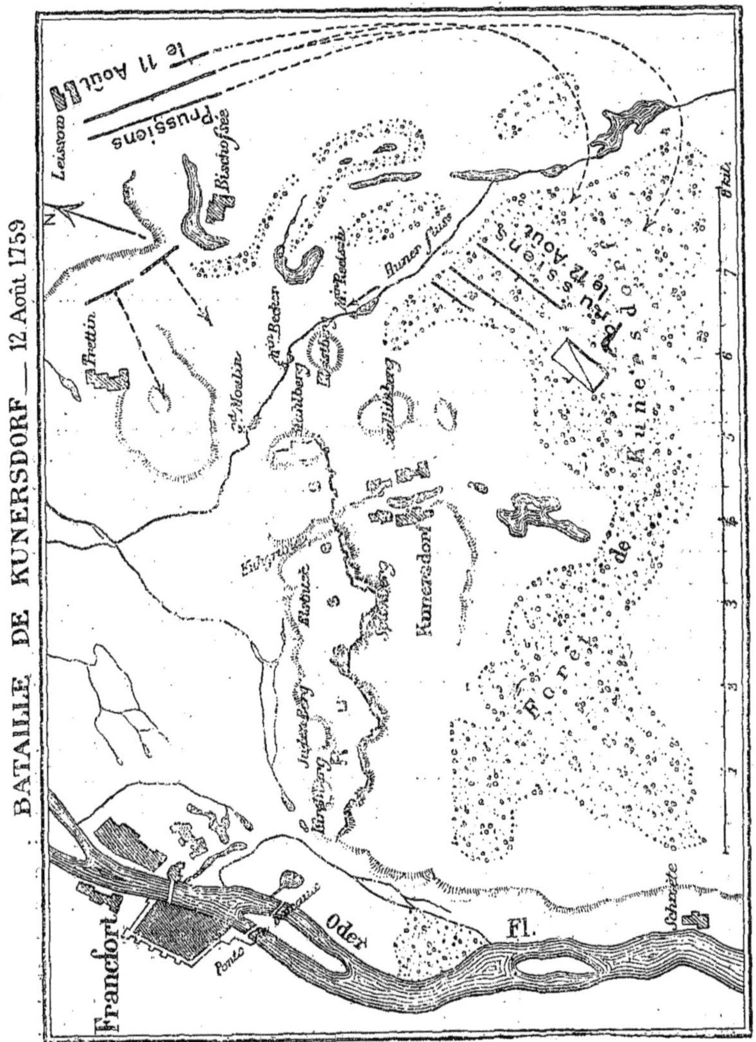

en aval de cette ville, près de Lebus, marche au sud-est en tournant l'armée ennemie et vient se former face à Francfort, en
arrière de Trettin, coupant ainsi la ligne de retraite des Russes

sur la Wartha, par Drossen (11 août). L'armée de Soltykoff, renforcée du corps de Laudon, a fait demi-tour pour faire face aux
Prussiens et s'étend sur une ligne de hauteurs fortifiées qui constitue une très forte position, le Judenberg, le Spitzberg et le
Muhlberg ; cette dernière colline dessine un vaste bastion à l'aile
gauche ; l'aile droite s'appuie au cimetière des Juifs ; enfin, un
ravin, le Kuhgrund, sépare le Muhlberg du reste de la position
et n'est lui-même que le prolongement du vallon dans lequel est
construit le village de Kunersdorf. Cette position est très forte
de front, mais l'aile gauche, formée par le Muhlberg, peut être
canonnée des hauteurs voisines, de Trettin, du Kleitsberg et du
Seidlitzberg, et prise à revers par les ponts du Grand-Moulin et
du moulin de Becker.

Frédéric, saisissant immédiatement le point faible de la position russe, prend aussitôt ses dispositions pour envelopper cette
aile gauche et la rejeter en désordre sur le centre, après quoi, il
compte bien ne pas laisser aux Austro-Russes le temps de se
reconnaître. Cette tactique était parfaitement justifiée par la to-
pographie du champ de bataille et par les dispositions prises
d'avance du côté de l'armée russe ; si elle a échoué, c'est surtout à la ténacité du soldat russe et à l'infériorité numérique des
Prussiens qu'il faut attribuer ce résultat. Le 12 août, à la pointe
du jour, l'armée prussienne se met en marche sur trois lignes et
par la gauche, pour venir se former en face de l'aile gauche
ennemie, à l'abri de la forêt de Kunersdorf; mais les difficultés
du terrain retardent la marche et ce n'est qu'à 10 heures du
matin que l'armée prussienne se trouve établie sur sa nouvelle
position. Nous ne reviendrons pas sur les incidents de cette
journée, qui ont été étudiés dans le courant de ce travail ; rappelons seulement, ici, que l'attaque des Prussiens contre le
Muhlberg réussit tout d'abord ; mais la gauche russe, refoulée
sur son centre, défend la crête du Kuhgrund que Soltykoff renforce avec l'infanterie et l'artillerie tirées de son aile droite ;
tous les efforts des Prussiens échouent contre cette nouvelle position qu'ils essayent en vain de prendre à revers ; après des prodiges de valeur, l'armée prussienne, à bout de forces, cède le
terrain en désordre et repasse l'Oder sans être sérieusement
poursuivie. Les pertes sont énormes de chaque côté : environ
20,000 hommes.

Cette bataille donne lieu à quelques observations intéressantes. Du côté des Russes, la position choisie par Soltykoff était très forte, mais en se réduisant lui-même à la défensive, le général russe s'exposait à être tourné ou pris à revers ; c'est ce que Frédéric tenta de faire, et il eût sans doute réussi sans l'inébranlable résistance du soldat russe. Après avoir loué la belle conduite des troupes russes, il faut aussi reconnaître les qualités dont leur chef fit preuve sur le champ de bataille, la promptitude avec laquelle, jugeant sainement la situation, il sut porter en temps utile, sur le point menacé, les forces restées sans emploi à son aile droite.

Du côté des Prussiens, la marche de flanc exécutée le 12, dans la matinée, manœuvre favorite du roi, s'explique par la situation et l'éloignement relatif des deux armées et par la nature du terrain qui couvrait ce mouvement ; mais elle eut le grave inconvénient de fatiguer les troupes, et celles-ci, très inférieures en nombre, sont arrivées harassées sur la position où elles devaient se former. La disposition de l'armée prussienne sur une ligne oblique par rapport au front de l'armée austro-russe est encore une des manœuvres habituelles de Frédéric II, et elle est entièrement justifiée en cette circonstance, puisque en accablant l'aile gauche ennemie, on pouvait espérer jeter les Russes dans l'Oder ; toutefois, il eût été préférable de placer la cavalerie prussienne aux deux ailes pour l'avoir sous la main au moment critique. Placée à l'aile gauche, cette cavalerie n'a pu se porter à temps à l'aile droite où elle eut été bien utile pour refouler les Russes à l'entrée du Kuhgrund et dégager l'infanterie prussienne accablée sous le nombre.

L'attaque du Muhlberg a été menée rondement et les Russes n'ont pas défendu cette position avec leur opiniâtreté habituelle. La prise du Muhlberg n'était, du reste, qu'une affaire de temps, car il était sous le feu de l'artillerie ennemie et pouvait être pris à revers. Ce n'était, à vrai dire, que le premier épisode de la bataille ; le point important à conquérir était le Kuhgrund, d'où l'on faisait tomber le Spitzberg et le centre de la ligne russe. Au lieu d'user les efforts de sa cavalerie et de son aile gauche contre la position de Kunersdorf et le Spitzberg, le roi eût probablement mieux réussi en jetant à son aile droite toutes ses forces disponibles pour tourner le Kuhgrund et faire ainsi tomber la résistance de Kunersdorf. Enfin, les 6,000 hommes laissés à la surveillance des ponts de l'Oder ont encore affaibli l'armée prussienne, déjà bien inférieure à son adversaire ; quelques cavaliers et un détachement d'infanterie eussent suffi à mettre les ponts à l'abri d'un coup de main de la cavalerie russe ou autrichienne.

Il serait facile d'établir un parallèle entre la bataille de Kunersdorf et celle de Prague ou de Leuthen ; la manœuvre du roi est la même et a pour objet d'annihiler une partie des forces de l'ennemi en abordant obliquement l'une de ses ailes et en la débordant. Cette tactique a réussi à Prague et à Leuthen parce que le prince de Lorraine a laissé inactive, à l'aile opposée, une grande partie de ses troupes, tombant ainsi dans le piège qui lui était tendu. Soltykoff, au contraire, a su utiliser les forces restées sans emploi à l'aile qui n'était pas attaquée et les porter en temps utile sur le terrain de la lutte. L'attaque d'aile exécutée par Frédéric s'est ainsi transformée en une attaque de front dans laquelle le courage et l'entrain des troupes prussiennes sont venus échouer contre l'opiniâtreté et le nombre de leurs adversaires.

Surprise de nuit à Liegnitz. — Nous avons déjà exposé [1] les conditions dans lesquelles le corps autrichien de Laudon, détaché de l'armée du maréchal Daun, avait abordé par surprise, dans la nuit du 14 au 15 août 1760, l'armée prussienne qui venait de dresser ses tentes sur le plateau de Liegnitz. La bataille de Liegnitz n'a été, à proprement parler, qu'une échauffourée de nuit ; si elle a constitué pour les Autrichiens une véritable défaite, c'est grâce à l'entêtement de Laudon qui, croyant n'avoir devant lui qu'une arrière-garde ennemie, a persisté à vouloir rester maître de la position. De fait, l'aile gauche prussienne attaquée par Laudon ne comprenait que 16 bataillons et 30 escadrons, mais elle était couverte à gauche par la cavalerie, soutenue par la réserve de l'armée et appuyée aux escarpements du plateau ; elle avait l'avantage de la position et pouvait facilement se déployer. Les dispositions prises par Frédéric II, avec

---

[1] IIIe partie, chapitre IX.

une très grande rapidité, étaient donc bonnes, surtout lorsqu'il eut fermé, par sept bataillons, la trouée ouverte entre ses deux ailes. Nous remarquerons, toutefois, que les ponts de la Katzbach n'étaient ni gardés ni même surveillés, ce qui a permis à Laudon de franchir la rivière et d'arriver jusqu'à 400 mètres des lignes prussiennes sans tirer un coup de fusil.

Laudon avait eu le tort de marcher sans avant-garde. Dans une opération de nuit, lorsqu'on veut surprendre l'ennemi, il convient certainement de conserver sa troupe groupée dans la main et de ne pas pousser des éclaireurs à une trop grande distance, ceux-ci pouvant s'égarer, tirer les uns sur les autres et donner l'éveil à l'ennemi ; mais il n'en faut pas moins se garantir soi-même contre une surprise toujours possible, et, dans le cas qui nous occupe, Laudon marchant en pleine nuit sur les derrières de l'armée ennemie, dans un pays montueux et coupé, devait éclairer sa marche et couvrir ses flancs.

Une fois l'action entamée, Laudon eut le tort de persister à déployer ses troupes sur une langue de terre où cinq bataillons seulement pouvaient combattre de front. Puisque l'intention du maréchal était d'attaquer à la pointe du jour, il était préférable d'attendre son entrée en ligne ; Laudon ne pouvait plus croire, à ce moment, qu'il n'avait en face de lui qu'une arrière-garde ou un convoi ennemi ; dès lors, la mission qu'on lui avait confiée n'avait plus sa raison d'être, il ne fallait plus songer à surprendre les derrières de l'armée prussienne et, en s'engageant à fond contre le roi, il créait une situation que le maréchal n'avait pas prévue et qui pouvait contrarier ses projets.

La bataille de Liegnitz nous montre une fois de plus le danger de faire des détachements à proximité de l'ennemi ; elle soulève, en outre, une question qui peut être énoncée de la façon suivante : Un corps détaché à faible distance du gros de l'armée, et qui rencontre l'ennemi à l'improviste, doit-il s'engager à fond sans hésiter ou attendre l'arrivée du gros ? La solution, comme celle de tous les problèmes tactiques, dépend surtout des conditions de la lutte et des circonstances particulières dans lesquelles on se trouve ; le chef du détachement devra s'inspirer avant tout du but général à atteindre. Le 15 août 1760, il s'agissait pour Laudon de se porter sur les derrières des Prussiens en occupant le plateau de Pfaffendorf que l'on croyait libre ; la position étant fortement occupée, le rôle du général autrichien changeait complètement : son devoir n'était pas d'attaquer à lui seul toute l'armée ennemie, mais de prévenir Daun, de prendre position, de lier son action à celle de son chef, enfin de coopérer avec le gros de l'armée au but poursuivi par le maréchal, but qui consistait à attaquer l'armée prussienne le 15 août, à la pointe du jour.

Etude de la bataille de Torgau. — Torgau est la dernière grande bataille livrée en personne par Frédéric II ; elle a été, en ce qui concerne la tactique employée par le roi, l'objet de violentes critiques : « Dans cette bataille, a dit Napoléon, Frédéric a violé les principes soit dans la conception du plan, soit dans son exécution ; c'est, de toutes ses batailles, celle où il a fait le plus de fautes, et la seule où il n'ait montré aucun talent ». Nous allons examiner les principales questions tactiques que soulève l'étude de cette journée et voir si le jugement qu'on vient de lire n'est pas d'une sévérité excessive.

Le 3 novembre 1760, le point faible de la position occupée par le maréchal Daun, sur la rive gauche de l'Elbe, près de Torgau, était l'aile droite, qui pouvait être prise à revers en débouchant de la forêt de Dommitsch ; la direction de la ligne de bataille des Autrichiens était oblique par rapport à l'Elbe et formait une trouée naturelle entre leur aile droite et le fleuve. Le plan formé par Frédéric II, de tourner l'aile droite ennemie en utilisant la forêt de Dommitsch pendant qu'une partie de son armée mènerait le combat de front, était donc bien conçu : « La résolution que prit le roi d'attaquer à revers l'armée de Daun... paraît d'autant plus convenable que, par ce mouvement, sa gauche s'appuyait à l'Elbe et ses derrières sur Wittenberg et Magdebourg ». (NAPOLÉON.) Ainsi, au point de vue tactique, le plan de Frédéric s'imposait ; nous avons vu[1] que ce plan avait aussi l'avantage de replacer l'armée royale sur sa ligne d'opérations naturelle, ligne qu'elle avait momentanément abandonnée en se portant sur Schilda pour tâter l'armée autrichienne.

---

[1] Ire partie, chapitre IX.

Le maréchal Daun avait pris ses dispositions pour éclairer son front et ses flancs, et pour se tenir au courant des tentatives que pourrait faire le roi à l'abri de la grande forêt de Dommitsch; mais lorsque le corps avancé de Lascy dut se replier sur Torgau, sa place était en arrière de Siptitz, sur les pentes qui descendent vers Neiden, et non derrière le grand étang où aucune attaque sérieuse n'était à craindre. La position de l'armée autrichienne eût été tellement forte que le roi se serait peut-être décidé à battre en retraite sans oser l'attaquer : « Il ne dépendait que du maréchal Daun, a dit Frédéric, d'éviter cette bataille. Si, au lieu de placer M. de Lascy derrière les étangs de Torgau, que six bataillons auraient défendus du reste, il l'eût porté derrière le défilé de Neiden, il aurait été inexpugnable dans son camp »; et plus loin, en parlant du corps autrichien qui se retire d'Elsnig sur Neiden à l'approche des Prussiens, il ajoute : « Sans doute que si ce corps se fût établi sur le terrain avantageux où il était, il n'y aurait pas eu de bataille. Quelque ferme volonté que le roi eût d'attaquer les Impériaux, cela lui devenait impossible; il aurait fallu renoncer à tout ce projet et rebrousser bien vite pour regagner Eilenbourg ».

Le principe d'une attaque contre l'aile droite des Autrichiens étant admis, il fallait prononcer sur leur front une fausse attaque qui leur donnât le change et les maintînt le plus longtemps possible dans l'indécision sur le véritable projet du roi : sur quel point de la ligne ennemie devait être faite cette démonstration et quelle devait être sa force?

Pour répondre à ces questions, nous remarquerons qu'une attaque d'aile, combinée avec une attaque de front, aura d'autant plus de chances de réussir que ces deux actions seront mieux liées l'une à l'autre et qu'elles resteront placées sous la direction immédiate du général en chef; celui-ci, bien renseigné sur les progrès de ses deux ailes, pourra ralentir ou accélérer la marche de l'une ou de l'autre, au besoin même modifier son plan primitif si des circonstances imprévues l'y obligent. La meilleure direction à donner à Zieten paraissait donc être celle de Grosswig; il aurait débouché au nord des deux étangs de Siptitz, en tournant ce village à l'ouest, et se serait ainsi rapproché du gros de l'armée prussienne. Quant aux forces confiées à Zieten pour remplir sa mission, elles étaient trop considérables; il avait avec lui la moitié de la cavalerie prussienne et le tiers de l'infanterie. Une bonne partie de cette cavalerie eût été mieux placée entre les deux ailes de l'armée royale pour les relier l'une à l'autre et pour protéger le débouché de l'aile gauche sur le plateau de Neiden. En scindant son armée en deux fractions presque égales complètement séparées l'une de l'autre, le roi s'en remettait au hasard du soin de faire concorder les deux attaques; il restait à la merci d'un retard imprévu, d'un incident quelconque : « Le détachement qu'il fit du tiers de ses forces sous Zieten est contraire à tout ce que le prince a fait dans les autres batailles et aux principes de la guerre. Zieten pouvait être battu isolément et il paraît que Frédéric le sentait tellement que c'est cette crainte qui le décida aux attaques isolées, précipitées, qui ruinèrent son armée ». (NAPOLÉON.)

La promptitude avec laquelle le roi engagea l'action avec son aile gauche, sans attendre que ses colonnes, et notamment sa cavalerie, eussent débouché de la forêt, faillit, en effet, causer sa perte; il s'en excuse en prétextant qu'il a été trompé par la canonnade engagée du côté de Zieten : « Le roi crut, comme il y avait toute apparence, que ses troupes en étaient déjà aux mains avec l'ennemi; cela le décida à passer le défilé de Neiden avec ses hussards et son infanterie, car la cavalerie qui aurait dû le devancer n'était pas encore arrivée ». Mais, d'une part, le rôle de Zieten étant de maintenir le gros des forces autrichiennes vers Siptitz, il fallait bien lui donner le temps de remplir sa mission; d'autre part, « si le roi craignait que Zieten ne s'engageât trop, il était bien évident que, tant que ce général n'entendrait pas sa canonnade, il ne le ferait pas; il devait donc patienter une heure ou deux, attendre l'arrivée de toute son armée avant d'attaquer ». (NAPOLÉON.) En attaquant avec des forces insuffisantes et en jetant au fur et à mesure dans la mêlée les fractions de troupes qui débouchaient de la forêt, le roi exposait son aile gauche à être détruite en détail et compromettait le succès de la bataille, déjà mal engagée du côté de son aile droite.

La conduite intelligente de Zieten a sauvé l'armée prussienne d'une défaite; il a pris sur lui d'appuyer à gauche pour se rapprocher du roi, cherchant ainsi par instinct à remédier au danger de sa situation. Celle-ci devenait des plus critiques; à ce moment, les attaques décousues du roi avaient échoué, et Zieten entendait la canonnade s'éloigner de lui ; tout autre eût pu croire la partie perdue et songer à la retraite ; lui n'eut pas un instant d'hésitation, il tint bon, redoubla d'efforts et conserva ses positions jusqu'au moment où le roi prit à son tour le dessus, chassa devant lui l'aile droite autrichienne et vint faire sa jonction avec son lieutenant à la tombée de la nuit. Et cependant Frédéric II, loin de lui rendre justice, lui reproche d'avoir par sa lenteur compromis le sort de la journée : « M. de Zieten, au lieu d'attaquer, s'amusa longtemps avec un corps de pandours qu'il trouva sur son chemin dans la forêt de Torgau ; ensuite, il se canonna beaucoup avec le corps de M. de Lascy qui était posté vers les étangs de Torgau ; bref... le roi attaqua seul, sans être secondé de M. de Zieten ».

Quant au maréchal, il fit preuve en cette journée d'un grand courage personnel, mais il montra son indécision ordinaire et ne sut pas saisir l'occasion qui s'offrait à lui d'écraser successivement les deux fractions de l'armée prussienne. A la tombée de la nuit, le résultat de la bataille paraissait encore indécis ; le plus grand désordre régnait dans les deux armées et des groupes ennemis bivouaquèrent côte à côte [1]. L'armée prussienne avait pris pied, il est vrai, sur le plateau de Siptitz, mais les Autrichiens pouvaient recommencer l'action le lendemain au point du jour et ils conservaient leur retraite assurée sur Torgau. En abandonnant le champ de bataille et en évacuant Torgau, Daun s'avouait vaincu ; il n'essaya même pas de rappeler à lui les 30,000 hommes de l'armée des Cercles pour livrer une nouvelle bataille à l'armée prussienne épuisée.

En résumé, la bataille de Torgau nous montre le danger de scinder ses forces en deux groupes qui échappent à une seule et même direction sur le champ de bataille. Napoléon a dit : « Ne séparez jamais les ailes de votre armée les unes des autres, de manière que votre ennemi se puisse placer dans les intervalles ». De cette faute ont découlé les autres ; la précipitation du roi à prononcer son attaque, l'entrée en ligne successive de ses co-

---

[1] Voir III° partie, chapitre IV.

lonnes; mais il faut reconnaître que le plan général du combat
était bien conçu et que l'exécution a été entravée par des difficultés matérielles difficiles à prévoir, tel que le retard qui
s'est produit dans l'arrivée de la cavalerie sur le champ de
bataille.

Bien que la guerre dût encore se poursuivre pendant deux
années, la bataille de Torgau peut être considérée comme clôtu-
rant les grandes campagnes de Frédéric II; à partir de ce
moment, l'épuisement de son armée semble lui interdire les
vastes projets et les grandes opérations des années précédentes,
et ses adversaires eux-mêmes commencent à se laisser gagner
par la lassitude générale.

Combat de Peilau. — Le combat peu important de Peilau, ou
de Reichenbach, est le dernier engagement dirigé en personne
par Frédéric II pendant la guerre de Sept ans.

Au commencement du mois d'août 1762, le roi a investi
Schweidnitz, dont la chute doit mettre fin aux hostilités en Silésie; il a rappelé de Moravie le corps du duc de Bevern et l'a
porté à Neisse, d'où il doit couvrir le convoi de munitions destiné au siège de Schweidnitz. Mais le siège traîne en longueur;
le maréchal Daun, désireux d'éviter une action générale, cherche
à gagner les hauteurs de Kleutsch et à se rapprocher de
Schweidnitz pour faire lever le siège à la suite d'engagements
partiels qui ne lui feront courir aucuns risques sérieux. Il rappelle de Moravie le corps du général Beck, devenu libre par le
départ de Bevern, et lui donne l'ordre de se rabattre sur l'aile
droite de l'armée autrichienne, tout en observant le corps prussien du duc de Bevern; celui-ci a rejoint le roi et pris position
près de Mittel-Peilau, au sud-est de Reichenbach. Daun, qui
voulait porter le corps de Beck sur ces hauteurs pour protéger
sa marche sur Schweidnitz, se décide à les faire attaquer.

Le 16 août, au matin, les Autrichiens débouchent avec 40 bataillons et 40 escadrons dans la plaine de Bielau et refoulent les
avant-postes prussiens, tandis que Beck, avec 12 bataillons et
20 escadrons occupe le Kleutschberg. Frédéric est encore indécis
sur la direction que prendra l'attaque principale, celle-ci pouvant se porter contre son camp de Peterswaldau ou contre le
duc de Bevern qui forme l'aile gauche de l'armée prussienne.

Enfin, vers midi, le gros des forces autrichiennes paraît se diriger contre celui-ci ; le roi retire alors des montagnes 2 brigades qui doivent porter les forces du duc de Bevern à 28 bataillons et 80 escadrons, mais une partie de ces renforts n'arrivera qu'après l'action.

Vers 3 heures, les Autrichiens prononcent leur attaque. A droite, Beck traverse Ober-Peilau sur deux colonnes et se déploie entre ce village et Diersdof pour attaquer la gauche des Prussiens ; au centre, Lascy traverse Mittel-Peilau, soutenu par trois fortes batteries, et à gauche Brentano marche sur Nieder-Peilau, soutenu par la cavalerie d'O'Donnell qui repousse une première charge de la cavalerie prussienne du général Lentulus. Cependant, Beck gagne avec peine du terrain dans les bois marécageux de Diersdorf ; à 7 heures du soir, ses têtes de colonnes, en débouchant enfin sont assaillies par l'infanterie de Bevern qui les rejette dans les marécages ; resté sans appui, Beck se met en retraite. A gauche, la cavalerie autrichienne, chargée de nouveau par le général Lentulus et prise en flanc par le feu de 15 pièces de canon, est repoussée sur le village de Peilau par le prince de Wurtemberg qui débouche sur le champ de bataille. Lascy, voyant ses flancs dégarnis, bat en retraite au moment où de nouveaux renforts arrivent du côté des Prussiens. L'armée autrichienne se retire sur Habendorf avec perte de 1500 à 2,000 hommes.

Le plan du maréchal était de diriger contre le duc de Bevern les corps de Lascy et de Brentano qui se joindraient à celui de Beck sur les hauteurs de Kleutsch, tandis que le reste de l'armée autrichienne tiendrait en respect le gros des forces prussiennes. Beck devait gagner le flanc gauche de la position ennemie et, lorsque son mouvement serait suffisamment prononcé, les deux autres corps soutiendraient son attaque. Les forces mises en ligne par le maréchal étaient presque le triple de celles que les Prussiens ont engagées à Peilau ; mais les trois colonnes autrichiennes ont agi séparément : les corps de Lascy et de Brentano ont laissé Beck déboucher seul contre le duc de Bevern et n'ont pu soutenir ses colonnes quand elles ont été rejetées dans les bois et les marécages de Diersdorf. De son côté, Bevern a manœuvré avec habileté, engageant avec à-propos sa cavalerie contre la gauche ennemie qui débouchait de Peilau, puis, dirigeant son principal effort contre le général Beck qui prononce son attaque mollement, après une marche longue et pénible ; enfin, l'arrivée de renforts importants permet au général prussien de prendre l'offensive sur tout son front. C'est donc à lui que revient tout l'honneur de cette journée.

Quant à Frédéric, on lui a reproché d'avoir trop tardé de marcher au secours de son lieutenant ; mais il n'a été renseigné qu'assez tard sur les projets de son adversaire ; ce n'est qu'à 3 heures de l'après-midi que l'attaque sur Peilau s'est dessinée d'une façon certaine et l'on ne saurait reprocher sérieusement au roi d'avoir tardivement donné ses ordres.

En résumé, le combat de Peilau nous montre surtout le danger de former des colonnes d'attaque qui ne peuvent se soutenir mutuellement en temps opportun ; les corps de Lascy et de Brentano ont laissé échapper l'instant favorable pour attaquer à fond le duc de Bevern, parce qu'ils attendaient le succès du mouvement tournant confié au général Beck ; de telle sorte que ces deux corps, dont l'effectif était supérieur à celui du duc de Bevern, auraient peut-être suffi dès le début pour gagner la bataille avant l'arrivée des renforts prussiens, tandis qu'ils ont été arrêtés, et finalement battus, parce qu'ils ont dû attendre le résultat de la manœuvre exécutée par le général Beck, manœuvre qui a échoué de son côté.

C'est un exemple frappant du danger des mouvements tournants proprement dits, c'est-à-dire des mouvements exécutés par une fraction de troupes qui abandonne sa liaison avec le reste de l'armée sur le champ de bataille. De même qu'il convient de proscrire tout détachement en face de l'ennemi, de même il faut éviter de donner à une fraction des troupes une direction qui l'éloigne du corps de bataille et qui l'empêche, au moment décisif, d'agir en liaison avec le gros de l'armée.

Frédéric II a su éviter cette faute, sauf dans de rares circonstances, comme à Torgau où son armée formait deux groupes distincts. Sa tactique consistait, d'une façon générale, à conserver toutes ses forces sous la main et à frapper un grand coup sur le point qu'il désignait lui-même ; il n'engageait qu'une partie de ses troupes contre l'aile ennemie prise comme objectif, et il conservait le reste en réserve pour prononcer le dernier effort ou pour parer à un danger imprévu. Enfin, l'effectif peu considérable des armées de cette époque et la faible portée des armes à feu, qui forçait les combattants à se rapprocher dès le début de l'engagement, permettaient à Frédéric II d'intervenir personnellement dans toutes les péripéties de l'action et de diriger lui-même ses troupes sur le champ de bataille.

CHAPITRE XIX.

> « Dans le métier de la guerre, on ne transgresse jamais les règles de l'art sans en être châtié par l'ennemi. »
>
> (FRÉDÉRIC II.)

Comment il faut traiter le soldat. — Des officiers ; connaissances qui leur sont nécessaires. — Expérience et étude ; nécessité d'étudier l'art de la guerre. — Du coup d'œil ; comment on l'acquiert. — Le chef de bataillon. — Des généraux ; critiques qu'on leur adresse. — Qualités nécessaires au général. — Il doit faire bonne figure dans l'adversité ; être impénétrable à l'ennemi et aux siens. — Être vigilant et prévoyant, se décider par lui-même. — La bravoure ne suffit pas au général. — Connaissances qu'il doit posséder ; travail de cabinet et activité personnelle. — De quoi dépend le succès à la guerre. — Le général ne doit pas s'exposer inutilement.

Nous réunirons dans ce chapitre quelques pensées de Frédéric II qui contiennent de sages maximes ou des conseils bons à méditer.

Comment il faut traiter le soldat. — « Si vous voulez gagner l'amitié du soldat, ne le fatiguez ni ne l'exposez sans qu'il voie que cela est nécessaire. Soyez son père et pas son bourreau. On ménage le soldat dans les sièges par les sapes, dans les batailles en prenant les ennemis par leur faible, et en expédiant promptement. Plus les attaques sont vives, moins elles coûtent ; en abrégeant les batailles, vous ôtez le moyen de vous emporter du monde ; le soldat ainsi conduit prend confiance au général et s'expose gaiement au danger.

« La douceur et la sévérité réussissent alternativement avec le soldat ; il faut que le général soit populaire, qu'il parle aux soldats, soit lorsqu'il passe dans leurs tentes, ou lorsque c'est un jour de marche. On voit quelquefois si la marmite va bien ; on entre dans leurs petits besoins, et l'on fait ce que l'on peut pour les soulager ; on leur épargne des fatigues inutiles. Mais toute la rigueur de la loi doit tomber sur le soldat mutin, sur le raisonneur, sur le pillard ; on inflige, lorsqu'il est nécessaire, des punitions sévères aux déserteurs. »

Des officiers ; connaissances qui leur sont nécessaires. — « Il y a trois classes d'officiers ; les uns, pauvres, regardent le service comme un pis-aller ; ils se fient sur le temps qui les fera arriver à tour de rôle, croient que servir longtemps ou servir bien, sont même chose ; d'autres, livrés aux plaisirs, sont tout, hormis soldats : un petit nombre, pleins d'une noble ambition, ne désirent que des occasions de s'éclairer et d'augmenter la sphère de leurs connaissances.

« Les officiers entreprenants sont les seuls qui, du nombre d'officiers dont beaucoup se dévouent aux armes sans vocation et sans talents, méritent le grade de généraux.

« Je voudrais que les familles nobles s'attachassent presque exclusivement à la profession des armes. En général, il ne reste de ressource à la noblesse que de se distinguer par l'épée.

« Un officier habile doit réunir une infinité de connaissances et de talents : l'art des manœuvres, l'attaque, la défense des positions ; les retraites, marches, passages de rivières, convois, fourrages et toutes autres dispositions de la guerre de campagne ; l'art des campements, de distribuer et faire combattre les troupes d'après le terrain, enfin l'attaque et la défense des places.

« Un officier a besoin de diverses connaissances : l'histoire, la géographie, la logique, la géométrie et la fortification ; mais la plus nécessaire est la dernière. Y a-t-il des sièges ? il trouve l'occasion de se distinguer ; est-il dans une ville assiégée ? il peut rendre de bons services ; faut-il fortifier un camp ? on profite de son intelligence ; y a-t-il quelque village à fortifier dans les postes avancés de la chaîne des quartiers d'hiver ? on l'emploie ; pour peu qu'il ait du génie, il trouve cent occasious pour se faire connaître.

« L'étude des belles-lettres est si utile à ceux qui se vouent aux armes, que la plupart des grands capitaines y ont consacré leurs heures de loisirs. »

Expérience et étude ; nécessité d'étudier l'art de la guerre. — « Qu'importe l'expérience si elle n'est digérée par la réflexion !

« La pensée, la faculté de combiner des idées est ce qui distingue l'homme d'une bête de somme. Un mulet, pour avoir porté, pendant dix campagnes, le bât sous Eugène, n'en sera pas meilleur tacticien ; beaucoup d'hommes vieillissent dans un métier, respectable d'ailleurs, sans y faire d'autres progrès que ce mulet. Suivre la routine du service, s'occuper du soin de sa pâture et de son couvert, marcher quand on marche, se camper quand on campe, se battre quand tout le monde se bat, voilà, pour le grand nombre d'officiers, ce qui s'appelle avoir servi, avoir fait campagne, être blanchi sous le harnais.

« Tout art à ses règles, il faut les étudier ; leur théorie facilite leur pratique. La vie d'un homme ne suffit pas pour acquérir une connaissance et une expérience consommées ; la théorie sert de supplément : elle donne à la jeunesse une expérience prématurée et la rend habile par les fautes mêmes de ceux qui en ont fait.

« De grands faits de guerre, écrits avec concision et vérité, qui développent les raisons qu'un chef d'armée a eues en se décidant, et qui exposent l'âme de ses opérations, doivent servir d'instruction à tous ceux qui font profession des armes.

« L'art de la guerre est vaste, on ne l'épuisera jamais ; l'expérience des temps à venir ajoutera encore des connaissances nouvelles à celles qui nous ont été transmises et à celles que nous avons recueillies de nos jours.

« Le peu d'expérience que j'ai acquise dans la guerre m'a appris qu'on ne parvient pas à approfondir entièrement cet art, et, toujours en l'étudiant avec application, on y découvrira quelque chose de nouveau.

« Je regrette tous les jours de ma vie que je n'ai pas voués à l'application et à l'étude. On ne peut pas assez perfectionner la justesse de son raisonnement, ni la pénétration de son esprit.

« Vous avez bien raison de déplorer l'ignorance de beaucoup de nos officiers et leur peu d'application aux études essentiellement nécessaires à leur métier. Je me souviens, du temps de mon père, qu'on déprimait l'étude et qu'il y avait une certaine flétrissure attachée aux connaissances, ce qui en détournait la jeunesse et faisait regarder comme une action criminelle celle d'étendre les bornes de ses connaissances et d'acquérir de nouvelles lumières. J'en ressens tous les mauvais effets ; mais ce ne sont pas des choses qu'il dépende de moi de changer sur-le-champ ; il faut que le génie de la nation prenne un nouveau pli. »

Du coup d'œil ; comment on l'acquiert. — « Le coup d'œil proprement dit se réduit à deux points. Le premier est d'avoir le talent de juger combien un terrain peut contenir de troupes. L'autre talent, beaucoup supérieur à celui-ci, est de distinguer au premier moment tous les avantages qu'on peut tirer d'un terrain. On peut acquérir ce talent.

« C'est une science d'apprendre à connaître la nature et la qualité du pays où l'on fait la guerre, et de pouvoir d'un coup d'œil découvrir les avantages et les inconvénients des endroits où l'on veut placer des postes, comment ils peuvent nous être avantageux et nuisibles à l'ennemi et tirer ainsi parti de tous.les environs. C'est ce que nous nommons coup d'œil, sans lequel l'officier commet les fautes les plus grossières ; sans ce talent, on ne peut rien se promettre dans notre métier, et il faut, pour l'acquérir, beaucoup d'habitude et d'exercice.

« C'est le devoir de chaque brave officier de connaître la guerre avant de la faire et de s'appliquer ensuite à mettre sa science en pratique. Mais, comme on ne fait pas toujours la guerre, que l'armée n'est pas toujours en campagne et que les régiments, dans le cours d'une année, ont peu d'occasions de se réunir pour manœuvrer, on peut acquérir cette science utile et nécessaire à l'aide de l'esprit soutenu par le zèle et dirigé par l'ambition de bien faire.

« La chasse contribue le plus à acquérir un bon coup d'œil ; elle nous suggère aussi mille ruses qui s'accordent à merveille avec la guerre.

« Outre la chasse, les voyages, les promenades sont d'un très grand avantage. Un œil pénétrant découvre à l'instant un pays tout entier.

« On peut donner un poste éloigné à un ennemi supposé, s'en donner un autre à soi-même dans l'endroit où l'on est, et juger de tous les avantages et désavantages des lieux circonvoisins ; on se fait le plan de l'attaque du poste ennemi et de là défense du sien. Le changement de pays faisant faire de nouvelles découvertes et de nouveaux plans, un homme désireux d'apprendre quelque chose n'y manquera jamais d'occupation.

« En se promenant on peut juger combien il y a de tel endroit à un tel objet, et pour savoir si l'on ne se trompe pas et si notre jugement n'est pas faux, on mesurera pas à pas la distance pour se convaincre soi-même de son bon ou mauvais coup d'œil. Tout cela échappe à celui qui n'embrasse ce métier que par nécessité et qui n'y porte point de goût; il ne tirera jamais parti des circonstances les plus utiles et les plus instructives. »

Le chef de bataillon. — « La troupe vaut ce que vaut le chef de bataillon.

« J'ai détaillé les nombreux et importants devoirs du chef de bataillon ; je rappelle qu'il doit connaître la fortification, étudier d'avance les devoirs du général, exercer sa troupe toutes les fois qu'il en a l'occasion ; le soldat oublie vite ce qu'il a appris. A l'aide des précautions sanitaires prescrites pour l'eau, dans les marches ou haltes, et contre les maladies inflammatoires après une longue campagne, en prenant les quartiers d'hiver, le commandant maintiendra l'effectif de sa troupe. »

Des généraux; critiques qu'on leur adresse. — « Les généraux sont sévèrement jugés..., et même par les plus ignorants. Des événements malheureux, qui échappent à toute prévoyance, des pluies, un brouillard, un dégel, une mauvaise récolte, une épidémie, un général tué, un malentendu, une négligence de quelque subalterne, un échec partiel, une rencontre imprévue, un espion découvert, une trahison, un déserteur, la négligence, l'erreur, la mort d'un officier auquel on ne doit jamais confier la sûreté d'une armée, un ordre ou une dépêche non parvenue ou mal comprise, peuvent déconcerter les meilleures dispositions.

« Quelques précautions que prenne un général, il reste toujours beaucoup de hasards à courir dans l'attaque des postes difficiles et dans toutes les batailles. »

Qualités nécessaires au général. — « La capacité et la résolution d'un général décident plus que le nombre des troupes.

« Le général doit maintenir la discipline, surtout la subordination, avec rigueur, tenir ses troupes en ordre et complètes, empêcher le pillage, être bien informé, avoir le plus grand soin des blessés et malades, et, en cas de fatigues excessives, accorder les gratifications de vivres.

« Je suppose, avant tout, que le général soit honnête homme et bon citoyen, qualités sans lesquelles l'habileté et l'art de la guerre sont plus pernicieux qu'utiles. On demande, de plus, qu'il soit impénétrable, paraissant naturel, doux et sévère ; sans cesse défiant et toujours tranquille ; ménager par humanité et quelquefois prodigue du sang de ses soldats ; travaillant de la tête, agissant de sa personne ; discret, profond, instruit de tout ; n'oubliant pas une chose pour en faire une autre, et ne négligeant pas, comme étant au-dessous de lui, ces petits détails qui tiennent si fort aux grandes choses. »

Il doit faire bonne figure dans l'adversité ; être impénétrable à l'ennemi et aux siens. — « L'art de cacher sa pensée est indispensable à tout homme qui a de grandes affaires à conduire. Toute l'armée lit son sort sur son visage ; elle examine les causes de sa bonne ou de sa méchante humeur... Il faut donc que le général soit comme un comédien qui montre son visage selon le rôle qu'il veut jouer ; s'il n'est pas maître de lui-même, qu'il affecte une maladie ou qu'il invente un prétexte spécieux pour donner le change au public. Arrive-t-il quelque mauvaise nouvelle, on fait semblant de la mépriser, on étale avec ostentation le nombre et la grandeur de ses ressources, on dédaigne l'ennemi en public, on le respecte en particulier. Si quelque parti essuie une disgrâce, on en examine la raison ; on trouve toujours que la mauvaise conduite de l'officier qui l'a mené en est la cause ; on dit que ce n'est point la faute de la bravoure des troupes qui ont eu à essuyer ce malheur ; on examine les fautes de cet officier, et l'on en fait une leçon aux autres. Ainsi vous instruisez les chefs et vous n'ôtez point aux troupes la confiance qu'elles ont en leurs propres forces.

« Une plus grande qualité pour un officier, c'est d'être impénétrable à l'ennemi, de lui savoir dérober tous les mouvements qu'il veut faire... Cette qualité devient essentielle pour tous les chefs qui commandent des corps plus faibles que ceux opposés ; on appelle cette espèce de défensive *guerre de contenance.* Elle consiste, en effet, à tenir bonne contenance, à en imposer à l'adversaire, et à savoir mettre en usage toutes sortes de ruses pour parvenir à ses fins, qui sont de s'opposer à lui sans être battu.

« Au milieu des plus dures vicissitudes, conserver le calme, le jugement, une sorte d'indifférence stoïque. Que votre cabinet et votre quartier général semblent plus calmes, plus accessibles dans les mauvais jours ; des mots heureux relèvent alors, aussi bien que des résolutions suprêmes, le moral de tous. »

Être vigilant et prévoyant, se décider par lui-même. — « Le général doit être d'une vigilance infatigable, songer à tout, prévoir tout et observer jusqu'aux moindres démarches de l'ennemi, sinon celui-ci ne tardera point à l'en faire repentir.

« Les moindres inadvertances, dans le métier difficile de la guerre, peuvent tirer à conséquence.

« Il faut raisonner sur la situation où l'on se trouve et dire : Quel dessein formerais-je si j'étais de l'ennemi ? Après en avoir imaginé plusieurs, il faut penser aux moyens de les faire échouer et surtout de corriger sur-le-champ ce qu'il y a de défectueux dans votre position, votre campement, vos dépôts, vos détachements. Ces corrections doivent être promptes : les heures décident de beaucoup à la guerre ; c'est là qu'on apprend à connaitre le prix des moments. Que tout cela ne vous rende pas timide, car la hardiesse veut être jointe à la circonspection.

« Qu'on s'écarte des règles dans une situation violente, la nécessité seule peut faire recourir aux remèdes désespérés. Mais, ce cas excepté, il faut procéder avec plus de ménagements, n'agir qu'avec poids et mesure, parce que celui qui donne le moins au hasard est le plus habile.

« Il faut sans doute hasarder quelque fois à la guerre, mais il faut ôter à ce hasard tout ce qu'on peut par la prudence.

« Un général à qui le souverain a confié ses troupes, doit agir par lui-même.

« Il faut que le général pèse ses desseins avec circonspection, qu'il soit lent dans ses délibérations, mais résolu, prompt dans des jours de bataille et des cas inopinés ; il vaut mieux prendre une mauvaise résolution et l'exécuter sur-le-champ que de n'en prendre aucune.

« Qu'attendre du général qui, après des instructions verbales, revient demander, pour dégager sa responsabilité, un ordre signé qui prévoie tout ce que personne ne peut prévoir ? »

La bravoure ne suffit pas au général. — « Il ne suffit pas qu'un général soit brave, qu'il maintienne l'ordre et la discipline ; il faut encore que le jugement agisse en tout, qu'il ait une bonne tactique en tête et sache l'appliquer au terrain.

« Ceux qui se persuadent que la seule valeur suffit à l'officier général se trompent beaucoup ; c'est une qualité essentielle, sans doute, mais il faut y joindre bien des connaissances. Maintenir l'ordre et la discipline dans sa troupe est louable, mais ne suffit pas ; il faut que le jugement agisse en tout, et comment, si les connaissances manquent ? Qu'est-ce qu'un général qui ne juge ce qu'un terrain a de défavorable ou de défectueux, qui ne profite pas des aides qu'il lui fournit ? S'il n'a pas une bonne tactique en tête, ses dispositions d'avant-garde, d'arrière-gardes, de marches, d'attaques, de défenses seront vicieuses, son ignorance des choses sera cause qu'il y manquera des arrangements essentiels.

« L'étude du terrain, en ce qu'il a d'avantageux et de défectueux pour s'en servir, est une des principales à laquelle un officier général doit s'appliquer : parce que toutes ses manœuvres roulent sur des postes qu'il doit occuper avec avantage ou attaquer avec le moins de pertes, sur des terrains où il doit se battre, soit faisant l'avant ou l'arrière-garde, et sur cette science qui apprend à se servir des troupes à propos pour les situations et selon les règles que l'expérience vous a enseignées. »

Connaissances qu'il doit posséder ; travail de cabinet et activité personnelle. — « Combien les connaissances d'un vrai général doivent être variées ! Il faut qu'il ait des idées justes de la politique pour être au fait de l'intention des princes, des forces des États, de leurs liaisons pour savoir le nombre des troupes qu'eux et leurs alliés peuvent mettre en campagne, pour juger de l'état des finances. La connaissance du pays où il doit porter la guerre sert de base à tous les projets qu'il veut former ; il doit avoir la force de se représenter tous les obstacles que l'ennemi peut lui opposer, pour les prévenir. Il faut surtout qu'il accoutume son esprit à lui fournir une foule d'expédients, de moyens et de ressources en cas de besoin. Tout cela demande de l'étude et de l'exercice. Pour quiconque se destine au métier de la guerre, la paix doit être un temps de méditation ; la guerre, l'époque où il met ses études en exécution.

« Un habile général, dans ses loisirs, doit rectifier ses propres idées et répéter, pour son usage, les principes de la guerre plus encore que pour les enseigner à d'autres.

« Le principal ouvrage du général, c'est le travail du cabinet : faire des projets, combiner des idées, réfléchir sur les avantages, choisir des positions principales, prévoir les desseins de l'ennemi, les prévenir et l'inquiéter sans cesse. Mais cela ne suffit pas , il faut encore qu'il soit actif, qu'il ordonne, qu'il exécute, qu'il voie toujours par lui-même. Il faut donc qu'il prenne ses camps, qu'il pose ses gardes, qu'il se promène souvent à l'entour du camp pour se rendre les situations familières ; car, s'il lui arrive d'être attaqué à l'improviste, rien ne lui sera nouveau. Les situations se sont si bien imprimées dans son esprit qu'il peut donner des ordres de tous côtés, comme s'il était sur les lieux, et que rien n'arrivera à quoi il n'ait pensé ; ainsi ses dispositions seront toujours justes. Il faut donc raisonner, en soi-même, sur les positions de détail d'un camp, les revoir souvent ; car quelquefois les bonnes idées ne viennent qu'après avoir réfléchi sur le même objet plusieurs fois. Soyez très actif et infatigable ; défaites-vous de toute paresse de corps et d'esprit, sans quoi vous n'égalerez jamais les grands capitaines qui vous servent d'exemples. »

De quoi dépend le succès à la guerre. — « Le succès d'une guerre dépend, en grande partie, de l'habileté du général, de la connaissance des lieux qu'il occupe, de l'art avec lequel il sait tirer avantage du terrain, soit en empêchant l'ennemi de prendre des postes qui pourraient le favoriser, soit en choisissant lui-même les plus favorables à ses desseins.

« Tâchez de pénétrer les desseins de l'ennemi, réfléchissez longtemps, agissez avec vivacité et promptitude, ne manquez jamais de vivres et, à la longue, vous serez le maître de votre adversaire. Mais ne vous endormez jamais, surtout réveillez-vous après vos succès ; la bonne fortune est dangereuse en ce qu'elle inspire la sécurité et le mépris de l'ennemi. »

Le général ne doit pas s'exposer inutilement. — « Le général ne doit pas exposer légèrement sa personne ; surtout il ne doit jamais risquer d'être fait prisonnier. »

Dans une instruction secrète, datée du 10 janvier 1757 et adressée à son ministre, le comte de Finck, Frédéric II avait prévu le cas où il serait fait prisonnier ou tué. Les mesures qu'il prescrivait dans cette hypothèse méritent d'être rapportées :

« S'il arrivait que je fusse tué, il faut que les affaires continuent leur train sans la moindre altération et sans qu'on s'aperçoive qu'elles sont en d'autres mains, et dans ce cas il faut hâter serments et hommages, tant ici qu'en Prusse et surtout en Silésie. Si j'avais la fatalité d'être pris prisonnier par l'ennemi, je défends qu'on ait le moindre égard pour ma personne, ni qu'on fasse la moindre réflexion sur ce que je pourrai écrire de ma détention. Si pareil malheur m'arrivait, je veux me sacrifier pour l'État, et il faut qu'on obéisse à mon frère, lequel, ainsi que tous mes ministres et généraux, me répondent de leur tête qu'on n'offrira ni province ni rançon pour moi, et que l'on continuera la guerre en poussant ses avantages tout comme si je n'avais jamais existé dans le monde. »

Belles paroles qui dénotent chez leur auteur une haute idée de ses devoirs de souverain, une grandeur d'âme et des sentiments vraiment dignes d'un grand roi.

CONCLUSION

« Il n'y a rien de plus honteux que d'être
battu par sa faute. »

(Frédéric II.)

Les nombreuses campagnes auxquelles Frédéric II a pris part
et qui nous ont fourni la matière de cette étude, ont perdu une
grande partie de leur intérêt par suite des progrès considérables réalisés depuis cette époque dans l'art militaire. Ces guerres
n'en contiennent pas moins plus d'un enseignement utile ; par
la variété des situations, par les nombreuses combinaisons auxquelles les opérations militaires ont donné lieu, cette période
nous offre des exemples, des leçons, des modèles même dont
l'étude est loin d'être sans profit.

Au moment où s'achève la guerre de Sept ans, on peut dire
que la période de transition est terminée pour l'art militaire.
Dans le domaine de la guerre, comme dans celui de la politique,
une ère nouvelle va s'ouvrir : avec les campagnes de la Révolu-
tion on voit poindre le génie de Napoléon qui, dans une série
de brillantes campagnes, jettera les fondements de l'art militaire
contemporain.

Comme lui, Frédéric II a été en butte à de formidables coa-
litions qui ont enserré de tous côtés son faible royaume, encore
en voie de formation. Au début des hostilités, le roi paraissait
condamné à succomber tôt ou tard sous les efforts combinés de
ses adversaires. Si nous recherchons les principales causes de
son succès final, nous verrons qu'il faut l'attribuer en premier
lieu aux grandes qualités et aux talents militaires du roi, à son
intelligence, à son activité, à son coup d'œil, en un mot à son
aptitude aux choses de la guerre, et aussi à cette indomptable
confiance en lui-même que les plus grands revers ne pouvaient
abattre ; en second lieu, au secours qu'il a trouvé dans plusieurs
de ses généraux, Ferdinand de Brunswick, le prince Henri,
Seydlitz, Zieten, etc.; enfin à la désunion de ses adversaires,
comme il l'a lui-même reconnu avec franchise :

« Si nous examinons, après coup, les causes qui ont tourné les événements d'une manière si inattendue, nous trouverons que les raisons suivantes empêchèrent la perte des Prussiens : le défaut d'accord et le manque d'harmonie entre les Puissances de la grande alliance ; leurs intérêts différents qui les empêchaient de convenir de certaines opérations ; le peu d'union entre les généraux russes et autrichiens, qui les rendait circonspects lorsque l'occasion exigeait qu'ils agissent avec vigueur pour écraser la Prusse, comme ils l'auraient pu faire effectivement. »

Mais tous ces avantages eussent été impuissants à lui assurer la victoire, si le roi n'eut formé de ses propres mains l'instrument qui devait lui donner la supériorité sur ses adversaires : c'est dans les progrès accomplis par l'armée prussienne sous Frédéric II, dans les réformes introduites par ce prince, et surtout dans l'esprit militaire qu'il a su inspirer à ses troupes et dans la confiance absolue que tous avaient en lui, qu'il faut chercher la cause principale de ses succès.

Un de ses contemporains a pu dire de lui : « Ce prince a fait naître un nouvel ordre de choses ; il a créé une nouvelle discipline, une nouvelle tactique, un nouveau genre de guerre. Son armée, toujours complète, toujours pourvue de tous les attirails nécessaires, toujours menaçante, est devenue comme cette barrière formidable de légions qui, dans les beaux jours de Rome, veillait autour des frontières. » (GUIBERT.) « Frédéric, » a dit de son côté Napoléon, « a triomphé de tous ces ennemis parce qu'il a apporté dans la lutte un nouveau système de guerre, parce qu'il a opposé à l'ordre de bataille irrégulier de ses devanciers, sa tactique rigoureusement calculée ; son organisation régulière à leur organisation imparfaite ; sa discipline puissante au désordre de leurs armées ».

En résumé, nous avons essayé de montrer que Frédéric II a traité théoriquement dans ses écrits et appliqué sur les champs de bataille toutes les questions relatives à la conduite de la guerre, et qu'il les a résolues, à part quelques points de détail, dans un sens conforme aux principes modernes. Les méthodes de guerre de ce prince tiennent donc une place honorable auprès de celles que le génie de Napoléon devait, trente ans plus tard, consacrer définitivement, et qui sont restées les modèles dont s'inspire l'art militaire contemporain.

Si Frédéric II n'est pas, à proprement parler, l'inventeur d'une tactique nouvelle, s'il n'a fait que perfectionner celle de ses devanciers, la tactique *linéaire*, on peut dire qu'il s'est élevé au-dessus de son époque par la manière dont il a su appliquer les principes de l'art militaire, par le bon emploi qu'il a fait d'un ordre de bataille particulier, de nature à dérouter ses adversaires, enfin par ces manœuvres simples et invariables qui lui permettaient de déployer rapidement son armée à l'abri d'une excellente cavalerie, et d'aborder avec impétuosité l'ennemi. Cette simplicité dans les moyens employés caractérise la tactique de Frédéric II. C'est bien à tort que ses admirateurs ont attribué la cause de ses succès à des manœuvres compliquées que le roi pouvait bien faire exécuter à Postdam après la guerre, mais auxquelles il n'a jamais songé sur les champs de bataille. Si ces combinaisons savantes ont produit alors un engouement général dans toute l'Europe, il n'y faut voir que le résultat des victoires de l'armée prussienne : « La formation prussienne, le règlement prussien, l'habillement incommode et insuffisant, et jusqu'à la canne dont on faisait l'agent de la discipline prussienne devinrent l'objet de l'admiration générale ». (Rustow.) N'avons-nous pas connu aussi cet engouement après nos revers de 1870 ?

Nous conclurons qu'à une époque de décadence militaire, due surtout à un système de guerres traînées en longueur, Frédéric II a su démêler les véritables principes de la stratégie moderne. Il a posé nettement la nécessité de prendre pour objectif la destruction de la principale armée ennemie ; mais ses moyens restreints ne lui ont pas permis, la plupart du temps, d'appliquer cette stratégie ; le nombre croissant de ses ennemis et l'épuisement de ses propres ressources l'ont obligé souvent à la guerre méthodique et aux errements des généraux de son temps. Les contemporains ont cherché l'explication de ses succès dans certaines formations particulières ; pour les expliquer, il suffit de mettre en parallèle, d'une part, la désunion et le défaut d'entente de ses adversaires, leur tactique surannée, leur habitude de ne jamais poursuivre un succès, de se séparer à la fin de chaque campagne ; d'autre part, les soins donnés par Frédéric à tout ce qui touchait à son armée, à l'instruction de ses troupes, à leur organisation, à leur entretien, et aussi l'habileté avec laquelle il savait tirer parti des fautes de ses adversaires. On peut dire que les contemporains de Frédéric II ne l'ont pas compris : Napoléon lui a rendu justice le premier, et a su apprécier à leur véritable valeur ses combinaisons stratégiques ; après lui, Clausewitz, dans une suite de brillants commentaires, nous a donné la clé de sa stratégie. Tout porte à croire que la place de Frédéric II, comme général, eût été au premier rang si le génie de Napoléon, favorisé par des circonstances politiques exceptionnelles, n'était venu éclipser la gloire militaire de celui que l'histoire a surnommé aussi *le Grand*.

Après un tel homme, la seconde place est encore enviable.

INDEX ALPHABÉTIQUE

DES PRINCIPAUX NOMS CITÉS [1]

(Les numéros indiquent les pages du texte, les chiffres romains le volume)

A

Arenberg (duc d'), commande le centre de l'armée autrichienne à la bataille de Hochkirch (1758) et manœuvre mollement, au lieu de déborder l'armée prussienne battue. — I. 315. — II. 32, 112, 212.

Anhalt (prince d'). Léopold de Dessau, prince d'Anhalt (1676-1747), a organisé l'armée prussienne et a été l'un des meilleurs généraux de Frédéric II. Il enlève Glogau, en 1741, et commande l'un des trois corps d'armée qui envahissent la Bohême en 1744 ; en 1745, il repousse les Autrichiens de la Silésie, envahit la Saxe et bat l'armée saxonne à Kesseldorf, près de Dresde. — I. 121, 161, 199, 200.

Anklam, petite ville de Poméranie : tentative des Suédois pour la surprendre de nuit, en 1759. — II. 86.

Apraxin (d'), maréchal russe, remporte la victoire de Jœgerndorf sur le général prussien Lehwald, en 1757.

Auguste III, électeur de Saxe et roi de Pologne, est attaqué brusquement en 1756 par Frédéric II, qui envahit la Saxe sans déclaration de guerre ; la petite armée saxonne est bloquée et prise dans le camp de Pirna ; on donne à Auguste III des passeports pour se rendre dans son royaume de Pologne. — II. 130, 146.

Ayasassa (d'), général espagnol au service de l'Autriche, tombe dans une embuscade, en 1758. II. 171.

B

Bandemer (de), officier prussien, prend de mauvaises dispositions pour franchir un défilé, en 1762. — II. 110.

Batthyani (prince de), maréchal autrichien, commande l'aile droite de l'armée à la bataille de Czaslau (1742). En 1744, il est opposé en Bohême à Frédéric II jusqu'à l'arrivée du prince de Lorraine, qui accourt d'Alsace. — I. 172, 215, 254.

---

[1] Sans chercher à présenter ici une monographie des personnages cités, nous résumerons pour chacun d'eux les faits de guerre dont il est parlé dans cette étude.

Beck (de), général autrichien, soutient la retraite de l'armée après la bataille de Torgau (1760); il se fait battre à Peilau (1762). — I. 154. — II. 83, 121, 224.

Berlin, ville ouverte, est prise deux fois : en 1757 par le général Haddick, qui l'évacue au bout de quelques jours, et en 1760 après une lutte honorable contre les Austro-Russes, qui l'occupent du 9 au 12 septembre; l'approche de Frédéric II dégage sa capitale. — II. 137.

Bevern (duc et prince de), général prussien. A la bataille de Lowositz (1756) il commande l'aile gauche qui attaque le Loboschberg. Au printemps de 1757, il commande l'une des quatre colonnes qui envahissent la Bohême et bat un corps autrichien à Reichenberg. Il prend part à la bataille de Kolin et, après l'évacuation de la Bohême, il défend la frontière de Lusace contre les Autrichiens, puis se retire sur Breslau où il est battu. Il prend part aux campagnes suivantes sous les ordres de Frédéric II et gagne le combat de Peilau (1762). — I. 57, 130, 158, 315. — II. 31, 191, 192, 224.

Borna, village de Silésie, près de Breslau. L'avant-garde autrichienne, sous les ordres du général de Nostitz, y est surprise et battue le matin de la bataille de Leuthen (1757). — I. 321. — II. 49.

Brentano (de), général autrichien, dirige l'attaque de front contre le général Finck au combat de Maxen (1759) ; il commande en sous-ordre, notamment en 1762, dans les opérations qui ont lieu en Silésie, autour de Schweidnitz. — I. 151, 156, 199. — II. 141, 179, 225.

Breslau, place forte sur l'Oder, en Silésie. Frédéric s'en empare en 1741 et en fait la base de ses opérations. Paix de Breslau, en 1742. Bataille de Breslau en 1757, perdue par le duc de Bevern ; la place se rend aux Autrichiens, qui l'évacuent après leur défaite à Leuthen. Assiégée par Laudon et menacée par les Russes en 1760, elle est délivrée par Frédéric II. — I. 199, 276. — II. 127, 137.

Brieg, petite place sur l'Oder, se rend aux Prussiens après la bataille de Mollwitz (1741). — II. 12, 128.

Broglie (duc de), commande la cavalerie française sous les ordres de Soubise à la bataille de Rosbach ; il commande ensuite en chef, notamment à Bergen (1759) et à Corbach (1760). — I. 191. — II. 199.

Browne (de), maréchal autrichien, est battu par Frédéric II à Lowositz (1756); il meurt des suites d'une blessure reçue à la bataille de Prague (1757). — I. 56, 57, 163, 199. — II. 32, 90, 144, 190.

Brunswick (prince Ferdinand de), l'un des meilleurs généraux de Frédéric II ; il assiste à la bataille de Rosbach, mais sans prendre part à l'action. Le roi lui confie le commandement en chef de l'armée de Westphalie ; le prince Ferdinand tient tête aux armées françaises dans l'Ouest et remporte plusieurs victoires (Crevelt, Minden), tandis que Frédéric II lutte, à l'Est, contre les Autrichiens, les Russes, l'armée des Cercles et les Suédois. — II. 119.

Brunswick (prince François de), frère de la reine de Prusse, tué à la bataille de Hochkirch. — I. 341.

Buccow (de), général autrichien, prend part aux opérations en Bohême et en Moravie en 1758 : après la levée du siège d'Olmütz, il attaque l'avant-garde prussienne à Johnsdorf, puis défend Kœnigingraetz contre l'armée prussienne qui bat en retraite. — I. 224. — II. 111.

Buddenbrock (de), maréchal prussien, commande la cavalerie de l'aile droite à la bataille de Soor (1745) et culbute les escadrons de l'aile gauche ennemie. — II. 189.

Budweis, petite ville de la Moldau, prise par Frédéric II en 1744. — I. 172

Bülow (de), gouverneur autrichien de Breslau, rend la place après la bataille de Leuthen sans essayer de la défendre (1757). L'année suivante, il se jette dans Olmütz pour renforcer la garnison assiégée par les Prussiens. — II. 133.

Bunzelwitz, près de Schweidnitz, en Silésie. Pendant la campagne de 1761, l'armée prussienne, acculée au camp de Bunzelwitz par les Autrichiens et les Russes, s'y fortifie par tous les moyens, dans l'attente d'un assaut général ; les dissentiments qui s'élèvent entre les Alliés sauvent Frédéric II. — I. 153, 176. — II. 5, 18, 34.

Butturlin (de), maréchal russe, remplace le général Soltykoff, tombé malade à la fin de la campagne de 1760 ; il commande l'armée russe qui cerne Frédéric II dans le camp de Bunzelwitz. Il ne peut s'entendre avec Laudon qui commande les Autrichiens et qui veut attaquer le camp. Butturlin se retire sur la rive droite de l'Oder. — II. 51.

C

Canitz (de), officier prussien chargé d'assurer le passage de l'Oder par l'armée prussienne avant Zorndorf (1758). — II. 91.

Castries (de), général français, commande en sous-ordre à Rosbach, où il est blessé. — II. 199.

Charles (Margrave), commande un corps prussien, notamment pendant la campagne de 1744 et pendant celle de 1745 en Silésie, où il prend part à la bataille de Hohenfriedberg. En 1758, il assiste au siège d'Olmütz, puis il défend la Silésie pendant que Frédéric II se porte sur l'Oder contre les Russes ; il rejoint le Roi en Lusace et se bat à Hochkirch, où il est blessé légèrement. Il est également blessé à la bataille de Torgau (1760). En 1761, il fait la campagne de Silésie sous les ordres du Roi. — I, 267, 305. — II, 8, 132.

Chotusitz, village près de Czaslau. (Voir ce nom.)

Clausewitz (de), général prussien, mort en 1831 ; son opinion sur les principales opérations militaires de Frédéric II. — I, 32, 93, 96, 115. — II, 62.

Colberg, place forte sur la Baltique, assiégée par les Russes et les Suédois en 1761, capitule le 16 décembre. — II, 3, 137.

Contades (de), maréchal français, sa défaite à Minden (août 1759).

Custrin, place forte sur l'Oder, assiégée en 1758 par le général russe de Fermor, est dégagée par l'arrivée de Frédéric II, qui livre aux Russes la bataille de Zorndorf. — I, 135. — II. 207, 208.

Czaslau. — Victoire de Czaslau, ou de Chotusitz, gagnée par Frédéric II, en Bohême, sur le prince Charles de Lorraine, le 17 mai 1742. Le Roi marche de Chrudim sur Kuttenberg ; l'armée autrichienne débouche de Willimow sur Czaslau pour lui livrer bataille. Après un grand engagement de cavalerie, les Autrichiens enlèvent le village de Chotusitz ; mais leur infanterie, prise en flanc par la cavalerie prussienne, cède le terrain, et une attaque générale, dirigée par Frédéric, achève de décider la victoire. — I, 187, 253, 262, 285, 306, 309. — II, 47, 55, 57, 117, 122, 186.

Czernischeff (de), général russe sous les ordres de Soltykoff ; il assiège Breslau en 1760, et cherche en vain à faire sa jonction avec les Autrichiens pour empêcher Frédéric II de secourir la place. En novembre 1760, il se porte sur Berlin, mais il évacue la ville au bout de trois jours à l'approche du Roi. En 1761, il opère en Silésie sous les ordres du maréchal de Butturlin et prend le commandement de l'armée après le départ du maréchal; il est rappelé en Pologne à la mort de l'impératrice Elisabeth en 1762; le nouveau czar Pierre III lui donne l'ordre de se joindre à Frédéric II. Il rentre en Russie après l'assassinat de Pierre III. — I, 150, 156, 157.

D

Daun (comte Léopold de), né en 1705, avait fait la guerre sous Seckendorf et Khevenhuller; nommé maréchal et opposé à Frédéric II, il a commandé tantôt sous les ordres du prince de Lorraine, dont il était le conseiller, tantôt comme généralissime des armées de Marie-Thérèse; il a presque toujours fait preuve de lenteur et d'indécision et n'a pas su tirer parti des avantages que lui offrait la situation. En 1757, il bat Frédéric à Kolin, mais il le poursuit mollement; il est battu à Leuthen, où il commande sous les ordres du prince de Lorraine. En 1758, il n'ose attaquer l'armée prussienne qui assiège Olmütz; il la laisse battre en retraite par la Bohême et rentrer en Silésie. Il bat l'armée prussienne à Hochkirch, mais il laisse le Roi marcher sur la Silésie et dégager Neisse; il prend alors Dresde pour objectif jusqu'au retour du Roi. En 1759, malgré la victoire des Russes à Kunersdorf, il ne parvient pas opérer sa jonction avec Soltykoff; il mécontente celui ci par ses hésitations et se retire sur la Lusace, puis sur la Saxe, où il se contente du facile succès de Maxen. En 1760, il opère tantôt en Saxe, tantôt en Silésie, où, grâce toujours à ses hésitations, il laisse Frédéric II écraser Laudon à Liegnitz et délivrer Breslau. Après des escarmouches autour de Schweidnitz, il laisse le Roi dégager Berlin, où les Austro-Russes viennent d'entrer; le maréchal Daun passe en Saxe et prend position à Torgau, où il est battu et blessé (3 novembre 1760). L'année suivante, il opère mollement contre le prince Henri de Saxe; enfin, en 1762, il retrouve pour adversaire Frédéric II en Silésie; il est battu à Peilau et perd Schweidnitz (1).

Decker (de), officier d'artillerie prussien et écrivain militaire; son opinion sur l'artillerie prussienne à Zullichau et sur la bataille de Kolin (1780-1844). — I, 168, 274, 278.

Deville, général autrichien sous les ordres de Daun; il se replia sur Olmütz, en 1758, lorsque Frédéric II envahit la Moravie; il bloque Neisse, mais il évacue la Silésie à l'approche du Roi en novembre 1758. L'année suivante, il est chargé d'observer les défilés de la Silésie du côté de la Moravie, II, 132, 133.

Deux-Ponts (duc de), commande l'armée des Cercles en Saxe contre le prince Henri, en 1758, et assiège Dresde.

Dierke (de), général prussien, attaqué au passage de l'Elbe, près de Meissen, en 1759. — II, 93.

Dohna (comte de), commande un corps prussien opposé aux Russes et aux Suédois en 1758; il prend part à la bataille de Zorndorf; après la défaite de Hochkirch, il est rappelé en Saxe contre les armées impériales. En

---

1 Le nom du maréchal Daun étant cité à chaque instant, il n'y a pas lieu d'indiquer les pages auxquelles on devra se reporter; il en sera de même pour Frédéric II et pour le prince de Lorraine.

1759, il occupe la Poméranie, puis il marche contre les Russes, qui s'approchent de l'Oder, et il cède le commandement de l'armée prussienne au général de Wedel, la veille de la bataille de Kay (ou Zullichau),—I, 108.

Domstadtel, défilé entre la Moravie et la Silésie; un grand convoi prussien, destiné à Frédéric II, qui assiège Olmütz, y est attaqué et pris par les Autrichiens, ce qui amène la levée du siège (1738). — I, 79. — II, 37.

Dresde, capitale de la Saxe, ouvre ses portes aux Prussiens en 1745 et 1756. Assiégée en vain, en 1758, par les Autrichiens et l'armée des Cercles, elle capitule en 1759 et reste perdue pour Frédéric II, qui tente plusieurs fois de la reprendre, notamment en 1760. — I, 201. — II, 122, 135, 136.

Driesen (de), excellent général de cavalerie prussien; ses belles charges à Leuthen. — I, 257.

Du Moulin, général prussien, commande un corps de l'armée royale en Bohême en 1744 et 1745. A la bataille de Hohenfriedberg, où il forme l'aile droite de l'armée prussienne, il défait les Saxons et se rabat sur l'aile gauche des Autrichiens. Pendant la bataille de Soor (1745), il garde les défilés de la Silésie et protège ensuite la retraite des Prussiens qui évacuent la Bohême. — I, 100, 161, 173. — II, 41, 107, 161.

Durlach (prince de), commande l'aile droite de l'armée autrichienne à la bataille de Hochkirch et attaque mollement le général prussien de Retzow qui lui est opposé (1758). — I, 127. — II, 112, 212.

<h2 style="text-align:center">E</h2>

Einsiedel (d'), gouverneur prussien de Prague, en 1744, évacue la place en abandonnant son gros canon. — II, 109.

<h2 style="text-align:center">F</h2>

Fermor (de), général russe, commande, en 1758, l'armée qui assiège Custrin et se fait battre par Frédéric II, près de cette place, à Zorndorf; il inflige à l'armée prussienne des pertes si considérables que le Roi n'ose inquiéter sa retraite. — I, 136, 137. — II, 39, 91.

Finck (de), général prussien, connu surtout par sa capitulation en rase campagne, à Maxen, le 20 novembre 1759. Frédéric II, qui essaye de reprendre Dresde, détache Finck à Maxen pour inquiéter les derrières de l'armée autrichienne; ce général, attaqué par des forces très supérieures, est cerné et met bas les armes après avoir pris l'avis d'un conseil de guerre; il comprend même, dans la capitulation, le général Wunsch, qui aurait pu tenter de s'échapper avec la cavalerie. Finck a été cassé et puni de deux ans de détention. — I, 166. — II, 140, 141, 142.

Forcade (de), général prussien, détaché de l'armée du prince Henri pour couvrir la Poméranie, en 1760.

Fouquet (de), général prussien, prend part à l'invasion de la Moravie en 1758; il amène sous les murs d'Olmütz l'équipage de siège nécessaire pour attaquer cette place; après la levée du siège, il est chargé de conduire les trains et le matériel à Glatz pour alléger la retraite. En 1760, il garde la frontière de Silésie; mais, aventuré à Landshut et attaqué par des forces triples, il est blessé et pris les armes à la main avec la plus grande partie de son corps d'armée (23 juin 1760). — I, 125, 167, 168, 169. — II, 26, 111, 119, 132, 140.

Franquini, partisan autrichien, inquiète les convois prussiens en Bohême. —
II, 38, 41.

Frauenberg, petite ville sur la Moldau. capitule en 1744 après l'évacuation
de la Bohême par les Prussiens. — II. 148.

Frédéric II. — Nous résumerons ici, en quelques lignes. les opérations militaires de Frédéric, dont il a été question dans cette étude.

En 1740, Frédéric, âgé de 28 ans, succéda à son père, Frédéric-Guillaume,
« le Roi-Sergent ». Il se jette dans la coalition formée contre l'Autriche à la
mort de l'empereur Charles VI.

En décembre 1740, il envahit brusquement la Silésie; le 10 avril 1741, il
remporte, sur le maréchal de Neuperg, la victoire de Mollwitz, s'empare de
Neisse et signe une trève secrète avec Marie-Thérèse, qui lui abandonne la
Silésie, moins le comté de Glatz (fin 1741).

En 1742, il rompt cette trève et reprend les armes contre l'Autriche ; il
entre en Moravie et passe en Bohême, où il bat l'armée du prince de Lorraine
à Czaslau, ou Chotuzitz, le 17 mai. Par le traité de Breslau, il abandonne la
coalition et conserve la Silésie, y compris le comté de Glatz (11 juin).

Il reprend les armes en 1744, envahit la Bohême sur trois colonnes, s'empare de Prague et dirige, dans le sud de la Bohême, une expédition inutile ;
l'arrivée du prince de Lorraine le force à rétrograder sur l'Elbe puis sur la
Silésie.

En 1745, il reste sur la défensive en Silésie, fait courir le bruit de sa
retraite sur Breslau, et attaque brusquement les Austro-Saxons, qui débouchent sans défiance de Bohême en Silésie; il les bat à Hohenfriedberg
(4 juin), pénètre en Bohême à leur suite, mais reste inactif pendant deux mois
sur les bords de l'Elbe. Il regagne les défilés de la Lusace après avoir battu les
Autrichiens à Soor (30 septembre); le combat de Hennersdorf rejette le prince
de Lorraine en Bohême. En Saxe, le prince d'Anhalt remporte la victoire de
Kesseldorf, La paix de Dresde laisse la Silésie à Frédéric II.

Au début de la guerre de Sept ans (1756), le Roi prend l'offensive et
envahit la Saxe ; il entre à Dresde, bloque la petite armée saxonne dans le
camp de Pirna et marche en Bohême contre le maréchal Browne, qu'il bat
à Lowositz (1er octobre). Les Saxons capitulent à Pirna.

Au printemps de 1757, le Roi prend encore l'offensive et envahit la
Bohême ; quatre colonnes convergent vers Prague et y livrent bataille au
prince de Lorraine (6 mai) ; celui-ci, battu, se réfugie dans Prague, que les
Prussiens bloquent. L'approche du maréchal Daun décide le Roi à marcher
à sa rencontre ; les Prussiens, battus à Kolin (18 juin) évacuent la Bohême.

Frédéric se retourne contre l'armée franco-impériale, la bat à Rosbach
(5 novembre) et accourt en Silésie, où le duc de Bevern vient de perdre la
bataille de Breslau; la victoire de Leuthen (5 décembre) rend la Silésie aux
Prussiens.

En 1758, le Roi s'empare de Schweidnitz, envahit la Moravie et met le
siège devant Olmütz en présence de l'armée du général Daun; obligé de lever
le siège après la perte d'un grand convoi de ravitaillement à Domstadtel,
Frédéric exécute une retraite hardie à travers la Moravie et la Bohême et
rentre en Silésie. Il marche aussitôt contre les Russes qui assiègent Custrin ;
franchissant l'Oder au-dessous de cette place, le Roi exécute un grand mouvement tournant autour de l'armée russe qui campe en carré près de Zorndorf. Le 25 août, la sanglante bataille de Zorndorf décide les Russes à la
retraite.

Frédéric se retourne contre le maréchal Daun qui menace la Lusace; le
14 octobre, le Roi, campé près de Hochkirch dans une position défectueuse,

est attaqué par le maréchal et battu ; mais, trompant son adversaire par une marche de nuit, il gagne avant lui Gœrlitz et va faire lever le siége de Neisse, puis revient en Saxe délivrer Dresde.

En 1759, Frédéric II reste sur la défensive, hésite longtemps et ne se décide à marcher contre les Russes qu'à l'annonce de la défaite d'un corps prussien à Zullichau ou Kay. Il franchit l'Oder, près de Francfort, et attaque à Kunersdorf l'armée russe de Soltykoff renforcée par le corps de Laudon ; il est complètement battu (12 août). Grâce au défaut d'entente entre ses adversaires et aux bonnes dispositions du prince Henri, Frédéric échappe au danger qui le menace ; les Russes se retirent en Pologne et les hostilités continuent en Saxe où Dresde est tombée au pouvoir des Autrichiens. La capitulation de Finck à Maxen attriste encore la fin de cette campagne.

L'année suivante, Fouquet, qui défend les défilés de la Silésie, est battu à Landshut ; Glatz est prise ; Frédéric échoue devant Dresde et marche au secours de Breslau, que menacent les Russes. Grâce aux hésitations des Autrichiens et à la victoire de Liegnitz, remportée le 15 août sur le corps de Laudon, Frédéric parvient à gagner Breslau et à sauver la Silésie. Après des escarmouches contre l'armée autrichienne en Silésie, le roi se porte au secours de Berlin où les Austro-Russes sont entrés ; il dégage sa capitale et revient en Saxe où il bat le maréchal Daun à Torgau (3 novembre).

Pendant la campagne de 1761, les ressources du roi s'épuisent; il lutte péniblement en Silésie où Laudon opère sa jonction avec le maréchal de Butturlin. Les Alliés sont sur le point d'écraser l'armée prussienne réfugiée dans le camp de Bunzelwitz ; la désunion qui règne entre les Autrichiens et les Russes sauve le roi ; l'armée russe évacue la Silésie. Schweidnitz tombe au pouvoir des Autrichiens.

En 1762, l'avènement du czar Pierre III produit un revirement en faveur de Frédéric II qui se trouve renforcé du corps russe de Czernischeff ; les opérations continuent autour de Schweidnitz. L'assassinat de Pierre III amène la retraite de Czernischeff ; néanmoins, après les combats de Peilau, en Silésie, et de Freyberg, en Saxe, et la reprise de Schweidnitz, les hostilités cessent. Le traité de Hubertsbourg (1763) laisse définitivement la Silésie à la Prusse.

Enfin, la mort de l'électeur de Bavière, Maximilien-Joseph, qui ne laisse pas de postérité masculine, fait éclater, en 1778, une guerre dite la Succession de Bavière entre l'empereur Joseph II et le roi de Prusse. Joseph II, assisté du maréchal de Lascy, prend position à Kœnigingrætz avec 100,000 hommes tandis que le maréchal de Laudon défend les frontières de la Saxe et de la Lusace. Frédéric II envahit la Bohême, le 5 juillet, avec 100,000 hommes et marche par Nachod sur l'Elbe ; il prend position en face de l'armée impériale entre Kœnigingrætz et Jaromir ; pendant ce temps, le prince Henri, avec une armée saxo-prussienne, s'empare de Gabel. Les armées restent en présence jusqu'au mois d'octobre et rentrent dans leurs quartiers respectifs. Cette courte campagne se termine ainsi sans qu'il y ait à signaler aucun fait de guerre important.

Frédéric II est mort en 1786, à l'âge de 74 ans.

Frédéric-Guillaume, le grand-électeur (1640-1688), est le véritable fondateur de l'armée prussienne ; il crée les premières levées régulières, donne un uniforme et une solde aux troupes. — I. 234.

Frédéric Ier, électeur de Brandebourg sous le nom de Frédéric III, puis roi de Prusse de 1701 à 1713 sous le nom de Frédéric Ier, continue l'organisation de l'armée prussienne. — I. 234.

Frédéric-Guillaume Ier, surnommé le Roi-Sergent, père de Frédéric II, règne de 1713 à 1740 et laisse à son fils une bonne armée et un trésor bien rempli. — I. 234.

Freyberg. Le 29 octobre 1762, le prince Henri bat l'armée des Cercles à
Freyberg, en Saxe. C'est la dernière bataille de la guerre de Sept ans. —
I. 202.

G

Georges-Guillaume, électeur de Brandebourg, crée le premier régiment d'infanterie prussienne. — I. 233.

Gessler (de), général prussien ; sa belle charge à Hohenfriedberg. Il est détaché en Saxe avant la bataille de Soor. — I. 161, 254.

Glatz, sur la Neisse, est enlevée par Laudon en 1760. — II. 136.

Glogau, place sur l'Oder ; siège de 1741. — II. 127.

Gœrlitz. Combat de Gœrlitz (30 octobre 1758) ; après sa défaite à Hochkirch,
Frédéric II, dérobant sa marche à l'armée autrichienne victorieuse, se
porte de nuit sur Gœrlitz et y franchit la Neisse après un petit engagement. — I. 76. — II. 96.

Goltz (de), général prussien, détaché sur Glogau pour observer les Russes, en
1760. Il meurt en 1761, au moment où il prend le commandement d'un
corps sur l'Oder.

Gribeauval (de), général français, connu principalement comme artilleur et
ingénieur militaire. Il prend du service dans l'armée autrichienne et se
distingue notamment au siège de Schweidnitz (1762). — II. 126, 138,
139.

Guasco (de), gouverneur autrichien de Schweidnitz, rend la place en 1762
malgré l'habile défense de Gribeauval. — II. 138, 149.

H

Haddick (de), général autrichien, entre à Berlin, en 1757, pendant que Frédéric II combat en Saxe ; en 1758, il opère en Saxe et marche sur Torgau,
mais il est obligé de se replier devant les corps de Dohna et de Wedell. En
1762, il commande l'armée autrichienne opposée au prince Henri en Saxe.
— I. 157, 192. — II. 92.

Harsch (de), rend Prague aux Prussiens en 1744 ; commande un corps autrichien en Moravie en 1758, puis occupe la Silésie et assiège Neisse ; il se
retire à l'approche du roi (novembre 1758). — II. 128, 132.

Hennersdorf. Le 25 novembre 1745, l'armée prussienne franchit la Queiss à
Naumburg et bat, à Hennersdorf, un corps autrichien détaché de l'armée
du prince de Lorraine qui débouche en Lusace. — I. 87. — II. 108.

Henri de Prusse (prince), frère de Frédéric II et l'un de ses meilleurs généraux, s'est battu sous ses ordres et a commandé plusieurs fois en chef. Il
prend part à la bataille de Hohenfriedberg (1745), commande l'aile droite
de l'armée prussienne à Lowositz (1756), se bat à Kolin (1757), et dirige
avec succès la retraite de l'armée vaincue à travers les défilés de la Lusace.
A Rosbach, il commande l'aile gauche de la première ligne. En 1758, il
est opposé, en Saxe, au duc de Deux-Ponts qui commande l'armée des
Cercles. Après la défaite de Hochkirch, il renforce l'armée royale qui
marche sur la Silésie. L'année suivante, il opère de nouveau en Saxe, puis
en Silésie, tandis que Frédéric marche contre les Russes. Après la défaite
du roi à Kunersdorf, le prince Henri manœuvre habilement pour rejoindre
son frère en passant entre les Russes et les Autrichiens ; cette tentative

ayant échoué, il prend hardiment le parti de menacer les derrières de l'armée autrichienne pour la contraindre à la retraite, puis il se porte sur Dresde qui a ouvert ses portes aux Autrichiens. Ce mouvement attire le maréchal Daun sur l'Elbe et empêche la jonction des deux principales armées ennemies. En 1760, le prince Henri délivre Breslau et observe les Russes sur l'Oder. En 1761 et 1762, il manœuvre en Saxe contre Daun et contre l'armée des Cercles qu'il bat à Freyberg. — I. 85, 95, 145, 167. — II. 18, 70, 94, 110, 137, 141, 199.

Hochkirch, en Lusace, près de Bautzen ; défaite de Frédéric II le 14 octobre 1758. Le roi est attaqué dans une position défectueuse par le maréchal Daun, qui le surprend de nuit, déborde son aile droite, enlève le village de Hochkirch après une furieuse résistance et force les Prussiens à la retraite. Le roi se retire sur la rive droite de la Sprée, sans être poursuivi, trompe à son tour le maréchal par une marche de nuit, et gagne Gœrlitz et la Silésie qu'il délivre. — I. 75, 125, 193, 256, 262, 277, 289, 308, 314. — II. 27, 34, 83, 84, 121, 210.

Hohenfriedberg, en Silésie, près de la frontière de Bohême ; victoire de Frédéric II sur les Austro-Saxons commandés par le prince de Lorraine (4 juin 1745). Le roi fait répandre le bruit qu'il marche en retraite sur Breslau ; il dissimule son armée dans la région couverte qui avoisine Striegau, tombe sur les colonnes ennemies et les bat au moment où elles débouchent sans défiance dans la plaine de Hohenfriedberg. — I. 27, 187, 242, 245, 254, 259. — II. 26, 82, 118, 187.

Holstein (duc de), commande la cavalerie prussienne dans la retraite sur Liegnitz, en 1760, et à la bataille de Torgau ; son arrivée tardive sur le champ de bataille a failli faire perdre cette bataille par l'armée prussienne. — I. 259, 318. — II. 67, 80, 117.

Hülsen (de), général prussien, a exercé plusieurs fois un commandement indépendant. En 1759, il se porte de la Saxe sur l'Oder pour renforcer le corps prussien qui va livrer la bataille de Kay ; il commande quelque temps l'armée prussienne après Kunersdorf, lorsque Frédéric II tombe malade à Glogau. En 1760, il commande en Saxe après le départ du roi qui marche sur Breslau ; il est obligé d'évacuer la Saxe devant des forces supérieures. Il essaye de défendre Berlin contre les Austro-Russes au mois de septembre 1760. Le général de Hülsen a pris part à un grand nombre de batailles, notamment à celle de Kolin, où il était chargé d'attaquer avec l'aile gauche le village de Krezor, et à la bataille de Torgau. — I. 201. — II. 93, 121, 137, 141.

J

Janus, général autrichien, commande un corps sous les ordres du maréchal Daun en Moravie (1758).

Jomini. Son *Histoire critique et militaire des guerres de Frédéric II* est indispensable à consulter pour l'étude des campagnes de cette époque. — I. 112. — II. 136, 138, 164.

K

Katzler, général prussien, fait une reconnaissance incomplète, la veille de la bataille de Soor. — II. 47.

Kay, sur la rive droite de l'Oder. Combat de Kay, ou de Zullichau, livré le

23 juillet 1759 par le général Wedell à l'armée russe de Soltykoff. De
Wedell, qui vient de remplacer le général Dohna dans le commandement
de l'armée prussienne, trouve celle-ci campée dans une mauvaise position ;
il est battu et obligé de repasser l'Oder. — I. 278. — II. 82.

Keith (de), maréchal prussien, bloque le camp de Pirna, en 1756, pendant
que Frédéric II se bat à Lowositz ; il commande les troupes qui bloquent
Prague sur la rive gauche de la Moldau en 1757, lève le blocus après la
bataille de Kolin et livre un combat d'arrière-garde à Russin. Il assiste à
la bataille de Rosbach. En 1758, il assiège Olmütz, puis commande l'arrière-
garde de l'armée qui bat en retraite sur la Bohême. Il est tué à la bataille
de Hochkirch (1758). — I. 95, 124, 163. — II, 8, 59, 72, 109, 110,
130, 132, 193.

Kesseldorf (ou Kesselsdorf), près de Dresde. Le 15 décembre 1745, le prince
d'Anhalt bat l'armée saxonne à Kesseldorf. C'est le dernier combat avant
le traité de Breslau qui termine la guerre de Succession d'Autriche entre
Frédéric II et Marie-Thérèse. — I. 275, 276.

Kœnigseck (comte de), général autrichien, commande un corps détaché dans
les défilés de la Lusace au commencement de la campagne de 1757 ; il
est battu par le duc de Bevern à Reichenberg, le 21 avril. — I. 315. —
32. — II. 192.

Kolin (ou Kollin), sur la rive gauche de l'Elbe, en Bohême. Le 18 juin 1757,
Frédéric II attaque le maréchal Daun qui occupe une bonne position près
de Kolin. Avec une armée très inférieure en nombre, le roi exécute une
marche de flanc depuis Planian jusqu'à hauteur de l'aile droite des Autrichiens qu'il cherche à envelopper ; il échoue complétement et, à la suite
de cette défaite, il est obligé d'évacuer toute la Bohême. — I. 130, 189,
244, 245, 255, 300, 308, 310, 313, 320. — II 27, 50, 55, 56, 121, 193.

Kosel, petite place sur l'Oder, dans la haute Silésie, enlevée par les Hongrois
en 1745. — II. 129.

Kuhgrund, ravin défendu par les Russes à la bataille de Kunersdorf (voir
ce nom).

Kunersdorf, sur la rive droite de l'Oder, près de Francfort. Sanglante défaite
infligée à Frédéric II par les Austro-Russes sous les ordres de Soltykoff le
12 août 1759. Le roi attaque l'armée russe fortement retranchée sur une
ligne de hauteurs ; il enlève le Mühlberg, placé à l'aile gauche des Russes,
mais il échoue, malgré tous ses efforts, contre le ravin de Kuhgrund, que
l'ennemi défend avec acharnement en utilisant les forces et le canon restés
sans emploi à l'aile droite. L'armée prussienne subit des pertes énormes,
bat en retraite sans être poursuivie et repasse l'Oder sur le pont qu'elle a
jeté en aval de Francfort. — I. 76, 138, 194, 246, 258, 276, 286, 289,
297, 304, 308, 311, 324. — II. 24, 27, 35, 48, 56, 65, 121, 214.

Kyau, général prussien, commande la réserve de cavalerie à la bataille de
Hohenfriedberg (1745). — I. 254.

L

Landshut, sur le haut Bober, en Silésie. Combat du 23 juin 1760 dans lequel
le général prussien Fouqnet, assailli par des forces considérables, est blessé
et pris. — I. 167. — II. 26, 140.

Lascy (de), général autrichien, commande un corps sous les ordres du maréchal Daun, en 1758, en Moravie et en Bohême ; il attaque l'arrière-garde
prussienne au défilé de Krenau et harcèle l'armée qui bat en retraite. En

1760, il opère sur la rive droite de l'Elbe, de concert avec Daun, contre Frédér c II qui occupe la Saxe ; puis il manœuvre en Silésie et laisse écraser Laudon à Liegnitz. Il est détaché à l'armée russe et entre à Berlin qu'il évacue au bout de trois jours. A la bataille de Torgau, il forme la réserve et lutte contre Zieten sur le plateau de Siptitz ; il se bat ensuite à Peilau (1762).

Après la guerre, le feld-maréchal de Lascy prit une grande part aux réformes de l'armée autrichienne ; dès 1762, il fit introduire la conscription militaire dans les États autrichiens à l'imitation du système prussien. — I. 125, 147, 148, 150. — II. 60, 71, 73, 84, 85, 110, 221, 225.

Laudon (de) (1), l'un des meilleurs généraux autrichiens, hardi et entreprenant, a servi sous les ordres du maréchal Daun et du prince de Lorraine et a plusieurs fois commandé en chef. En 1758, il poursuit l'armée prussienne après la levée du siège d'Olmütz et essaye en vain de l'entamer ; à Hochkirch, il commande l'aile gauche et prend une part brillante à la victoire. En 1759, il est détaché sur l'Oder et se joint à l'armée russe pour livrer la bataille de Kunersdorf. En 1760, il bat Fouquet à Landshut, assiège Breslau et opère contre le prince Henri, puis contre Frédéric II qui le bat à Liegnitz (15 août) ; il reste en Silésie pendant que Daun, qui opère en Saxe, se fait battre à Torgau. En 1761, il commande en chef l'armée de Silésie et manœuvre habilement pour se réunir à l'armée russe et acculer Frédéric au camp de Bunzelwitz ; Laudon veut l'attaquer dans cette position, mais le maréchal de Butturlin refuse et se retire. Laudon enlève Schweidnitz par un brillant fait d'armes dans la nuit du 30 septembre au 1er octobre 1761. — I. 94, 124, 147, 149, 150, 193. — II. 19, 34, 37, 48, 82, 83, 84, 85, 96, 110, 111, 117, 132, 136, 137, 138, 166, 211, 216, 218.

Lefebvre, ingénieur prussien, attaque Schweidnitz défendue par Gribeauval, en 1762. — II. 126.

Lehwald, général prussien, surveille les frontières de Silésie pendant la campagne de 1744. En 1745, il occupe Trautenau pendant la bataille de Soor et accourt à la fin de l'action. Il se joint, en Saxe, au prince d'Anhalt et prend part à la bataille de Kesseldorf. Pendant la guerre de Sept ans, il opère du côté de la Poméranie, où il est chargé de surveiller les Suédois et les Russes, notamment en 1756 et en 1757. — I. 161, 200.

Lentulus (de), général prussien ; ses belles charges au combat de Peilau.

Léopold (prince), commande l'armée prussienne, sous les ordres de Frédéric II, à la bataille de Czaslau (1742). — I. 192. — II. 47.

Lestwitz (de), général prussien, commande l'aile gauche du corps d'armée du duc de Bevern au combat de Reichenberg (avril 1757). Gouverneur de Breslau, il rend la ville aux Autrichiens après la défaite de Breslau. — I. 315. — II. 131, 192.

Leuthen, sur la rive gauche de la Weistritz, en Silésie ; bataille de Leuthen (ou de Lissa). En décembre 1757, Frédéric II accourt de Saxe en Silésie, rallie les débris de l'armée de Bevern battue à Breslau, et attaque l'armée autrichienne du prince de Lorraine, rangée en bataille à Leuthen (5 décembre). A hauteur de Borna, l'armée prussienne, qui marche par le flanc et par lignes, change de direction à droite, gagne l'aile gauche de l'armée autrichienne, s'établit sur une ligne oblique par rapport au front ennemi,

---

1 Frédéric l'appelle « M. de Loudon ».

et enfonce l'aile gauche des Autrichiens tandis que leur droite reste inactive vers Frobelwitz et Nypern ; après une dernière résistance à hauteur de Leuthen, l'armée autrichienne est complètement défaite. — I. 192, 245, 286, 288, 290, 295, 310, 321. — II. 27, 49, 55, 56, 58, 119, 202.

Liegnitz, sur la Katzbach, en Silésie. En 1760, Frédéric II se porte de Saxe en Silésie au secours de Breslau, suivi par l'armée autrichienne qui cherche à entraver sa marche. Dans la nuit du 15 août, l'armée prussienne, qui vient d'arriver sur le plateau de Pfaffendorf, au nord de Liegnitz, y est attaquée à l'improviste par un corps autrichien sous les ordres de Laudon ; celui-ci, croyant n'avoir devant lui qu'une arrière-garde ennemie, s'engage à fond ; il est battu, et le roi reprend sa marche sur Breslau. — I. 147, 194, 289. — II. 13, 27, 34, 46, 48, 73, 84, 117, 218.

Lorraine (prince Charles de), frère de l'Empereur François Ier et généralissime des armées de Marie-Thérèse. En 1742, il opère en Bohême contre Frédéric II, qui le bat à Czaslau. En 1744, il accourt d'Alsace en Bohême et force le roi à évacuer cette province. En 1745, il envahit la Silésie, est battu à Hohenfriedberg, rentre en Bohême, où il est encore battu à Soor, et essaye d'envahir la Lusace (combat de Hennersdorf), puis la Saxe. En 1757, il est battu par Frédéric II sous les murs de Prague et se réfugie dans la place ; après la victoire de Kolin, il poursuit mollement l'armée prussienne qui évacue la Bohême. Il est battu à Leuthen et évacue la Silésie.

Lowositz. Pendant que l'armée saxonne est bloquée dans le camp de Pirna, Frédéric II marche au devant du maréchal Browne, en Bohême, et l'attaque près de l'Elbe à Lowositz (1er octobre 1756). Deux colonnes prussiennes marchent l'une à gauche sur le Loboschberg, l'autre à droite sur les hauteurs de Radostitz et de Homolka, tandis que la cavalerie prussienne évolue au centre dans la plaine. Le village de Lowositz est enlevé à la baïonnette et un retour offensif des Autrichiens échoue ; le maréchal Browne se retire sans être poursuivi. — I. 188, 242, 245, 251, 254, 307, 310. — II. 34, 49, 55, 56, 58, 118, 144, 190.

Luchesi (comte de), commande l'aile droite des Autrichiens à la bataille de Leuthen.

M

Maguire (de), général autrichien, défend les approches de Dresde pendant l'hiver de 1759 à 1760 et la ville en 1760. — I. 196. — II. 93, 136.

Manstein (de), général prussien, prend part à la bataille de Prague et entraîne l'aile droite prussienne à une attaque qui aurait pu compromettre le sort de la journée. A Kolin, il s'engage inconsidérément contre les Autrichiens.

Manteuffel (de), commande l'avant-garde de Frédéric II en 1758, avant la bataille de Zorndorf ; l'année suivante, il est fait prisonnier à Anklam, dans une surprise de nuit. — I. 135. — II. 86.

Maurice de Dessau (prince), général prussien, commande un corps d'armée, en 1756, en Saxe ; en 1757, à Prague et à Kolin ; en 1758, devant Olmütz ; il forme l'avant-garde de l'armée qui évacue la Moravie, puis il se porte de la Silésie sur l'Oder pour rejoindre Frédéric et prendre part à la bataille de Zorndorf. Il est blessé mortellement à Hochkirch (1758). — I. 124. — II. 8, 34, 69, 110, 118, 132.

Maxen, près de Dresde. Le général prussien Fink, envoyé avec 18,000 hommes pour inquiéter les derrières de l'armée autrichienne qui est devant Dresde, est cerné à Maxen et capitule en rase campagne sans avoir fait tout ce que l'honneur des armes lui commandait (20 novembre 1759). — I. 166. — II. 140, 141.

Meier, colonel prussien, est surpris la nuit devant Olmütz (1758). — II. 86.

Mœllendorf (de), général prussien, fait une reconnaissance vers l'Oder pour avoir des nouvelles des Russes (1761). — II. 51.

Mollwitz, première victoire de Frédéric II, remportée le 10 avril 1741 sur le maréchal de Neuperg. Le roi s'est aventuré sur la rive droite de la Neisse ; les Autrichiens, maîtres de la place de Neisse, marchent par la rive gauche de la rivière pour le couper de Breslau. Le roi rétrograde en toute hâte, surprend les Autrichiens à Mollwitz au moment où ils sortent de leurs cantonnements et les bat. — I. 186, 243, 261, 285, 287, 292, 299. — II. 12, 33, 69, 117, 122, 128, 185.

N

Nadasty (de), général autrichien, forme l'avant-garde du prince de Lorraine en 1745, avant la bataille de Hohenfriedberg et protège la retraite après la défaite de l'armée austro-saxonne. Il commande la cavalerie qui est battue par Zieten à l'aile droite de l'armée autrichienne, au début de la bataille de Kolin ; après la victoire, il prend part à la poursuite de l'armée prussienne et arrête un retour offensif de Frédéric II près de Zittau, en Lusace. Il assiège et prend Schweidnitz en 1757. — I. 255. — II. 56, 118, 131, 193.

Napoléon Ier. Consulter ses œuvres et notamment son *Précis des guerres de Frédéric II*. — I. 29, 59, 117, 133, 151, 155, 308. — II. 135, 140, 144, 194, 201, 214, 220, 222.

Nassau (duc et prince de), commande l'aile gauche de l'armée prussienne à la bataille de Hohenfriedberg ; fait le siège de Kosel en 1745. — I. 161, 172, 254. — II. 16, 161.

Neisse, place forte sur la Neisse, en Silésie ; sièges de 1741, 1758. — II. 127, 128, 135.

Neuperg (de) ou Neipperg, maréchal autrichien, battu par Frédéric II à Mollwitz, le 10 avril 1741. — I. 22, 187. — II. 33, 65.

Neustadt, petite place de Bohême ; sa belle défense en 1745. — II. 129.

Nostitz (de), général autrichien, est surpris par l'avant-garde prussienne près de Borna le jour de la bataille de Leuthen. — II. 49, 56.

O

O'Donnell, général autrichien, sous les ordres du maréchal Daun. En 1761, il se porte de Saxe en Silésie pour renforcer Laudon ; en 1762, il prend part au combat de Peilau.

Ohlau, petite place de Silésie, sans importance. Siège de 1741. — II. 127.

Olmütz, place forte de la Moravie, sur la March ou Morawa, assiégée par Frédéric II au mois de mai 1758. Le maréchal Daun, chargé de secourir la place, n'ose attaquer l'armée prussienne et se contente de jeter quelques renforts dans la ville. Après la prise d'un convoi de ravitaillement destiné à son armée, le roi est obligé de lever le siège (2 juillet) et regagne la

Silésie en traversant hardiment la Bohême. — I. 93, 100, 178. — II 8, 37, 86, 132.

P

Peilau. Combat de Peilau, ou de Reichenbach, en Silésie. Le 16 août 1762, le maréchal Daun attaque le duc de Bevern posté près de Mittel-Peilau, au sud-est de Schweidnitz. Les Autrichiens ont une supériorité numérique considérable, mais ils engagent leurs forces successivement et soutiennent mal leurs attaques. L'arrivée du prince de Wurtemberg et les charges de cavalerie du général Lentulus assurent la victoire aux Prussiens. — I. 158. 280. — II. 224.

Pfaffendorf. Plateau de Pfaffendorf, près de Liegnitz, sur lequel l'armée prussienne est attaquée dans la nuit du 15 août 1760 (voir Liegnitz).

Piccolomini (prince), commande un corps autrichien opposé au maréchal de Schwerin en Bohême, en 1756. — I. 56.

Pirna, camp retranché sur l'Elbe dans une région très accidentée de la Saxe. En 1756, le corps saxon, surpris par la brusque agression de Frédéric II, se renferme dans le camp de Pirna pour donner aux Autrichiens le temps de le secourir ; après une tentative infructueuse du maréchal Browne pour débloquer les Saxons, ceux-ci capitulent (16 octobre). — II, 17, 48, 130, 143.

Platen (de), général prussien, est chargé de suivre l'armée russe qui évacue la Silésie ; il tente un coup de main contre les magasins russes de Posnanie (1761). — I, 220.

Polentz (de), général prussien, détaché de l'armée pour défendre la nouvelle Marche, en 1745. — I, 117.

Prague, place forte de la Bohême, sur les deux rives de la Moldau. Siège de 1744 ; blocus de 1757 ; la place est délivrée par la victoire du maréchal Daun à Kolin. — I, 172, 177, 210. — II, 41, 118, 128, 130, 193.

Prague (bataille de). — Au printemps de 1757, Frédéric II fait envahir la Bohême par quatre colonnes qui convergent sur Prague. Le 6 mai, il attaque l'armée du prince de Lorraine, rangée en bataille sur la rive droite de la Moldau, la gauche appuyée à Prague, le front couvert par des hauteurs et des étangs, la droite formant crochet défensif. Les Prussiens exécutent une marche de flanc pour déborder l'aile droite autrichienne ; leur infanterie, arrêtée par un terrain marécageux, est repoussée, et le maréchal de Schwerin tué. Une nouvelle attaque, fortement appuyée par les belles charges de la cavalerie prussienne, assure la victoire à Frédéric. Le prince de Lorraine se réfugie dans la place ; une partie de son armée rejoint le maréchal Daun et prend part à la bataille de Kolin. — I, 122, 178, 188, 285, 288, 307, 310, 320, — II, 27.

R

Ratibor, sur l'Oder. — 3,000 Hongrois y sont pris ou tués, en 1745. — II, 108.

Reichenberg, en Lusace. — Le 21 avril 1757, le duc de Bevern y bat le corps autrichien du comte de Kœnigseck qui veut l'empêcher de pénétrer en Bohême. — I, 286, 315. — II. 192.

Reichenbach. — Combat de Reichenbach ou de Peilau. (Voir **Peilau**).

Retzow (de), général prussien, couvre la retraite de l'armée en Silésie après la levée du siège d'Olmütz (1758) ; il commande la gauche de l'armée prussienne à la bataille de Hochkirch. — I, 125, 127, 164. — II, 112, 212.

Richelieu (duc de), commande une armée française en Hanovre, en 1757, et n'essaie pas de relier ses opérations avec celles de l'armée franco-impériale qui est en Saxe. — I, 81. — II, 201.

Ried, commande les troupes légères autrichiennes à la bataille de Torgau (1760).

Rœder (de), général prussien, se fait battre dans un défilé de la Saxe pendant une reconnaissance contre l'armée des Cercles (1762). — II, 110.

Romanzoff (de), général russe, détaché sur le bas Oder, avec une division de cavalerie, en 1758, avant la bataille de Zorndorf. En 1761, il opère en Poméranie de concert avec les Suédois. — II, 91.

Rosbach. — Le 5 novembre 1757, Frédéric II attaque l'armée franco-impériale sous les ordres du prince de Saxe-Hildburghausen, pendant qu'elle exécute une marche de flanc à proximité de lui sans s'éclairer ni se couvrir. Assaillie sur son front et ses flancs, l'armée combinée ne peut prendre sa formation de bataille, et, malgré tous les efforts de la cavalerie française, elle est mise en déroute, presque sans avoir combattu. Le comte de Saint-Germain couvre la retraite en occupant le pont de Freyburg, sur l'Unstrutt. — I, 71, 143, 189, 255, 278, 288, 308. — II, 27, 49, 119, 197.

Roth (de), gouverneur autrichien de Neisse, défend cette place avec succès contre les Prussiens, en 1741. — II, 128,

Russin. — Combat de Russin, près de Prague, sur la rive gauche de la Moldau, livré avec succès par l'arrière-garde de l'armée prussienne, qui lève le siège de Prague, en 1757. — II, 109.

S

Saint-Germain (comte de), général français, forme l'arrière-garde après la bataille de Rosbach, à laquelle il n'a pas pris part, et défend le passage de l'Unstrutt (1757). — I, 191. — II, 97, 119, 197, 200.

Saxe-Hildburghausen (prince de), généralissime de l'armée combinée, formée de l'armée des Cercles et du corps français du prince de Soubise. Général sans expérience, il marche contre Frédéric II, le 5 novembre 1757, sans prendre aucune mesure de précaution et contrairement à l'avis des généraux français ; il est complètement défait près de Rosbach. — I, 190. — II, 97, 197.

Saint-Ignon (de), général autrichien, attaque l'arrière-garde de l'armée prussienne, qui lève le siège d'Olmütz. — II, 59.

Schmettan (de), gouverneur prussien de Dresde, défend la place en 1758, mais la rend l'année suivante, au moment où elle va être secourue. — II, 51, 135, 136.

Schœneich (de), général de cavalerie prussien ; ses charges à la bataille de Prague. — I, 255.

Schweidnitz, place forte de Silésie ; sièges de 1757 et 1758 ; elle est enlevée par Laudon en 1761 et reprise en 1762, par les Prussiens, malgré la belle défense de Gribeauval. — I, 151, 156, 157, 176. — II, 130, 131, 138, 149.

Schwerin (de), maréchal prussien (1684-1757), l'un des créateurs de l'armée prussienne et l'un des meilleurs lieutenants de Frédéric II; il prend une part active à la victoire de Mollwitz, commande, en 1744, l'une des trois colonnes qui envahissent la Bohême; en 1756, il envahit la Bohême par la frontière de Silésie et trouve devant lui le prince Piccolomini, sur l'Elbe. Enfin, en 1757, il commande encore l'une des colonnes qui pénètrent en Bohême; il rejoint le gros de l'armée devant Prague et se fait tuer à la bataille de Prague, en chargeant à la tête de l'infanterie prussienne. — I, 243. — II, 30, 31, 32, 48, 122, 185.

Serbelloni (de), maréchal autrichien, commande l'armée impériale en Saxe, en 1762. — II, 94.

Seydlitz (de), l'un des plus brillants généraux de cavalerie de son époque, connu par sa vigueur, son audace et par ses belles charges, notamment à Rosbach, à Kunersdorf, où il est blessé légèrement, à Zorndorf, où il reçoit une blessure plus grave. Il essaie de défendre Berlin contre les Austro-Russes, en 1760. (Voir sa Biographie, tome Ier, p. 264.) — I, 144, 252, 255, 256, 257, 258, 263. — II, 137, 172, 198.

Sincère (de), général autrichien, opère en Saxe, en 1759, et prend part à l'affaire de Maxen. — II, 141.

Soltykoff (de), commande l'armée russe en 1759; il bat un corps prussien à Kay (ou Zullichau); renforcé du corps de Laudon, il bat Frédéric II à Kunersdorf, puis tente en vain de faire sa jonction avec l'armée du maréchal Daun. Celui-ci ayant battu en retraite, Soltykoff, mécontent, se retire à son tour. En 1760, il marche sur Breslau et tente de nouveau, mais en vain, de se réunir au maréchal Daun, qui est sur la Katzbach. Il tombe malade et est remplacé par le maréchal de Butturlin. — I, 146, 147. — II, 71, 82, 92, 141, 216.

Soor (ou **Sohr**), près de Trautenau, en Bohême. Le 30 *septembre 1745,* l'armée prussienne, réduite à 20,000 hommes par suite de nombreux détachements, va être attaquée par le prince de Lorraine, près de Soor, entre l'Elbe et l'Aupa, au moment où elle lève le camp pour rentrer en Silésie. Frédéric II prend hardiment l'offensive, fait exécuter à son armée un changement de front à droite, bat l'armée autrichienne placée sur un terrain défavorable, et reprend sa retraite sur Trautenau et Schatzlar. — I, 73, 161, 187, 244, 259, 287, 292, 295, 306, 312. — II, 27, 47, 55, 65, 68, 117, 188.

Soubise (prince de), commande le contingent français de l'armée combinée à Rosbach; ses conseils et ses efforts ne peuvent empêcher le généralissime, prince de Saxe-Hildburghausen, d'exécuter, à proximité de l'armée prussienne, une marche de flanc qui amène le désastre de Rosbach. — I, 190, 191. — II, 97, 172, 197.

Striegau, en Silésie. Eu juin 1745, l'armée prussienne s'embusque près de Striegau pour surprendre les Autrichiens qui s'avancent sans défiance et sont battus à Hohenfriedberg. — II, 16, 27.

<h1 style="text-align:center">T</h1>

Tabor, petite place de Bohême, sur la Luschnitz, prise par les Prussiens en 1744, est reprise par les Autrichiens après l'évacuation de la Bohême par Frédéric II. — II, 38.

Tauentzien (de), général prussien, défend la petite ville de Neustadt, en 1745. — II, 129.

Torgau, place assez mal fortifiée, sur l'Elbe, prise et reprise par les Prussiens en 1759, se rend aux Impériaux en 1760, puis aux Prussiens après la bataille de Torgau. — II, 136, 137, 149.

Torgau (bataille de). — Le 3 novembre 1760, le maréchal Daun occupe les hauteurs de Siptitz, au nord-ouest de Torgau. Frédéric II, qui vient de Schilda, le fait attaquer de front par Zieten et exécute lui-même, avec le reste de l'armée, un vaste mouvement tournant à travers la forêt de Dommitsch pour déborder l'aile droite des Autrichiens. Zieten attaque trop tôt ; le Roi, privé de sa cavalerie, qui est en retard, ne peut tout d'abord déboucher de la forêt, et le maréchal Daun croit la bataille gagnée. Mais Frédéric II renouvelle l'attaque avec toutes ses forces, repousse les Autrichiens et opère sa jonction avec Zieten. Les Autrichiens se retirent pendant la nuit et évacuent Torgau. — I, 87, 179, 194, 244, 246, 259, 277, 289, 309, 311, 318. — II, 27, 35, 49, 55, 57, 67, 81, 121, 220.

Traun (de), maréchal autrichien, assiste le prince de Lorraine dans la campagne de 1744, en Bohême, et force Frédéric II à évacuer cette province sans combat.

<h2 style="text-align:center">V</h2>

Valori (de), ministre de France auprès de Frédéric II ; a failli être enlevé par les partisans ennemis en 1745. — II, 38.

Vauban. — Opinion de Frédéric II sur Vauban. — II, 126.

<h2 style="text-align:center">W</h2>

Wallis (de), général de autrichien, forme, avec le général de Nadasty, l'avant-garde du prince de Lorraine qui envahit la Silésie en 1745 ; il protège la retraite après la défaite de Hohenfriedberg. — II, 118, 161.

Warnery (de), colonel de cavalerie prussien ; ses charges à la bataille de Prague et à Kolin. — I, 255.

Wedell (de), général prussien, détaché contre les Suédois en 1758 ; rappelé par Frédéric II après la défaite de Hochkirch, il rentre en Saxe. Opposé aux Russes, il est battu à Kay (ou Zullichau) le 23 juillet 1759, au moment où il prend le commandement de l'armée prussienne placée dans une position défectueuse. — I, 164, 278. — II, 82, 85, 133.

Weissenfels (duc de), commande le corps saxon qui se joint au prince de Lorraine, en 1745, pour envahir la Silésie ; il retourne en Saxe après la défaite de Hohenfriedberg.

Werner (de), général prussien, est fait prisonnier près de Colberg, en 1761. — II, 34.

Wied (de), commande un corps prussien sous les ordres de Frédéric II, notamment pendant la campagne de 1762 en Silésie. — I, 156. — II, 111.

Winterfeldt (de), général prussien, commande un corps d'observation à Landshut, en 1745 ; il se replie devant le prince de Lorraine qui envahit la Silésie, et prend part à la bataille de Hohenfriedberg. — II, 161.

Wittenberg, petite place sur l'Elbe, se rend en 1760, après une défense honorable. — II, 137, 149.

Wunsch (de), général prussien, envoyé au secours de Dresde en 1758, reprend Torgau, mais arrive après la capitulation de Dresde. En 1759, il garde les ponts de l'Oder pendant la bataille de Kunersdorf ; à l'affaire de

Maxen, il veut percer avec la cavalerie ; mais, sur l'ordre de Finck, il met bas les armes avec le reste du corps prussien. — II, 92, 135, 136, 141, 142, 148, 149.

Wurtemberg (duc de), général autrichien, sous les ordres du maréchal Daun.

Wurtemberg (prince de), général prussien, opère contre les Suédois en 1760 et se rabat sur Berlin, qu'il essaie de défendre contre les Austro-Russes. En 1761, il défend Colberg contre les Russes et les Suédois. Il prend part au combat de Peilau (1762). — I, 219. — II, 225.

Z

Zedwitz (de), général autrichien, fait prisonnier sur les bords de la Mulde, en 1762. — II, 94,

Zieten (de) (ou **Ziethen**), excellent général de cavalerie et l'un des meilleurs lieutenants de Frédéric II ; son coup d'œil, son audace, sa hardiesse sont restés légendaires. Ses belles charges à Hohenfriedberg, à Prague, à Kolin, à Leuthen. Il se distingue, en 1758, en Moravie, mais ne peut empêcher la prise d'un grand convoi prussien à Domstadtel. Il se signale également pendant les campagnes de 1759 et 1760. A la bataille de Torgau, il commande l'aile droite de l'armée prussienne. En 1761, il prend le commandement du corps de Goltz à la mort de celui-ci. Il se distingue encore pendant les dernières campagnes de Silésie (1761-1762), jusqu'à la conclusion de la paix. (Voir sa Biographie, tome Ier, page 266.) — I, 154, 157, 254, 255, 318. — II, 37, 56, 73, 85, 119, 141, 221.

Ziskowitz (de), général autrichien, enlève, de concert avec Laudon, à Domstadtel, un grand convoi destiné à l'armée prussienne qui assiège Olmütz (1758). — I, 79. — II, 37.

Zorndorf, près de Custrin, sur la rive droite de l'Oder. Sanglante bataille, presque indécise, entre Frédéric II et le général russe de Fermor (25 août 1758). L'armée russe, formée en carré, inflige aux Prussiens des pertes énormes qui ne permettent pas à celle-ci de la poursuivre. Frédéric II, qui a franchi l'Oder en aval de Custrin et s'est porté, par un grand mouvement tournant, sur les communications des Russes, n'essaie pas de leur couper la retraite sur la Pologne. — I, 135, 136, 137, 192, 257, 286, 288, 297, 300, 312, 314, 316, 323. — II, 35, 39, 55, 56, 65, 81, 90, 120, 207.

Zullichau, sur la rive droite de l'Oder. Combat de Zullichau ou de Kay, le 23 juillet 1759. (Voir **Kay**.)

INDEX BIBLIOGRAPHIQUE

Édition complète des œuvres de **Frédéric II** (1846), 31 volumes et un atlas. Tome Ier : Mémoires pour l'histoire de la maison de Brandebourg. Tomes II et III : Histoire de mon temps. Tomes IV et V : Histoire de la guerre de Sept ans. Tome VI : Mémoires sur la guerre de 1763 à 1775, de 1774 à 1778 et sur la guerre de 1778. Tome VII : Mélanges historiques. Tomes VIII et IX : Opuscules philosophiques. Tomes X à XIV : Poésies. Tome XV : Mélanges littéraires. Tomes XVI à XXVII : Correspondance. Tomes XXVIII à XXX : Instructions militaires, Tome XXXI : Table chronologique.

Frédéric. OEuvres historiques (Bibliothèque de l'armée française), 3 vol.

Frédéric II. Extraits (1869), 1 vol.

Précis des guerres de Frédéric II, par **Napoléon.**

Jomini. Histoire critique et militaire des guerres de Frédéric II, 3 vol. et un atlas.

Decker (de) : Batailles et principaux combats de la guerre de Sept ans, considérés principalement sous le rapport de l'artillerie avec les autres armes (traduit en français), 1 vol. et un atlas.

Canitz (de). Histoire des exploits et des vicissitudes de la cavalerie prussienne dans les campagnes de Frédéric II (traduction), 1849, 1 vol.

Warnery (de). Campagnes de Frédéric II, roi de Prusse, de 1756 à 1762.

Stille (de). Les campagnes du roi de Prusse, avec des réflexions sur les causes des événements (1763).

Retzow (de). Nouveaux mémoires historiques sur la guerre de Sept ans.

Holtzendorff (de). Campagne du roi de Prusse de 1778 à 1779, 1 vol. in-8 (1784).

Roux-Fazillac. Histoire de la guerre d'Allemagne pendant les années 1756 et suivantes, 2 vol., 1803.

Schaper (de). Vie militaire du maréchal prince Ferdinand, duc de Brunswig et de Lunebourg, pendant la guerre de Sept ans, 2 vol., 1798.

Tempelhof (de). Relation des guerres de Frédéric II.

Archenholtz. Histoire de la guerre de Sept ans.

Varnhagen von Ense. Vie de Seydlitz (traduction Savin de Larclause), 1 vol.

Clausewitz (de). Théorie de la grande guerre (traduction de Vatry), 4 vol.

Barre-Duparcq (de la). Études historiques et militaires sur la Prusse, 2 vol.

— Histoire militaire de la Prusse avant 1756 ou introduction à la guerre de Sept ans, 1 vol.

Mémoires du **marquis d'Argens,** chambellan de Frédéric le Grand.

Mémoires et mélanges historiques et militaires du **prince de Ligne.**

Berthaut, général. Principes de stratégie, 1 vol.

Grimoard (de). Tableau historique et militaire de la vie et du règne de Frédéric le Grand, 1 vol., 1788.

Thiébault (Dieudonné). Frédéric le Grand, sa famille, sa cour, son gouvernement, son académie, ses écoles et ses amis, généraux, etc., 5 vol.

— Bibliothèque des mémoires relatifs à l'histoire de France pendant le XVIIIᵉ siècle (Souvenirs de vingt ans de séjour à Berlin), 2 vol.

X. Des relations et plans des batailles et combats de la guerre de 1756 et 1757 en Allemagne, 1 vol., 1779.

X. Histoire de la guerre et des négociations qui ont précédé le traité de Teschen, 1 vol., 1783.

Bouillé du Charol. Vie privée, politique et militaire du prince Henri de Prusse.

Marchesan. Examen critique des principales opérations militaires des deux campagnes de la guerre de Sept ans : 1756 et 1757, 1 vol., 1827.

Paganel (Camille). Histoire de Frédéric le Grand.

Bourcet (de), général. Mémoires historiques sur la guerre que les Français ont soutenue en Allemagne depuis 1757 jusqu'à 1762.

Pajol (comte), général. Les guerres sous Louis XV (tome II).

Vial. Une campagne de Frédéric II (1757), dans l'Histoire abrégée des campagnes modernes.

Broglie (duc de). Frédéric II et Louis XV.

— Frédéric II et Marie-Thérèse.

— Marie-Thérèse, impératrice.

Lavisse (Ernest). La jeunesse du grand Frédéric, 1 vol.

— L'avènement du grand Frédéric, 1 vol.

Lavisse et Rambaud. Histoire générale du IVᵉ siècle à nos jours, tome VII.

Brack (de). Seydlitz, ou la cavalerie prussienne sous Frédéric le Grand (1838).

Campagnes du maréchal de Broglie en Allemagne : 1759-1761, 1 vol., 1761.

Journal des opérations de l'armée de Soubise pendant la campagne de 1758, par un officier de l'armée, 1 vol., 1759.

Thoumas, général. Les transformations de l'armée française, 2 vol.

Ambert, général. Études tactiques pour l'instruction dans les camps.

Mauvillon (de). Histoire de la dernière guerre de Bohême, 1745-1747, 3 vol.

Aubry (Ch.). Le ravitaillement des armées de Frédéric le Grand et de Napoléon (1894), 1 vol.

Mirabeau (de). La monarchie prussienne.

Sainte-Beuve. Causeries du lundi (tomes III et VII).

Rousset (C.), Le comte de Gisors, 1 vol.

Klopp. Frédéric II, roi de Prusse, et la nation allemande (traduit), 1 vol., 1866.

Agréval (d'). Frédéric II, roi de Prusse, et la presse française, 1 vol., 1872.

Grande Encyclopédie : article sur Frédéric II.

Mourin (Elie). Histoire sommaire de l'infanterie prussienne.

Rambaud (Alfred). Russes et Prussiens ; Guerre de Sept ans, 1 vol. in-8, 1894.

Saint-Germain (comte de). Mémoires et correspondance avec Pâris-Duverney.

Catt (Henri de). Mes entretiens avec Frédéric II.

Müller. Tableau des guerres de Frédéric le Grand, 1 vol., 1785.

Mémoires de la **margrave de Baireuth.**

Mémoires de **Pœllnitz.**

Frédéric le Grand, par **Macaulay.**

Waddington (R.). Louis XV et le renversement des alliances.

— La guerre de Sept ans : histoire diplomatique et militaire.

Lloyd. Introduction à l'histoire de la guerre en Allemagne en 1756, 1 vol.

— Mémoires militaires et politiques, 1 vol.

— Histoire de la dernière guerre en Allemagne entre le roi de Prusse et l'empereur d'Allemagne et ses alliés, 2 vol.

Guibert. Œuvres militaires, 5 vol.

X. Histoire des guerres de Prusse et d'Allemagne, depuis Frédéric le Grand jusqu'à la fin du règne de Napoléon, 3 vol.

X. Traits caractéristiques et anecdotes de la vie de Frédéric II, 1 vol., 1788.

Zimmermann. Sur Frédéric le Grand et mes entretiens avec lui peu de jours avant sa mort, 1 vol., 1790.

Hymly. Relation de la bataille de Kolin, 1 vol., 1839.

Chevrier. Histoire de la campagne de 1757, 1 vol., 1758.

— Histoire de la campagne de 1758 jusqu'à la fin du mois de juillet, 1 vol., 1758.

Bernhardy (de). Friedrich der Grosse als Feldher, 2 vol. (en allemand), 1881.

Schæfer. Histoire de la guerre de Sept ans (en allemand).

Masslovski. L'armée russe pendant la guerre de Sept ans, 3 vol. (en russe).

Rœsch et **Jæger.** Collection de 42 plans de bataille, sièges et affaires les plus mémorables de la guerre de Sept ans, 1 vol., 1790.

Bonnal (général). Stratégie et tactique générale ; conférences de 1892-1893, faites à l'École supérieure de guerre.

Goltz (von der). Rossbach et Iéna, 1 vol.

X (major). La guerre de Succession d'Autriche.

Pour les principaux auteurs allemands qui ont écrit sur Frédéric II consulter l'Index bibliographique général, placé en tête du 1er volume de la Bibliothèque internationale d'histoire militaire, page 22 (éditeur Muquardt, à Bruxelles, 1887).

Enfin, la Section historique du Grand Etat-Major prussien a entrepris une Histoire des guerres de Frédéric II qui sera le plus beau monument élevé à la gloire de ce prince. Commencée en 1888, cette publication se compose de 5 volumes, comprenant les campagnes de 1740-1742 et de 1744-1745. Deux études traitant, l'une du développement des idées de Frédéric II sur la guerre, l'autre de l'éducation tactique de l'armée prussienne par le roi dans l'intervalle des deux guerres de Sept ans, ont également paru (1900). Le tome 1er de la Campagne de 1756 vient de paraître ; l'Histoire des campagnes de 1756 et 1757 formera environ 6 volumes et doit être terminée en 1902.

TABLE DES MATIÈRES

TROISIÈME PARTIE.

TACTIQUE GÉNÉRALE.

CHAPITRE PREMIER.

DES RETRANCHEMENTS.

CHAPITRE II.

DES CAMPS.

CHAPITRE III

DES POSITIONS MILITAIRES.

CHAPITRE IV.

CANTONNEMENTS ET BIVOUACS.

CHAPITRE V.

CONVOIS ET FOURRAGES.

CHAPITRE VI.

DES RECONNAISSANCES.

CHAPITRE VII.

SERVICE DE SÛRETÉ.

CHAPITRE VIII.

MARCHES TACTIQUES.

CHAPITRE IX.

OPÉRATIONS DE NUIT.

CHAPITRE X.

PASSAGE DES COURS D'EAU.

CHAPITRE XI.

RETRAITES.

CHAPITRE XII.

POURSUITES.

CHAPITRE XIII.

SIÈGES ET BLOCUS.

CHAPITRE XIV.

DES CAPITULATIONS.

CHAPITRE XV.

DES QUARTIERS D'HIVER.

CHAPITRE XVI.

RUSES DE GUERRE.

CHAPITRE XVII.

DES ESPIONS.

CHAPITRE XVIII.

BATAILLES ET COMBATS AU POINT DE VUE TACTIQUE.

CHAPITRE XIX.

PENSÉES DIVERSES.

CROQUIS.

A LA MÊME LIBRAIRIE

Général **H. Bonnal**. — **Sadowa**. — Étude de stratégie et de tactique générale.
Paris, 1901, 1 vol. in-8 avec 25 cartes et croquis en couleurs............ 6 fr.

La Guerre de 1870-1871, publiée sous la direction de la *Section historique de
l'État-Major de l'armée*.

  Ier FASCICULE : De juillet 1866 à juillet 1870... 1 vol. in-8.   2 fr. »
  IIe   —   Journées des 28 et 29 juillet....   —   2 fr. 50
  IIIe   —   Journées des 30 et 31 juillet....   —   3 fr. »
  IVe   —   Journées des 1er et 2 août......   —   3 fr. 50
  V^e   —   Journées des 3 et 4 août.......   —   5 fr. »

Causes des succès et des revers dans la guerre de 1870. — Essai de
critique de la guerre franco-allemande jusqu'à la bataille de Sedan; par **de
Woyde**, lieutenant général de l'État-Major russe; ouvrage traduit avec l'autorisation de l'auteur, par le capitaine THIRY, du 79e d'infanterie, d'après la version
allemande (2e édition, revue et corrigée par le général de Woyde). Paris, 2 vol.
in-8 avec *Atlas*... 14 fr.

Comment quitter Metz en 1870? Avec une note sur le rôle de la fortification;
par le colonel **A. Grouard** (**A. G.**, ancien élève de l'École polytechnique). Paris,
1901, 1 vol. in-8.. 3 fr. 50

Vingt-quatre heures de stratégie de de Moltke, développée et détaillée
d'après les batailles de Gravelotte et de Saint-Privat, le 18 août 1870. Premier
exposé approfondi des combats de la Ire armée autour du ravin de la Mance;
par Fritz **Hœnig**. Traduit de l'allemand par le lieutenant E. BIRCKEL, du 33e régiment d'infanterie. Paris, 1901, 1 vol. in-8 avec cartes .... 7 fr. 50

Journal de guerre du général de Wittich, commandant la 22e division
prussienne (Metz-Orléans-Le Mans). Traduit par le commandant RICHERT, professeur
d'allemand à l'École supérieure de guerre. Paris, 1902, 1 vol. in-8........ 6 fr.

Général **Izzet-Fuad-Pacha**. — **Les Occasions perdues**. — Étude stratégique et critique sur la campagne turco-russe de 1877-1878. 1 vol. in-8 avec 10
croquis... 6 fr.

L'éducation militaire de Napoléon; par le capitaine **J. Colin**, de la Section
historique de l'État-Major de l'armée. *Ouvrage couronné par l'Académie française*,
Paris, 1901, 1 vol. in-8 avec 5 cartes............................. 7 fr. 50

**Étude sur le service d'état-major pendant les guerres du Premier
Empire**; par le lieutenant-colonel d'artillerie breveté **de Philip**. Paris, 1900,
1 vol. in-8.. 5 fr.

Capitaine **Sauzey**, de la *Sabretache*. — **Les Allemands sous les Aigles françaises**. — Essai sur les troupes de la Confédération du Rhin, 1806-1814. — I. *Le
Régiment de Francfort*. Avec une préface de M. HENRY HOUSSAYE, de l'Académie
française. Paris, 1902, 1 vol. in-8 avec croquis et portraits............... 6 fr.

Section historique de l'État-Major de l'armée. — **Les Campagnes du maréchal
de Saxe**. — Ire partie : *L'Armée au printemps de 1744*; par J. **Colin**, capitaine
d'artillerie breveté à la Section historique de l'État-Major de l'armée. Paris, 1901,
1 vol. in-8... 7 fr. 50

La Guerre de la Succession d'Autriche (1740-1748). — *Campagne de Silésie
(1741-1742)*; par le major **Z*****. Paris, 1901, 1 vol. in-8............... 5 fr.

Paris. — Imprimerie R. CHAPELOT et Co, rue Christine, 2.